基督教文化研究丛书

主编 何光沪 高师宁

五编 第**3**册

历史、理性与信仰
——克尔凯郭尔的绝对悖论思想研究

原 海 成 著

花木兰文化事业有限公司

国家图书馆出版品预行编目资料

历史、理性与信仰——克尔凯郭尔的绝对悖论思想研究／原
海成 著 －－ 初版 －－ 新北市：花木兰文化事业有限公司，2019
〔民 108 〕
目 2+186 面；19×26 公分
（基督教文化研究丛书　五编　第 3 册）
ISBN 978-986-485-802-6（精装）
1. 克尔凯郭尔（Kierkegaard, Søren, 1813-1855）2. 学术思想
3. 基督教哲学
240.8 108011501

ISBN-978-986-485-802-6

9 789864 858026

基督教文化研究丛书
五编　第三册　　　　　　ISBN：978-986-485-802-6

历史、理性与信仰
——克尔凯郭尔的绝对悖论思想研究

作　　者 原海成
主　　编 何光沪 高师宁
执行主编 张　欣
企　　划 北京师范大学基督教文艺研究中心
总 编 辑 杜洁祥
副总编辑 杨嘉乐
编　　辑 许郁翎、王筑、张雅淋　美术编辑 陈逸婷
出　　版 花木兰文化事业有限公司
发 行 人 高小娟
联络地址 台湾 235 新北市中和区中安街七二号十三楼
　　　　　电话：02-2923-1455 ／ 传真：02-2923-1452
网　　址 http://www.huamulan.tw 信箱 hml810518@gmail.com
印　　刷 普罗文化出版广告事业
初　　版 2019 年 9 月
全书字数 193623 字
定　　价 五编 9 册（精装）台币 20,000 元　　版权所有 请勿翻印

历史、理性与信仰
——克尔凯郭尔的绝对悖论思想研究

原海成　著

作者简介

原海成，中国人民大学哲学院哲学博士。现为山西大学哲学社会学学院讲师。主要研究领域为宗教哲学、基督教伦理学、基督教思想史，主要从事克尔凯郭尔的思想研究。主要教授的课程有"宗教学"，"宗教史"，《纯粹理性批判》导读"，"伦理学原理"等。曾赴香港汉语基督教文化研究所、香港中文大学崇基学院、香港浸会大学中华基督宗教研究中心、加拿大不列颠哥伦比亚大学维真学院交流学习。

提　　要

　　历史与信仰的关系是现代基督教思想史的核心论题之一。启蒙运动张扬理性，使之成为审判一切，包括审判宗教的法官。在一些启蒙思想家看来，基督教所说的历史与信仰之间存在一个巨大的鸿沟，用理性来判断，则耶稣基督是历史的人物，不是信仰的对象即上帝。此观点对基督教造成了极大的挑战，因为在基督教传统中，耶稣既是历史的人物，同时又是信仰的基督，即上帝。在十九世纪对这一挑战作出的众所周知的回应，是大名鼎鼎的德国观念论代表人物黑格尔的"绝对精神"学说，那套学说用一种最普遍的理性弥合了历史与信仰之间的鸿沟。同时对这一挑战作出的远非众所周知的回应，是当时默默无闻的丹麦青年、去世50年后却名满天下的实存论代表人物克尔凯郭尔的"绝对悖论"学说，这套学说采用一种同黑格尔完全相反的路径，从普遍理性转向个体实存，从抽象理念转向具体人生，使宗教哲学从客体转向主体，以直面"悖论"乃至接纳"悖论"的方式扬弃了面对的难题。本书的主旨即是全面细致地梳理这一同黑格尔恰成相反相成的路径，以展现现代基督教思想对历史、理性与信仰这三大方面及其关系的思考线索。本书力图从"历史与信仰"的关系来把握克尔凯郭尔绝对悖论的思想。在克尔凯郭尔看来，不是理性的思辨，而是信仰的激情通过绝对悖论克服了历史与信仰的鸿沟。这种思想在基督教思想史中占有极其重要的地位，对后世产生了广泛而深刻的影响。

"基督教文化研究丛书"总序

何光沪 高师宁

　　基督教产生两千年来，对西方文化以至世界文化产生了广泛深远的影响——包括政治、社会、家庭在内的人生所有方面，包括文学、史学、哲学在内的所有人文学科，包括人类学、社会学、经济学在内的所有社会科学，包括音乐、美术、建筑在内的所有艺术门类……最宽广意义上的"文化"的一切领域，概莫能外。

　　一般公认，从基督教成为国教或从加洛林文艺复兴开始，直到启蒙运动或工业革命为止，欧洲的文化是彻头彻尾、彻里彻外地基督教化的，所以它被称为"基督教文化"，正如中东、南亚和东亚的文化被分别称为"伊斯兰文化"、"印度教文化"和"儒教文化"一样——当然，这些说法细究之下也有问题，例如这些文化的兴衰期限、外来因素和内部多元性等等，或许需要重估。但是，现代学者更应注意到的是，欧洲之外所有人类的生活方式，即文化，都与基督教的传入和影响，发生了或多或少、或深或浅、或直接或间接，或片面或全面的关系或联系，甚至因它而或急或缓、或大或小、或表面或深刻地发生了转变或转型。

　　考虑到这些，现代学术的所谓"基督教文化"研究，就不会限于对"基督教化的"或"基督教性质的"文化的研究，而还要研究全世界各时期各种文化或文化形式与基督教的关系了。这当然是一个多姿多彩的、引人入胜的、万花筒似的研究领域。而且，它也必然需要多种多样的角度和多学科的方法。

　　在中国，远自唐初景教传入，便有了文辞古奥的"大秦景教流行中国碑颂并序"，以及值得研究的"敦煌景教文献"；元朝的"也里可温"问题，催生了民国初期陈垣等人的史学杰作；明末清初的耶稣会士与儒生的交往对话，带来了中西文化交流的丰硕成果；十九世纪初开始的新教传教和文化活动，更造成了中国社会、政治、文化、教育诸方面、全方位、至今不息的千古巨变……所有这些，为中国（和外国）学者进行上述意义的"基督教文化研究"提供了极其丰富、取之不竭的主题和材料。而这种研究，又必定会对中国在各方面的发展，提供重大的参考价值。

就中国大陆而言，这种研究自 1949 年基本中断，至 1980 年代开始复苏。也许因为积压愈久，爆发愈烈，封闭越久，兴致越高，所以到 1990 年代，以其学者在学术界所占比重之小，资源之匮乏、条件之艰难而言，这一研究的成长之快、成果之多、影响之大、领域之广，堪称奇迹。

然而，作为所谓条件艰难之一例，但却是关键的一例，即发表和出版不易的结果，大量的研究成果，经作者辛苦劳作完成之后，却被束之高阁，与读者不得相见。这是令作者抱恨终天、令读者扼腕叹息的事情，当然也是汉语学界以及中国和华语世界的巨大损失！再举一个意义不小的例子来说，由于出版限制而成果难见天日，一些博士研究生由于在答辩前无法满足学校要求出版的规定而毕业受阻，一些年轻教师由于同样原因而晋升无路，最后的结果是有关学术界因为这些新生力量的改行转业，后继乏人而蒙受损失！

因此，借着花木兰出版社甘为学术奉献的牺牲精神，我们现在推出这套采用多学科方法研究此一主题的"基督教文化研究丛书"，不但是要尽力把这个世界最大宗教对人类文化的巨大影响以及二者关联的方方面面呈现给读者，把中国学者在这些方面研究成果的参考价值贡献给读者，更是要尽力把世纪之交几十年中淹没无闻的学者著作，尤其是年轻世代的学者著作对汉语学术此一领域的贡献展现出来，让世人从这些被发掘出来的矿石之中，得以欣赏它们放射的多彩光辉！

2015 年 2 月 25 日
于香港道风山

目

次

第 1 章 导 言

1.1 研究的意义

基督教是历史的宗教，这表现在信仰对象（耶稣基督作为历史人物）、神圣经典（《圣经》作为历史文本）、信仰群体（基督教会作为历史团体）等几大方面，几个方面互有联系，但核心在于信仰对象。基督教的信仰对象是耶稣基督，具体体现为道成肉身的事件，即，按照基督教信仰，耶稣基督是上帝进入到人类的历史中，体现为一个具体的个体。

在古代与中世纪的基督教思想中，耶稣基督之历史方面因信仰群体的认信而得到肯定，历史与信仰的张力并未凸显。但是，十七世纪以来，启蒙运动的真理观打破了耶稣基督之历史方面与信仰方面不言自明的合一，从而大大冲击了基督教的信仰。这是因为在启蒙运动的思想家看来，历史与信仰存在一个巨大的鸿沟，具体表现为，历史的耶稣是道德的教师，不是信仰的对象。

从此，历史与信仰的关系成了现代基督教思想的重大议题。这一议题可以追溯至斯宾诺莎（B.Spinoza,1632-1677）、莱布尼茨（G.W.Leibniz,1646-1716）和莱辛（G.E.Lessing,1729-1781）。斯宾诺莎只是隐含着历史与信仰的关系。莱布尼茨为历史与信仰的关系准备了认识论的条件。莱辛则真正触及到历史与信仰的关系的根本，从而对现代基督教产生了巨大的冲击。

斯宾诺莎并不关注历史与信仰的关系问题，但他的思想却客观上隐含着历史与信仰的关系问题。在认识论上，斯宾诺莎认为，只存在永恒的、理性的真理，历史的真理并不存在，把"历史"和"真理"放在一块是一个矛盾。这意味着，耶稣基督的历史性与永恒性并不成为斯宾诺莎关注的问题。但是，当斯宾诺莎用理性来分析《圣经》时，他的方法为历史评断学学（historical criticism，又译历史批判学）开辟了道路。现代思想家卡西勒（E.Cassirer，1874-1945，又译卡西尔）评论道："斯宾诺莎的观点似乎排除了承认狭义的'历史的'真理的可能性，并且严格说来，他的观点似乎必然会把'历史的'真理说成是一种'名词和形容词之间的矛盾'。然而，恰恰是斯宾诺莎第一个非常清楚地看出，《圣经》是有历史的，并且第一次极其清楚而又精确地阐发了这一观点。……既然《圣经》本身是某种完全有条件的、派生的东西，从而完全属于派生的存在，我们怎么能够期望从《圣经》得到关于事物的基本原则的绝对真理和形而上学的洞见呢？只有用经验研究的工具去进行分析和讨论，我们才能解释和理解《圣经》，才能发现《圣经》中的相对真理。"[1]在对《圣经》的看法上，斯宾诺莎否定了《圣经》的权威，相较于犹太基督教传统，这是其思想激进的地方；同时，斯宾诺莎承认了《圣经》本身包含着相对的真理，这是其思想受传统影响的地方。斯宾诺莎的方法为历史评断学学开辟了道路。[2]历史评断学学与耶稣基督的关系是，历史评断学学的前提是理性的真理，在此前提下，耶稣基督是历史的人物，不是信仰的对象。

继斯宾诺莎之后，莱布尼茨在认识论上提出了永恒的真理与暂时的真理，必然的真理和偶然的真理之间的区分。认识论的区分表现为纯概念和经验世界的彻底分离，"前者表现了存在于纯概念之中的各种关系，无论这些概念的对象能否在经验实在的世界中找到。"[3]莱布尼茨的区分单单在认识论领域，并未将认识论应用到基督教的信仰对象上。

莱辛明确提出并回应了历史与信仰的关系问题。他将莱布尼茨的认识论区分推进到基督教的历史领域，比如，基督教的神迹奇事，作为历史文本的《圣经》和作为历史人物的耶稣等方面。当认识论的区分波及到基督教的信仰对象耶稣基督时，莱辛认为，耶稣基督是历史中的伟大人物之一，不具有

1　卡西尔著：《启蒙哲学》，顾伟铭等译，济南：山东人民出版社，2007 年，第 2 版，第 172-173 页。

2　克莱恩、布鲁姆伯格、哈伯德著：《基督教释经学》，尹妙珍等译，上海：上海人民出版社，2011 年，第 57 页。

3　卡西尔著：《启蒙哲学》，顾伟铭等译，济南：山东人民出版社，2007 年，第 2 版，第 179 页。

永恒的普遍性。他的伟大在于其道德品质，这种道德品质历经历史的流转影响了人类的文明，正是通过历史的影响，个体与耶稣建立了生存式的联系。个体对耶稣基督的认识是历史的耶稣，若个体把耶稣基督作为信仰的对象，则个体是"向另一类跨越"[4]，历史的耶稣不再是信仰的基督。莱辛的观点意味着，耶稣基督不再是基督教的信仰对象。

莱辛提出的命题是现代基督教必然要面对的重大问题。基督教学者麦格拉斯（A.McGrath,1953-，又译麦葛福）认为，在启蒙运动之后，历史与信仰的关系是基督论的新议题，该问题由莱辛提出，对现代基督教造成了巨大的冲击。[5]香港的基督教学者江丕盛认为："自从莱辛提出了'无法逾越、望而生畏的历史大鸿沟'及'历史的偶发真理永远无法证实理性的必然真理'后，基督教神学深受其'历史——信仰'二分的影响，陷入知识二元论的困境。"[6]从思想史的角度看，启蒙运动与基督教的关系是双向的，现代基督教思想家大都接受启蒙运动的影响，同时又积极回应了启蒙运动的挑战。这同样表现在他们如何处理历史与信仰的关系这一问题上。

克尔凯郭尔（Kierkegaard，1813-1855，又译祁克果、基尔克果、齐克果、克尔凯戈尔）是十九世纪丹麦的哲学家、神学家，其思想极具深度。然而，"大音希声"，其思想在十九世纪不为人所知所识，直到二十世纪，才渐为人所知并受到重视，对二十世纪的思想产生了巨大的影响。比如，实存主义哲学的代表海德格尔（M.Heidegger,1889-1976）、雅斯贝尔斯（K.Jaspers,1883-1969)等，实存主义神学的代表蒂里希（P.Tillich，1886-1965，或译蒂利希）、布尔特曼（R.Bultmann，1884-1976）等，辩证神学的代表巴特（K.Barth，1886-1968），当代法国哲学家勒维纳斯（E.Levinas，1906-1995）等等，都受到克尔凯郭尔思想的影响。

绝对悖论是克尔凯郭尔思想中非常重要的一环。克尔凯郭尔通过绝对悖论回应了莱辛提出的历史与信仰的关系问题。克尔凯郭尔批判了同时代人对耶稣基督的两种观点，第一种观点是，耶稣基督是一个历史的人物，但并不

4　莱辛著：《历史与启示——莱辛神学文选》，朱雁冰译，北京：华夏出版社，2006年，第 68 页。

5　麦葛福著：《基督教神学手册》，刘良淑、王瑞琦译，台北：校园书房出版社，1999年，第 371 页。

6　江丕盛撰："从基督论看植根于历史的救赎"，见《历史的启示与转向》，赵林、杨熙楠主编，桂林：广西师范大学出版社 2008 年，第 41 页。

是永恒的上帝。第二种观点是，耶稣基督是一个幻影，并不是历史中的真实的人。在《致死的疾病》中，克尔凯郭尔把上面两种观点称之为个体被耶稣基督所冒犯。耶稣基督具有神人二性，通过道成肉身，他成为一个具体的个体。耶稣基督以个体的样式出现在人的时间性中，这对人而言是一种冒犯。他认为，个体被基督所冒犯，这表现为，"它（指冒犯）宣称基督教为不真的谎言；它或者以幻影论（docetically）或者站在理性主义立场来否定基督，否认基督存在过并否认他正是他自己所说的那个样子。按照它的看法，基督或者并未成为一个个别的人类存在者，而只是在表面上显得如此，或者只是成为了一个个别的人类存在者。如此，或者他（指基督）幻影地成为虚构和神话，与现实性毫无关系，或者，他在理性的意义上是现实的，却并不宣称是神圣的。"[7]

克尔凯郭尔在此确有所指。首先，莱辛是第一种观点的代表。对莱辛而言，耶稣基督是地地道道的"人"，不具有神性。莱辛认为，古代社会与启蒙时代存在着巨大的差别。这种差别在于，前者是一个充满神迹奇事的时代，而后者是一个去魅的时代。在此古今差异下，莱辛认为，理性的真理与基督教的启示是和谐的，不需要把耶稣基督作为人和神之间的中介。其次，黑格尔是第二种观点的代表。对黑格尔而言，耶稣基督是"神-人类"（God-human beings），因绝对精神同样指上帝自身，所以耶稣基督是绝对精神。作为"人"的方面，耶稣基督体现了绝对精神的普遍性。不同于黑格尔，对于克尔凯郭尔而言，耶稣基督的历史方面表现为，耶稣基督是一个具体的个体，是"神-个体"（God-the single individual）。幻影论的特点是耶稣基督只具有神性，不具有人性。因黑格尔忽视了个体，所以，克尔凯郭尔认为，黑格尔是幻影论。

从基督教思想史来看，莱辛提出了历史与信仰的关系问题，对基督教造成了巨大的冲击；黑格尔从基督教神学内部对此作出了回应，以绝对精神在历史中的进展来避免历史与信仰的冲突。在克尔凯郭尔看来，黑格尔的回应并不成功。克尔凯郭尔的绝对悖论的思想是对莱辛思想的回应，同时是对黑格尔的回应的再回应。

---

7 克尔凯郭尔著，《致死的疾病》，张祥龙、王建军译，北京：商务印书馆，2012 年，第 160 页。据亨格夫妇译本对部分译文做了修改，参见，*The Sickness Unto Death*, by Soren Kierkegaard, Ed. and trans. Howard V. Hong and Edna H. Hong, Princeton University Press, 1980,p.131.

1.2 研究的现状

1.2.1 国内研究的现状

克尔凯郭尔的研究始自清末（1908 年），当时中国思想界已接触到克尔凯郭尔的思想。民国时期，研究文献不多，但均为大家手笔，如鲁迅、冯至、李石岑。他们吸收了国外的克尔凯郭尔研究的成果——鲁迅从日译本了解到克尔凯郭尔，冯至和李石岑则从欧陆思想接触到克尔凯郭尔。这是他们共同的一面。不同的是，鲁迅对克尔凯郭尔的宗教思想未有提及，也未从文本中见到他有这方面的评论。冯至和李石岑都对克尔凯郭尔的宗教思想感兴趣，但前者所言不多，后者对基督教思想史有知识上的欠缺，对克尔凯郭尔的理解出现了一些偏差。[8]

1949 年后，港台学者对克尔凯郭尔思想的介绍早于大陆，原创性研究总体而言数量较少。谢扶雅先生曾在《祁克果的人生哲学》中撰写导言，对克尔凯郭尔的思想作了比较全面的介绍。台湾学者陈俊辉就克尔凯郭尔的思想写过作品三部，分别为，《祁克果与现代人生》、《祁克果》和《祁克果存在诠释学》，主要从哲学角度把握，未从基督教思想切入。[9]值得一提的是，香港学者杨庆球和台湾学者林鸿信在中西比较的视角下对克尔凯郭尔的思想有过研究，前者对对克尔凯郭尔的主体信仰的悖论有简要的勾勒。后者以克尔凯郭尔的思想为基督宗教的代表，与儒学进行了对话。因为论题的缘故，林鸿信对克尔凯郭尔思想的具体解释比较有限。[10]

大陆学者的克尔凯郭尔研究伴随着实存主义研究而启动，这一进路的代表有，汝信、王平等人。[11]除实存主义外，另一个视角是受后现代思潮的影响

---

8 参见，鲁迅的《帮闲法发微》(《鲁迅全集》第五卷)、《文化偏至论》(《鲁迅全集》第一卷)。冯至的《一个对于时代的批评》(《冯至全集》第八卷)。李石岑的《现代哲学小引》，商务印书馆，1931 年；《体验哲学浅说》，商务印书馆，1931 年。

9 陈俊辉著：《祁克果与现代人生》，台北：黎明文化事业股份有限公司，1987 年；《祁克果》，台北：东大图书股份有限公司，1989 年；《祁克果存在诠释学》，台北：师大书苑有限公司，2002 年。

10 杨庆秋著：《成圣与自由：王阳明与西方基督教思想的比较》，香港：建道神学院，1996 年。参见该书第二部分，"自由与敬虔：祁克果与王阳明主体性的研究"。林鸿信著：《基督宗教与东亚儒学的对话》，台北：国立台湾大学出版中心，2009 年。

11 汝信著：《看哪，克尔凯郭尔这个人》，开封：河南大学出版社，2008 年。汝信撰："克尔凯郭尔"，侯鸿勋、郑涌编：《西方著名哲学家评传》（第八卷），济南：山东人民出版社，1985 年。王平著：《生的抉择——克尔凯戈尔的哲学思想研究》，北京：商务印书馆，2000 年。

下的克尔凯郭尔研究，这一视角的代表有杨大春。[12]其他进路有美学进路和伦理进路。美学进路与实存主义、后现代思潮有紧密的关系，这一进路的代表有王齐、刘慧姝等。[13]另有从伦理学来把握克尔凯郭尔的研究者，比如王常柱。[14]

克尔凯郭尔关于绝对悖论的思想属于克尔凯郭尔的"宗教"领域，从单纯的哲学角度出发并不能完整地理解克尔凯郭尔的这一重要思想。在此仅举两个例子，一个是实存主义的视角，一个是后现代的视角。

第一例子是实存主义的视角，以汝信为例。汝信对克尔凯郭尔的关注始于 1981-1982 年访美期间，美国著名的黑格尔研究专家海因里希（D.Henrich，1927-）建议其关注黑格尔-马克思之外的另一条思想路线，汝信回忆道："海因里希是我在 1979 年访德时认识的熟人，后来邀请过他来我国访问，他建议我多注意黑格尔之后西方哲学的发展趋势，不要只研究从黑格尔到马克思这条线。这样，我就把注意力转向黑格尔以后发展起来的另一条相反的思想线索，即以突出个人为特征的由克尔凯郭尔和尼采所代表的社会哲学思潮。"[15]据洛维特（K.Lowith,1897-1973）对十九世纪思想史的研究，黑格尔之后的哲学有两个极化黑格尔思想的代表，一个是克尔凯郭尔，一个是马克思。[16]从思想路线来说，汝信在认识十九世纪思想史上力图补足另外一条思想路线，使之更全面。作者自言对基督教思想缺乏了解，在把握时力不从心。从后来写就的几篇文章来看，作者预先以黑格尔-马克思这条思想路线去把握、评价克尔凯郭尔，很难说达到了作者预期的目标。[17]此外，在《西方哲学家评传》中的"十九世纪和二十世纪上半叶"部分，汝信撰写了关于克尔凯郭尔的评传，就其生平、

---

12 杨大春著：《沉沦与拯救——克尔凯戈尔的精神哲学研究》，北京：人民出版社，1995 年。

13 王齐著：《走向绝望的深渊》，北京：中国社会科学出版社，2000 年；刘慧姝著，《克尔凯郭尔文艺审美思想研究》，北京：人民出版社，2012 年。

14 王常柱著：《生命的伦理：克尔凯郭尔宗教生存伦理观研究》，北京：中国社会科学出版社，2012 年。

15 汝信著：《看哪，克尔凯郭尔这个人》，开封：河南大学出版社 2008 年，"自序"，第 4 页。

16 洛维特著：《从黑格尔到尼采——19 世纪思维中的革命性决裂》，李秋零译，北京：三联书店，2006 年，第 37-38 页。

17 汝信此时期写的几篇文章收入，《看哪，克尔凯郭尔这个人》，开封：河南大学出版社，2008 年。

著作、哲学思想及对实存主义的影响几个方面作了描述，对此时的中国学界了解克尔凯郭尔的思想是有贡献的。但是因作者对克尔凯郭尔的基督教背景了解有些缺乏，故其介绍不够全面客观，比如由作者对克尔凯郭尔的"主体性即真理"的评价可见一斑。[18]

另一个例子与后现代思想的角度有关。杨大春的克尔凯郭尔研究是从黑格尔的角度来把握，同时受到了后现代思潮的影响，这种角度突破了从实存主义了解克尔凯郭尔的框架。在《沉沦与拯救》中，杨大春说道："克尔凯戈尔（Kierkegaard）在时间上处于黑格尔之后，是 19 世纪的人，但哲学史家们对他基本上没有时间概念，始终将他与存在主义联系在一起，这无疑使他的思想失去了自身的价值，他只是存在主义的一个远祖，一个源头，一种契机。"[19]同时，作者坦言研究时碰到的困难，"我们的工作是重建克尔凯戈尔的哲学体系，这无疑属于重复性研究（传统研究）方式，我们力图在克尔凯戈尔纷繁复杂的作品中寻觅他的思想主旨。然而，由于接受解构主义的熏陶，我们的研究不可能完全是传统的，批评性研究在不知不觉中侵入其中。"[20]这种矛盾表现在把黑格尔和克尔凯郭尔作为思想对立的两极，既为两极，就不可分开。杨大春试图重建克尔凯郭尔的思想体系。其研究把克尔凯郭尔置身于他的时代，从而避免了预先加之以实存主义的视角。但是，杨大春以黑格尔的方式（传统研究）来理解克尔凯郭尔，会出现以下困难，黑格尔毕竟是克尔凯郭尔批判的对象。黑格尔调和了哲学与神学。为批判黑格尔，克尔凯郭尔则尝试分离二者。由此来看，要理解克尔凯郭尔，需要更开阔的思想视野，神学或基督教思想史的视角是极其重要的。

与本书相关的是基督教思想史的视角。可归在此类的研究者有王齐，梁卫霞，孙毅等。

继《走向绝望的深渊》之后，王齐写了《生命与信仰——克尔凯郭尔假名写作时期基督教哲学思想研究》，此书试图从基督教哲学的角度去把握，但

---

18 汝信撰："克尔凯郭尔"，侯鸿勋、郑涌编：《西方著名哲学家评传》（第八卷），济南：山东人民出版社，1985 年，第 49-50 页。

19 杨大春著：《沉沦与拯救——克尔凯戈尔的精神哲学研究》，北京：人民出版社，1995 年，第 251 页。

20 杨大春著：《沉沦与拯救——克尔凯戈尔的精神哲学研究》，北京：人民出版社，1995 年，第 2 页。

仍未摆脱审美立场。[21]王齐主张用"基督教哲学"来理解克尔凯郭尔的思想。与狭义的哲学（比如，逻辑实证主义）相对照，"基督教哲学"显明了基督教对思想家的影响，符合基督教思想史的真实过程，一如利文斯顿在《现代基督教思想》中展示了启蒙运动与基督教的双向关系，这种双向关系不能被切割。[22]以此来看，王齐的提法对于理解西方思想史有其合理性。但是，具体到对克尔凯郭尔的思想研究，王齐对"基督教哲学"的界定转换为，"从哲学的自由精神出发对基督教原则的理解"。[23]这里，自由精神适用于黑格尔。黑格尔的思辨理性便沟通了哲学与神学，是从哲学角度对基督教思想的再现。克尔凯郭尔认为，黑格尔的思辨理性无视神与人之间的无限的质的距离，对此，克尔凯郭尔给予了批判。如此来看，"基督教哲学"这一术语如果适用于黑格尔，就不适用于克尔凯郭尔。基督教哲学的提法掩盖了基督教与哲学在克尔凯郭尔思想中的内在张力。比如，在对《哲学片断》一书的评价中，王齐认为，"克尔凯郭尔通过对'片断的'哲学的追求而完成了哲学重心的转换，这中间是否有着更为深刻的原因呢？换言之，他是在何种思想的启发之下完成这种哲学重心的转换的？我的答案是：基督教信仰。"[24]这里，王齐认为，克尔凯郭尔的转换是由"体系的哲学"（客观的哲学）向"片断的哲学"（生活世界的哲学），基督教信仰促成了这种转换。显然，就十九世纪思想史来看，黑格尔的体系的哲学同样有基督教"信仰"的因素；另外，就《哲学片断》而言，克尔凯郭尔的"哲学的片断"有两层含义，一是反对黑格尔的思辨体系，此为"片断的"含义；二是反对思辨的教义学，此为"哲学"的含义。鉴于人们对"神学"（基督教教义）已经司空见惯，"哲学"有助于避免人们远离个体的实存来理解信仰，显然，这里并非是以"理性"（自由精神）单方面来把握信仰，而是再现了哲学与信

---

21 王齐著：《生命与信仰：克尔凯郭尔假名写作时期基督教哲学思想研究》，南京：江苏人民出版社，2010 年。

22 利文斯顿在《现代基督教思想》中展示了启蒙运动与基督教双向关系的宏阔图景。见利文斯顿著：《现代基督教思想》（上、下），何光沪译，赛宁校，成都：四川人民出版社，1999 年（第二版）。

23 王齐著：《生命与信仰：克尔凯郭尔假名写作时期基督教哲学思想研究》，南京：江苏人民出版社，2010 年，第 9 页。

24 王齐著：《生命与信仰：克尔凯郭尔假名写作时期基督教哲学思想研究》，南京：江苏人民出版社，2010 年，第 9 页。

仰之间的紧张关系。[25]所以，回到哲学与信仰内在的张力，而非哲学与哲学之间的比照，才是把握克尔凯郭尔思想的关键。[26]

梁卫霞的《间接沟通：克尔凯郭尔的基督教思想》，有意突破国内单以哲学进路的方式把握克尔凯郭尔，如其导论所言："本书对克尔凯郭尔（Kierkegaard）思想的探究突破了国内学术界'哲学式研究'的框架和方式，主要是在基督教神学的背景和语境中展开论述；并且本书不再局限于从他的'三境界说'（美学、伦理和宗教）来阐释他的思想，而是从'间接沟通'的角度入手解读他的独特的作品和思想。"[27]从其内容安排上来讲，作者提到了基督教的"悖论"，这意味着作者在克尔凯郭尔的宗教思想方面作了区分，因其著书重点不在于此，并未多谈。

孙毅在《个体的人：祁克果的基督教生存论思想》中对克尔凯郭尔思想的核心概念之一"个体的人"作了开创性的研究。从国内克尔凯郭尔研究的总体来看，孙毅对克尔凯郭尔的基督教思想中的"个体"概念做了最清晰的梳理。他对"个体问题"关注始于对海德格尔的研究。但在研究克尔凯郭尔的思想时，孙毅并不囿于实存主义的角度，因为他清楚地看到克尔凯郭尔与海德格尔的区别和联系。[28]他比较强调宗教 A 与宗教 B 的区分，并在宗教 B 部分中探讨了"悖论"的概念。[29]

1.2.2 国外研究的现状

绝对悖论思想对理解克尔凯郭尔的总体思想是极其关键的。绝对悖论指耶稣基督，属于克尔凯郭尔的宗教思想。在《视角》中，克尔凯郭尔指出了

---

25 Eberhard Jungel, " 'You talk like a book…'Toward an Understanding of the Philosophical Fragments of J. Climacus,edited by Soren Kierkegaard (1813-1855)", *Theological Essays II*, trans. By A. Neufeldt-Fast and J.B. Webster, T&T Clark Ltd,1995.

26 笔者单单只是从思想史的宏观视角来对《生命与信仰》一书做出评价，并不涉及书中的具体细节。

27 梁卫霞著：《间接沟通：克尔凯郭尔的基督教思想》，上海：人民出版社 2009 年，第 21 页。

28 孙毅：《个体的人：祁克果的基督教生存论思想》，北京：中国社会科学出版社 2004年，第 221 页和第 229 页。

29 孙毅：《个体的人：祁克果的基督教生存论思想》，北京：中国社会科学出版社 2004年，"第六章，宗教 B：个体的人与信仰，第一节，绝对悖谬对于宗教 B 的意义"。

作品的复调叙述结构，即，在出版审美作品的同时，出版宗教作品。[30]并且，依克尔凯郭尔本人的意图，从全部作品来看，审美作品需要宗教的维度。换句话说，脱离开宗教的作品以及宗教的维度，读者对审美作品的理解会出现偏差。比如，当代德性伦理学的代表人物麦金泰尔（A.MacIntyre,1929- ）在《德性之后》（或译《追寻美德》）中把克尔凯郭尔解释为激进的意志论者。他认为，克尔凯郭尔所言的意志之决断是毫无根据的。他说道："在现实世界中，他们（包括克尔凯郭尔）除把现实世界看做是与个人意志相冲突的地方外，看不到任何其他东西；他们每个人都有一套自己的态度和偏好……"。[31]麦金泰尔的结论只是基于克尔凯郭尔的审美作品，并未触及到宗教作品中"绝对悖论"的观念。对麦金泰尔而言，克尔凯郭尔的意志的决断并无超越性，始终只是在现实世界的意志的决断，而意志的决断是武断无根的，换言之，并不存在绝对悖论，存在的只是个体的激情，比如"态度"和"偏好"。

就"绝对悖论"这一主题而言，关于克尔凯郭尔的研究主要有以下几种观点：

第一，绝对悖论违反理性的逻辑功能，是一个明显的矛盾。持此观点的克尔凯郭尔研究者有，汉内（A. Hannay）、鲍曼（L. Pojman）等。以鲍曼为例。鲍曼认为，克尔凯郭尔的悖论是一种逻辑矛盾。在鲍曼看来，上帝是无限的，永恒的，不可改变的，人的存在是有限的，非永恒的，变化的，因此，"上帝与人是相互不同的两个种类"[32]。在此基础上，耶稣基督是一个明显的矛盾。鲍曼的上帝观已经预先排除了道成肉身，其上帝观是由哲学的视角决定的。鲍曼把上帝与人作为两个不同的种类，并将此理解与克尔凯郭尔的"上帝与人之间的无限的质的相异性"相等同，鲍曼的诠释忽视了后者的实存维度。神与人之间的无限的质的相异性有两种含义，一是，从创造论来讲，上帝是创造者，具有永恒性，人是被造者，具有时间性（temporality，或译暂时性），因而，上帝与人之间具有无限的质的相异性；二是，从实存的维度来看，人的罪性表现为，人欲取消此差异性。但是，在克尔凯郭尔看来，差异性是

---

30 齐克果著：《作为一个作者我的作品之观点》，孟祥森译，台湾：水牛出版社，1968年版。*The Point of View,* by Soren Kierkegaard, Ed. and trans. by Howard V. Hong and Edna H. Hong, Princeton University Press, 1998.

31 麦金泰尔著：《德性之后》（*After Virtue*），龚群、戴扬毅等译，北京：中国社会科学出版社，1995年，第33页。

32 L. Pojman,*The Logic of Subjectivity*, Ala.:University of Alabama Press,1984, p.137.

无法被取消掉的，人的罪性反而显明了上帝与人之间的无限的质的相异性。鲍曼只是理解了前者，而忽视了后者。把创造论和个体的实存分开，容易忽视理性本身的有限性，从而在上帝观上，预先设定理性的权威，从而认为，绝对悖论违反理性的逻辑功能，是明显的矛盾。鲍曼的观点容易导致如下结论，克尔凯郭尔是非理性主义者。

第二，绝对悖论是超理性的。持此观点的克尔凯郭尔研究者有史文森（D.Swenson）、麦金农（A.MacKinnon）、埃文斯（C.S. Evans）等。以埃文斯为例。埃文斯认为，从克尔凯郭尔的著作来看，"矛盾"（contradiction）一词，应理解为"不连续性"（incongruity）。如果绝对悖论是逻辑的矛盾，那么，绝对悖论就是无意义的（nonsense）。如果绝对悖论是永恒性对时间性的扬弃所形成的瞬间，从而在时间性中造成了不连续性，那么，绝对悖论就是不可思议的（incomprehensible）。[33]埃文斯认为，克尔凯郭尔的绝对悖论的含义是超越理性，而不是反理性。埃文斯说道："理性有限性的主张，这一主张自身肯定不足以宣判一个思想家为非理性主义。不然的话，其他思想家中的康德、写《逻辑哲学论》的维特根斯坦将经受罪责。答案必定在于（理性的）诸界限被认为是什么以及它们怎样被引出。"[34]埃文斯认为，克尔凯郭尔的绝对悖论是超理性的，理性的界限在于激情的极致之处，激情的极致显明了人的罪性，同时，在此边界处，信仰使得个体认识绝对悖论。埃文斯去掉了加在克尔凯郭尔身上的"非理性主义者"的头衔。

第三，绝对悖论独立于历史评断学。关于绝对悖论和历史评断学的关系，不同的克尔凯郭尔研究者有不同的反思，但他们一致认为，克尔凯郭尔持以下观点，绝对悖论独立于历史评断学。这一方面的基督教研究者有埃文斯、穆瑞·雷（Murray A. Rae）。埃文斯说道："约翰·克里麦克斯（John Climacus）是克尔凯郭尔在《哲学片断》中虚构的一个人物，他主张，尽管信仰确实具有这样一种历史成分，然而，信仰并不以证据为基础，而是以对耶稣的亲身体验为基础，关于耶稣的历史记载不过是一种机缘。"[35]不止与此，埃文斯对

---

33 *Passionate Reason: Making sense of Kierkegaard's Philosophical Fragments*, by C. Stephen Evans, Indiana University Press, 1992, p.102.

34 *Passionate Reason: Making sense of Kierkegaard's Philosophical Fragments*, by C. Stephen Evans, Indiana University Press, 1992, p.107.

35 史迪芬·埃文斯（C.S. Evans）撰："历史证据与基督教信仰的关系"，胡自信译，该文收入，斯图沃德编：《当代西方宗教哲学》，周伟驰等译，北京：北京大学出

克尔凯郭尔的绝对悖论与历史评断学的关系加以评价，他认为克尔凯郭尔忽视了历史信念。在埃文斯看来，历史的信念是一系列命题，这些命题对信仰可以起到证据的意义。与埃文斯一致，穆瑞·雷认为，克尔凯郭尔观点是绝对悖论独立于历史评断学。但在对克尔凯郭尔的绝对悖论与历史评断学关系的评价上，穆瑞·雷认为，克尔凯郭尔将矛头指向历史评断学背后的预设，即历史信念，克尔凯郭尔的绝对悖论独立于历史评断学以及历史评断学背后的历史信念。[36]埃文斯和穆瑞·雷的不同观点反映历史评断学与绝对悖论的复杂关系。

以上是对国内和国外的克尔凯郭尔研究的综述。国内的研究状况表明，克尔凯郭尔的研究渐渐深入到克尔凯郭尔与基督教传统的关系上，但对克尔凯郭尔关于"绝对悖论"的思想尚未有充分的研究。国外的研究状况显示，克尔凯郭尔的"绝对悖论"与"历史"、"理性"和"信仰"三个要素均有关系，但是，具体到"历史与信仰"的关系问题上，比较重视历史评断学对基督教信仰的挑战以及基督教思想对此的回答，对理性在"历史与信仰"的关系问题上的作用重视不够。

本书从历史与信仰的关系出发，尝试展示克尔凯郭尔的"绝对悖论"学说对这种关系的解释，希望对包括哲学和神学的学术界理解其在基督教思想史上的意义和影响，能够做一点小小的贡献。在对绝对悖论的理解上，除关注由历史知识对基督教信仰的理解外，还关注由理性引起的"本质的历史"对基督教信仰的理解，这两种理解对克尔凯郭尔来说是批判的对象。在信仰与绝对悖论的关系上，本书比较侧重宗教 A 的激情与宗教 B 的激情的联系，即，本书并不首先把宗教 A 作为一种类型来看，而是将其看作宗教 B 的预备。本书把宗教 A 与宗教 B 联系起来，其用意在于表明如下看法，克尔凯郭尔针对的是黑格尔与丹麦的黑格尔派哲学。当然宗教 A 与宗教 B 的关系是辩证的。

版，2001 年，第 69 页。该文可见于作者的论文集，C.S.Evans, "The Relevance of Historical Evidence for Christian Faith: A Critique of a Kierkegaardian View", *Kierkegaard on Faith and the Self: Collected Essays*, Waco, Texas: Baylor University Press,2006, pp. 151-167.

36 Murray A.Rae, "The Forgetfulness of Historical-Talkative Remembrance in Kierkegaard's Practice in Christianity", *International Kierkegaard Commentary: Practice in Christianity*(vol.20) , ed. by RobertL.Perkins, Mercer University Press, 2004.

1.3 研究的方法

如何从思想史的角度把握克尔凯郭尔是一个复杂的问题，本书主要有以下几种进路：

第一，克尔凯郭尔与实存主义。克尔凯郭尔的思想在十九世纪寂静无声，至二十世纪，因其极大影响了实存主义而受到重视。实存主义本身并不是一个学术流派，一般归在实存主义流派名下的马塞尔（G.Marcel,1889-1973），雅斯贝尔斯，海德格尔，萨特（Jean-Paul Sartre,1905-1980）等，他们之间的思想差异是很明显的。[37]但是，对于归在实存主义名下的思想家而言，无论他们本人承认还是不承认，克尔凯郭尔对他们都有重要的影响。所以，这些思想家同样是理解克尔凯郭尔思想的资源。

第二，克尔凯郭尔与十九世纪思想史。思想史大家洛维特（K.Lowith,1897-1973）对克尔凯郭尔的解读有其独特的个人关注，并常以之和十九世纪的思想家尼采（F.Nietzsche,1844-1900）对举，认为二者皆为克服虚无主义的勇士。[38]在梳理十九世纪思想史的《从黑格尔到尼采》一书中，洛维特如此说："真正的主题是：由马克思把黑格尔的绝对精神哲学改造为马克思主义，基尔克果（Kierkegaard）则将其改造为存在主义（Existenzialismus，或译实存主义），这仍没有被中间这段时间的事件所触及，与当时的读者相比，理应引起今日的读者更多的关注。"[39]换言之，克尔凯郭尔与十九世纪思想史的关系并未受到应有的关注，这对只看到克尔凯郭尔与实存主义关系的研究者而言是一个纠正。

第三，克尔凯郭尔与基督教思想史。利文斯顿（James C. Livingston）更多注意到克尔凯郭尔和辩证神学的关系，蒂里希和潘能伯格（W.Pannenberg,1928-）则将其放在启蒙运动与基督教的关系中去考察。[40]潘

---

37 Paul Ricoeur, "Philosophy after Kierkegaard", *Kierkegaard: A Critical Rader*, ed.by J. Ree and J.Chamberlain, Blackwell Publishers,1998, p.10.

38 洛维特撰："基尔克果与尼采——对虚无主义的哲学和神学克服"，载于，洛维特、沃格林等著：《墙上的书写——尼采与基督教》，田立年，吴增定等译，北京：华夏出版社，2004 年。

39 洛维特著：《从黑格尔到尼采——19 世纪思维中的革命性决裂》，李秋零译，北京：三联书店，2006 年，第 7 页。

40 《现代基督教思想——从启蒙运动到第二届梵蒂冈公会议》（上、下），利文斯顿著，何光沪译，赛宁校，成都：四川人民出版社，1999 年（第二版），见"第十一章新正统主义，第三节克尔凯郭尔"；《基督教思想史》，蒂利希著，尹大贻译，

能伯格认为，启蒙运动时期的哲学将中世纪的哲学为神学之附庸关系逆转为哲学高于神学，"然后，有两种进一步的关系规定从启蒙运动出发，亦即一方面是神学使信仰不附属于理性权威的尝试，另一方面，哲学通过把宗教观念扬弃在哲学概念中而自己吸取信仰内容的尝试。"，[41]前者以克尔凯郭尔为代表，后者以黑格尔为代表。由此看来，克尔凯郭尔与基督教传统的关系是理解其思想的重要方面。[42]

以上尝试列举三种进路，意在表明从不同的角度出发，学者对克尔凯郭尔的理解很可能大不相同。本书主要从第三种进路理解克尔凯郭尔，同时也不忽略其他进路，把克尔凯郭尔放在其时代的处境中理解，并在二十世纪的思想史中显示其思想所处的位置。

本书对克尔凯郭尔的"绝对悖论"思想进行研究，主要采取了以下几种方法：

首先，文本研究的方法。作品是一个思想家思想的凝结。对思想家的理解离不开思想家本人的作品。克尔凯郭尔的创作时期集中在 1843-1855 之间，虽然只有短短十多年的时间，但创作的数量是惊人的。凯普伦就克尔凯郭尔的丹麦文本有如下陈述，"克尔凯郭尔就哲学、心理学、宗教学以及基督教所发表的作品大致由 40 本书以及数量可观的报刊文章组成。"[43]若以英译本计，在如此短的时间内克尔凯郭尔创作了作品 26 卷，另加日记 7 卷。"绝对悖论"的思想主要见于，《哲学片断》、《最后的非科学性的附言》（简称《附言》）、《致死的疾病》和《基督教的励练》等作品中。本书将深入理解克尔凯郭尔的作品，并在基础上呈现克尔凯郭尔关于"绝对悖论"的思想。

香港：汉语基督教文化研究所有限公司，2004 年（第二版），见"第二部分十九和二十世纪新教神学概观，第四章普遍综合的崩溃，第四节基尔克果的实存主义神学"；《神学与哲学——从它们共同的历史看它们的关系》，潘能伯格著，李秋零译，香港：汉语基督教文化研究所有限公司，2006 年，见"第十一章人类学转向，第二节摆脱黑格尔时的哲学新方案，第二小节施蒂纳和基尔克果"。

41 潘能伯格著：《神学与哲学——从它们共同的历史看它们的关系》，李秋零译，香港：汉语基督教文化研究所有限公司，2006 年，第 26 页。

42 有关克尔凯郭尔与基督教思想史的关系还可参见，"Kierkegaard and the Christian tradition", by Julia Watkins , *Kierkegaard*, Geoffrey Chapman, 1997.

43 凯普伦撰："天才释放出的尖利的闪电——克尔凯郭尔简介"，王齐译，收入，中国社科院主编的"克尔凯郭尔文集"中，克尔凯郭尔著：《哲学片断》，王齐译，北京：中国社会科学出版社，2013 年，第 2 页。

第二，比较研究的方法。本书以基督教思想史为参照，在把克尔凯郭尔与其他思想家的比较中，凸显克尔凯郭尔思想的独特性。克尔凯郭尔的"绝对悖论"有其思想发生的背景，他所回应的"历史与信仰"的问题，首先由莱辛，继而是黑格尔提出。在对思想史的回顾中，克尔凯郭尔认为，莱布尼茨的"先定和谐"挖空了基督教的历史根基，而莱辛是唯一一个处理了"历史与信仰"之关系的思想家。克尔凯郭尔有意突出莱辛，是为了直接针对黑格尔。黑格尔通过理性所形成的"本质的历史"意图弥合"历史与信仰"之间的不一致。由此来看，黑格尔关于"历史与信仰"一致性的看法是不同于莱辛的另一条进路。不同于莱辛消解了耶稣基督的超越性，黑格尔以思辨理性构建的体系维护耶稣基督的超越性，在此来看，黑格尔的基督论同样是对"历史与信仰"的问题的回应。[44]"历史与信仰"的一致性问题延续到二十世纪的基督教思想史中。本书将其他思想家的思想与克尔凯郭尔的思想相比较，在比较中突出克尔凯郭尔的"绝对悖论"的思想。

第三，否定神学（negative theology）的方法或进路。从基督教思想史来看，克尔凯郭尔的思想属否定神学的进路。[45]具体到"绝对悖论"的论题上，克尔凯郭尔认为，通过历史和理性均不能认识耶稣基督；在信仰中方能认识耶稣基督。就信仰而言，从主体的激情出发，克尔凯郭尔认为激情的极致是对主体自身的否定，而否定性是肯定性的标志，这意味着，个体的信仰是一种激情，此激情属于个体的内在性，个体在激情的深化中，经历到自我认识上帝的"不可能性"，如此突破了个体的内在性，从而认识"绝对悖论"。

在三种研究方法中，文本研究方法需要继续加以解释，因其涉及到克尔凯郭尔独特的写作方式。克尔凯郭尔的作品风格与他的时代迥异。黑格尔的体系严谨而有条理，但克尔凯郭尔的作品风格完全超出了时代的主流。他的作品多种多样，有严格的"科学"形式，比如《致死的疾病》、《忧惧的概念》；有小说，格言，书信等多种类型荟萃的，比如《或此或彼》；有文艺批评，比如《两个时代》；有面向个体信仰者的造就讲章（类似于布道文，但不取布道文的居高临下的态度），比如《十八篇造就讲章》，等等。

---

44 *Philosophical Fragments; Johannes Climacus*, by Soren Kierkegaard, Ed. and trans. Howard V. Hong and Edna H. Hong, Princeton University Press, 1985，pp. 181-182.

45 参见 *Kierkegaard as Negative Theologian*, by David R. Law, Clarendon Press, 1993.

克尔凯郭尔的文风给后世解他的思想带来了困难。学界常用这些词汇形容克尔凯郭尔的作品，比如："杂多"、"散乱"、"怪异"、"荒诞"。[46]但如此概括的背后，隐藏着观念论思想的预先理解，只有在体系式的观念论之下，"杂多"、"散乱"、"怪异"和"荒诞"才会成为负面词汇形容克尔凯郭尔作品的风格，好像因为作品的风格，克尔凯郭尔本人的思想也跟着"杂多"、"散乱"、"怪异"和"荒诞"。事实上，克尔凯郭尔的作品的确是多样的，但不是"杂多"和"散乱"；克尔凯郭尔的思想的确是反对思辨理想构造的"体系"，但不是"怪异"和"荒诞"。在《日记》中，克尔凯郭尔写到道"仁慈的上帝，天父，我的作品中最通俗的著作在概念的界定上是极其严谨的。"[47]

克尔凯郭尔的全部作品呈现两个序列，一个序列是笔名作品，另一个序列是真名作品。两个序列同时进行，每每出版一部或几部笔名作品，必伴之以真名作品。除去整体作品的两个序列的关系外，在审美作品内部又有两个系列：即克利马克斯（Climacus）和安提-克利马克斯的序列(Anti-Climacus)。以安提克利马科斯命名的作品有三部：《论怀疑者》、《哲学片断》和《附言》。以克里马科斯命名的作品有《致死的疾病》和《基督教的励练》。

在克尔凯郭尔的作品风格这一不无重要性的问题上，本书基于克尔凯郭尔自己的意图，主要持以下观点：

首先，从整体来看，克尔凯郭尔的作品有"宗教"或"敬虔"的意味。在《视角》中，他将诸多作品构成的整体称为"神的掌管"（Governance）的结果，"他（指克尔凯郭尔）将之带入完成的，整个部份构成一个整体的辨证性的结构，他不能归之于任何人，更不可能归之于自己；而如果它务须归之于某个人，则它唯有归之于'神的掌管'……"[48]由此可以看出，克尔凯郭尔的作品有一以贯之的主旨。

其次，在具体的作品中，克尔凯郭尔从不同角度对共同的主旨做了阐述。关于克里马克斯和安提-克里马克斯的关系，克尔凯郭尔在《日记》中写到，

---

46 参见梁卫霞的概括，《间接沟通——克尔凯郭尔的基督教思想》，梁卫霞著，上海：人民出版社2009年，第14-15页。

47 *Concluding Unscientific Postscript*, by Soren Kierkegaard, Ed. and trans. by A.Hannay, Cambridge University Press, 2009,p.xv.

48 齐克果著：《作为一个作者我的作品之观点》，孟祥森译，水牛出版社1968年版，第101页。*The Point of View*, by Soren Kierkegaard, Ed. and trans. Howard V. Hong and Edna H. Hong, Princeton University Press, 1998, p.97.

"克里马库斯（Climacus）和安提-克里马库斯（Anti-Climacus）之间有数个共通之处；但它们的区别在于约翰尼斯·克里马库斯将自己置于相当低的地位上，甚至说他不是一个基督徒，而人们可以察觉到安提-克里马库斯自视为一个处于极高层次上的基督徒。……我认为我自己所处的地位比约翰尼斯·克里马库斯高，而比安提-克里马库斯低。"[49]

综上所述，克尔凯郭尔的作品整体有一个总体的目的，本书在对克尔凯郭尔的文本分析时，充分考虑作品的整体目的，并在此总体目的之下对单部作品进行分析。

---

49 *Philosophical Fragments; Johannes Climacus*, by Soren Kierkegaard, Ed. and trans. Howard V. Hong and Edna H. Hong, Princeton University Press, 1985, "Historical Introduction", p10.译文见克尔凯郭尔著,《致死的疾病》,张祥龙、王建军译,北京:商务印书馆, 2012 年,"中译本导言",第 8 页。

第 2 章　莱辛提出的问题和
黑格尔的解答

2.1 莱辛论历史与信仰

　　莱辛（G.Lessing,1729-1781）是启蒙运动时期德国的古典文学家、戏剧批评家、哲学家和神学家。莱辛的神学思想一直不为许多研究者所重视，但因其思想极具创见，故而影响了西方思想史中极其重要的思想家，如，克尔凯郭尔、尼采、巴特等。莱辛的神学思想散见于不成体系的文章和著作，但不成体系并不意味着莱辛的思想不够缜密和不具深度。[1]

　　莱辛提出了"历史与信仰"[2]之间存在着鸿沟的论点，同时，以超泛神论（Panentheism）的理性经由实定宗教的历史弥合了二者之间的鸿沟。莱辛的特殊之处在于把启蒙运动的认识论引入到宗教领域，从而使得基督教与启蒙运动在信仰问题上产生激烈的碰撞。莱辛关于"历史与信仰"关系的见解对西方思想史产生了重大影响。

　　"历史"这一概念在莱辛的著作中含义可以分为实定宗教的"偶然的历史"与宗教的"本质的历史"[3]。实定宗教指在历史中的具体的宗教。宗教是

1　狄尔泰著：《体验与诗》，胡其鼎译，北京：三联书店，2003 年，第 122 页。

2　为保持问题意识的一致，这里用"历史与信仰"代替莱辛文章中的"历史与理性"的鸿沟的说法。在莱辛的著作中，理性的真理指永恒的、普遍的真理。

3　笔者基于莱辛的著作区分了"偶然的历史"与"本质的历史"，以免混淆历史在莱辛思想中的不同含义。参考莱辛，"论圣灵与大能的证明"和"论人类的教育"两篇

实定宗教的统称。实定宗教的历史尽管是偶然的，但同风俗习惯一样，是个体与人类共同体的天然处境。实定宗教是人类与个体受教育的通道，不可取代，与历史同样久远。而莱辛不停留在实定宗教的论述上，而是在不同的实定宗教中看到一种"单纯的无区别性"[4]。莱辛认为，永恒天命下的"历史"是理性真理与基督教的启示真理的合一，在此意义上，本质的历史是理性与基督教的启示的桥梁。

2.1.1 理性真理高于历史真理

莱辛将启蒙运动的认识论运用到宗教领域。在启蒙运动的认识论中，理性真理高于历史真理。与此相适应，在宗教领域，"宗教"高于"实定宗教"。换言之，只有"宗教"具有理性的普遍性；实定宗教（包括基督教）具有历史的偶然性。莱辛依据理性真理审视了基督教的历史真理。他的论述主要集中在以下三个方面：基督教的信仰对象耶稣基督、基督教的奇迹、基督教的经典《圣经·新约》，这三个方面又相互关联。

（1）耶稣基督是历史的人物，"基督的宗教"具有理性的普遍性。

在基督教的传统中，耶稣基督是基督教的信仰对象，基督教的经典《圣经·新约》记载了耶稣基督的言行，表达了初代基督教信仰者和信仰群体对耶稣基督的认信。但在启蒙运动中，《圣经·新约》的神圣地位受到了质疑。据卡西勒（E. Cassirer）的研究，启蒙运动的思想家狄德罗严格区分了理性真理和历史真理，《圣经·新约》只是属于历史真理，"如果摩西法能取代自然法，基督法又能取代自然法，那基督法为什么不会被上帝还未曾对人启示过的另一种法所取代呢？"[5]与狄德罗的看法相近，莱辛依照其时代的惯例将基督教的历史分为三个部分：《旧约》、《新约》、《新约》之后的基督教[6]，并把《新

重要的论著，前者收入《历史与启示——莱辛神学文选》，后者收入《论人类的教育》（"论人类的教育"是文集中的一篇，中译文集名与莱辛的文章名重合，朱雁冰译，华夏出版社 2008 年出版）。在《启蒙哲学》中，卡西勒对此并未有区分，他把终极的启示也视为历史，这也是莱辛的预设，卡西勒的看法是从哲学的角度论述的。

4　洛维特著：《从黑格尔到尼采——19 世纪思维中的革命性决裂》，李秋零译，北京：三联书店，2006 年，第 23 页。

5　卡西尔著，《启蒙哲学》，顾伟铭等译，济南：山东人民出版社，2007 年（第二版），第 158-159 页。

6　莱辛的"论人类的教育"可见于刘小枫主编的《论人类的教育——莱辛政治哲学文选》一书。（莱辛著：《论人类的教育——莱辛政治哲学文选》，朱雁冰译，北京：新

约》只看做历史发展过程的一个阶段。

莱辛区分了"基督的宗教"与"基督宗教",他对基督教的信仰对象耶稣基督进行了历史的和理性的解释。在莱辛看来,耶稣基督是一个历史的人物。耶稣的伟大在于他的"教诲"[7]和"践行"[8]。莱辛说到:"基督的宗教,是基督作为人本身所认识和实践的宗教;是每个人可以与基督共有的宗教;谁从作为纯然的人的基督身上得到的性格愈高尚、愈可爱,谁必然愈渴望与基督共有这种宗教。"[9]在基督教的传统中,因人之罪,人与神之间具有无限的质的相异性,基督是人与神唯一的中介。但在莱辛看来,基督是人性的教师,是每个人可以效法的对象。"基督"是一个历史中的人物,"基督的宗教"则是"人性宗教",具有理性的普遍性。在"基督的宗教"的界定后,莱辛认为,"基督宗教"是把历史的基督当成了信仰的基督,"基督宗教是这样一种宗教,它认为基督确实不仅仅是个人,并将这不仅仅是个人的基督本身作为敬奉的对象。"[10]换句话说,"基督宗教"混淆了理性真理和历史真理的界限,把"基督"的历史性提升为了理性真理。莱辛转换了基督教传统的基督论,耶稣基督以一个教师的形象出现,这一转变反映了启蒙运动整个时代的风气。[11]

（2）基督教的"奇迹"只存在于古代世界。

在启蒙运动中,基督教的奇迹是部分启蒙思想家批判的对象。启蒙思想家休谟剥离了奇迹的启示基础,他认为,奇迹在人类的经验中不可能存在。[12]与休谟不同,莱辛在古今的时代差异下把"奇迹"作为偶然的历史真理,该

华夏出版社,2008 年)。另见"为卡尔达诺正名",收入莱辛著:《历史与启示——莱辛神学文选》,朱雁冰译,北京:华夏出版社,2006 年,第 14 页。

7　莱辛著:《论人类的教育——莱辛政治哲学文选》,朱雁冰译,北京:华夏出版社,2008 年,第 118 页,第 59 节。

8　莱辛撰,"基督的宗教",收入莱辛著:《历史与启示——莱辛神学文选》,朱雁冰译,北京:华夏出版社,2006 年,第 295 页。

9　莱辛撰,"基督的宗教",收入 莱辛著:《历史与启示——莱辛神学文选》,朱雁冰译,北京:华夏出版社,2006 年,第 295 页。

10　莱辛撰,"基督的宗教",收入 莱辛著:《历史与启示——莱辛神学文选》,朱雁冰译,北京:华夏出版社,2006 年,第 295 页。

11　帕利坎著:《历代耶稣形象——及其在文化史上的地位》,杨德友译,香港:汉语基督教文化研究所,1995 年,"第十五章,常识教师"。

12　休谟著,《人类理智研究》,吕大吉译,商务印书馆,2009 年。对休谟观点的概括及评论,参见布朗著:《历史与信仰:个人的探询》,查常平译,上海:三联书店,2013 年,第 11-20 页。

真理仅仅存在于古代人的经验中，对于启蒙时代的人们来说，"奇迹"则无法被经验到。

在《论圣灵与大能的证明》中，莱辛对奥利金（约185-254年）的奇迹观进行了阐释。莱辛文章标题中的"圣灵与大能的证明"作为典故出自《圣经·新约》，"圣灵与大能的证明"作为典故出自《圣经·新约》（林前2:4）。奥利金对该经文加以阐释[13]，其要点如下：首先，"圣灵与大能的证明"是基督教独有的，这种证明分别显示为，"灵"的证明体现在预言上，指向基督教的信仰，"力"的证明体现在奇迹上。其次，证明所依据的"预言"和"奇迹"具有客观性，它们在活生生的信仰群体中得到保持，为群体中之个体可以经验到的。在莱辛看来，启蒙时代的人们对奥利金的理解仅仅关注在"力"的证明（奇迹）上，而忽略了"灵"的证明；"灵"的证明所提到的"预言"，仅仅是指向"奇迹"的实现。相较于同时代人，莱辛更注重"灵"的证明所指向的基督教信仰者的内在性。莱辛单单列出"力"的证明，以此表达对其同时代人的抗议。

莱辛提醒人们注意古今之不同，"在他（指奥利金）那个时代，'行神奇之事的大能还没有离开那些'按照基督的规定来生活的人；既然他有这方面毋庸置疑的例证，他就必然承认——如果他不愿否认自己的感官的话——这种灵与大能的证明。可是我呢？我已不再处于奥利金的情况，我生活在不在产生奇迹的18世纪"[14]。在此莱辛承认奥利金证明的有效性，同时为其加了一个限制，这个限制就是个体经验。"力"的证明属于偶然的历史真理，只是对奥利金和与奥利金同时经历过的人才具有客观的有效性，因而，证明的客观性是相对的。

对于18世纪的人们来说，因为预言和奇迹不再发生，所以，古代的有效的预言和奇迹转化为对"预言"和"奇迹"的证言。证言因属于人的"历史"的维度，所以它们本身不再是"证明"，而只是"媒介"。对个体经验而言，"证言"的有效性表现在，它属于偶然的历史真理。个体经验可以承认它的有效性，但对这种有效性本身却无法成为普遍的理性的真理。基于理性的真理，莱辛认为，基督教的"奇迹"属于"偶然的历史真理"，只具有历史的相对性。

---

13 莱辛撰，"论圣灵与大能的证明"，莱辛著：《历史与启示——莱辛神学文选》，朱雁冰译，北京：华夏出版社，2006年，第64页。

14 莱辛撰，"论圣灵与大能的证明"，莱辛著：《历史与启示——莱辛神学文选》，朱雁冰译，北京：华夏出版社，2006年，第65-66页。

（3）在《圣经》的成书之前，"信仰规则"（Regula fidei，或译信仰准则）已经存在。

在莱辛的时代，路德宗正统派结合了"和谐说"和"历史评断学"（historical criticism），走向了圣经字句主义。莱辛认为，路德宗的"和谐说"拘泥于圣经的字句，是对路德思想的误读，并远离了古代教父关于"和谐"的论述。奥西安德尔（A.Osiander,1498-1552）奠定了路德宗"和谐说"的根基，其理论主要解决的是《圣经》叙述上的矛盾之处。莱辛对其时代的路德宗的"和谐说"此的评论是，"你们的和谐论、你们这些咬文嚼字、曲解人意的人又当藏身何处？你们这些人哪！我指的不是较好的一些人，他们仅限于要求取得一致的结论，听任在此一结论中不至引起任何改变的细致的次要情况保持其差别和矛盾。我指的不是基督徒们在塔提安时代所要求的那一种和谐。我指的是奥西安德尔式的和谐，或者正如温和的奥西安德尔派名称所拥有的那种和谐（因为他们或多或少全都是奥西安德尔式的）——简而言之，这是一种只有路德派才有的和谐说，一种只可能产生于被误解的路德思想的和谐说。这种和谐说、这种蜡制鼻子般的和谐说，力图救出每一福音书作者的每一音节，以便用所有福音书组合成一种东西，而任何一个福音书作者都不会认为这种东西是他自己的。"[15]从基督教思想史的角度来看，古代教父的"和谐说"是"圣灵"引导下的和谐，并非字句上的和谐[16]；路德通过"福音"和"因信称义"来探讨《圣经》，他关注的焦点同样不在《圣经》的字句层面。[17]由此来看，莱辛回溯到"路德"和古代教父，并将其目标直指路德宗"和谐说"导致的圣经字句主义。

15　莱辛撰，"第二次答辩"，莱辛著：《历史与启示——莱辛神学文选》，朱雁冰译，北京：华夏出版社，2006 年，第 115-116 页。

16　与塔提安同时代的提阿菲洛斯在《致奥托莱库斯》中说到："我们还应该知道更多真理，是谁受了上帝圣灵所支配的神圣先知的指导！所有先知的话语都彼此和谐统一，预言着全世界将会发生的事情。"塔提安等著：《致希腊人书》，腾琪、魏洪量译，北京：中国社会科学出版社，2009 年，第 304 页。而塔提安的《四福音合参》已散失，其和谐一致的评论可参见，"亚述的塔提安导言"，见《致希腊人书》，第 130；132-133 页。

17　阿尔托依兹著：《马丁·路德的神学》，段琦、孙善玲译，南京：译林出版社，1998 年，第 73 页。*Concluding Unscientific postscript*,vol.1, by Soren Kierkegaard, Ed. and trans. by Howard V. Hong and Edna H. Hong, Princeton University Press, 1983,p.26.

莱辛认为，圣经不是无误的。在《公理》中，莱辛提出了以下论断："文字并非灵，圣经不是宗教"、"对文字和圣经提出的异议，绝非就是对灵和宗教提出的异议"[18]。狄尔泰认为，莱辛在《公理》一文的观点受泽姆勒的圣经解释学影响很大。泽姆勒是莱辛同时代的德国神学家，他把历史学的方法应用到《圣经》文本上，对文本的作者、写作日期、写作地点、历史背景、写作意图等展开分析，对"高等评断"方法的形成影响巨大。[19]莱辛对历史批判的成果不只是吸收而已，他还指出了历史评断学对基督教的挑战，并从自己的角度给予了回应。在《第二次答辩》中，莱辛对泽姆勒的历史的圣经诠释学提出了批评，他说到："人们什么时候才会不再将不啻为整个永恒的东西系于一发之上！不，经院教义学从没有给宗教造成如此深的创伤，如今，历史的圣经诠释学却天天为它制造这种创伤。"[20]他认为，泽姆勒的历史的圣经诠释学已把历史信念下的永恒真理带入了历史评断学中，而事实上，历史评断学只是历史层面的考察而已。在《论圣灵与大能的证明》中，莱辛把历史真理限定在暂时的有限的领域，而个体经验到的"某种伟大而永恒的、失之便无法弥补的价值"[21]才是永恒的理性真理。以永恒的理性真理为标尺，经院神学的错误既不在教义学的思辨，也不在历史评断学的运用，其错误在于将探讨永恒真理的教义学与探询历史真理的历史评断学混合在一起。单就历史评断学本身而言，莱辛认为，《圣经》可以存在错误，这并不影响《圣经》的内在真理。

基于对使徒时期和早期教父思想的研究，莱辛认为，"信仰规则"（等同于"真理规则"，Regula veritatis）先于《圣经》。在《公理》中，莱辛已提出如下论点，"有圣经之前，便已有宗教"、"书面的传承必须从其内在真理来解释，而一切书面的传承不可能赋予自身以内在真理，如果它没有这种真理

---

18 莱辛撰，"公理"，参见莱辛著：《历史与启示——莱辛神学文选》，朱雁冰译，北京：华夏出版社，2006年。

19 狄尔泰著：《体验与诗》，胡其鼎译，北京：三联书店，2003年，第89页。

20 莱辛撰，"第二次答辩"，莱辛著：《历史与启示——莱辛神学文选》，朱雁冰译，北京：华夏出版社，2006年，第88页。另见，"莱辛给不同派别的神学学者们的所谓书信"，《历史与启示——莱辛神学文选》，第266-267页。

21 莱辛撰，"论圣灵与大能的证明"，莱辛著：《历史与启示——莱辛神学文选》，朱雁冰译，北京：华夏出版社，2006年，第67页。这个永恒的价值被后来的思想家克尔凯郭尔称之为"永恒幸福"。历史事实不足以提供个体永恒幸福，个体需面对由此而来的"深渊"。

的话"，换言之，《圣经》的真理性来源于内在真理。在《必要的答复》和《莱辛给不同派别的神学学者们的所谓书信》中，莱辛进一步将内在真理明确化为 "信仰规则"。在莱辛看来，"信仰规则"是最初四个世纪的基督教的信仰教诲，"这种信仰准则并非从新约诸书中撷取出来；在新约的任何一卷成书以前，这种信仰准则就存在了；这种信仰准则甚至比教会还要古老"、"这种信仰准则才是基督教会作为其创建基础的山岩，而并非圣经。"[22] "信仰规则"是莱辛的一个理论设定，这一设定肯定了早期教会传统在基督徒信仰生活中的重大作用，但是，"信仰规则"否定性力量在于，《圣经》对基督教不是必要的。

　　由此来看，莱辛把耶稣基督、"神迹"和《圣经》只是作为历史真理来看待。耶稣基督是普遍历史中的伟大教师；"神迹"是古代人的历史经验，在启蒙的时代已不再存在；而《圣经》是人类普遍历史某个阶段形成的书，因其包含"真理规则"才成为教育人类的伟大读本。在耶稣基督、"神迹"和《圣经》的探讨上，莱辛始终以历史真理和理性真理的分离为前提。但是，莱辛并未否定耶稣基督、"神迹"和《圣经》在人类普遍历史中所起到的作用。

2.1.2 启示真理包含理性真理

　　在启蒙运动中，部分思想家对基督教的历史和教义进行了批判和否定。卡西勒（E.Cassirer，1874-1945，又译卡西尔）对启蒙运动与宗教的关系作了总体描述："假如我们想寻找启蒙时代的一般特征，那么按照传统回答，它的基本特征显然是它对宗教的批判的、怀疑的态度。如果我们想用具体历史事实检验这种传统观点，那么就德国和英国的启蒙思想而言，我们马上就会持有最重大的怀疑和保留。然而，18 世纪的法国哲学却似乎不容争辩地证实了这一传统观点。"[23]莱辛是德国的思想家，终生与伏尔泰等思想家进行对话和交战。一方面，他吸收了启蒙运动的理性的真理观，这具体表现在，"宗教"的理性真理高于"实定宗教"的历史真理。但另一方面，莱辛认为，"实定宗教"的历史真理是理性真理在人类整体历史的具体环节，在历史的终末，启示真理和理性真理处在相互一致、彼此和谐。

---

22 莱辛撰，"必要的答复"，莱辛著：《历史与启示——莱辛神学文选》，朱雁冰译，北京：华夏出版社，2006 年，第 252-253 页。

23 卡西尔著，《启蒙哲学》，顾伟铭等译，济南：山东人民出版社，2007 年（第二版），第 124 页。

在《智者纳坦》中，莱辛提出了著名的"指环寓言"。在寓言中，三个指环分别代表犹太教、基督教和伊斯兰教。指环的真假问题被转换为指环拥有者的德性问题；与此相对应，三大宗教的真理宣称被转换为各个宗教内的主体信仰问题。莱辛肯定了各宗教传统的历史真实性，并从德性角度给予了肯定，说到："只是无法从三大宗教的根基上加以区分。——它们不全都建立在历史根基之上吗？书面或口传下来的历史！——而历史却必须靠忠诚和信仰传承，对吧？我们不就是自己先辈的骨血吗？他们在我们孩提时代不久向我们证明了他们的爱吗？他们何曾欺骗过我们？除非这欺骗更有益于我们成长！——我们怎么可能不像你相信你的父辈那样相信我的父辈呢？反之也一样。——我能够要求你为迎合我的祖先而下结论说你的祖先撒谎吗？反之也一样。"[24]在肯定了实定宗教的历史真理之后，莱辛把实定宗教的真伪判定奠立在了"宗教"的"善"上。[25]"指环寓言"中的法官把宗教的真伪问题留给历史的终末来判定，事实上，他的做法是把宗教的真伪问题取消了，法官说到："好啦！每个人都应当努力效法父亲那纯洁无暇、毫无偏见的爱！你们每个人都应当争先显示自己指环上宝石的力量！都应当用温良的情操，用真诚和平的新，用善行，用全心全意献身于神的精神促成宝石的力量迸发出来！当这种力量在你们儿孙的儿孙的身上表现出来之时，在千千万万年以后，我邀请你们重新站在这法庭之前。那时，将有一个比我更智慧的人坐在这里宣判。"[26]换言之，实定宗教间的比较是无意义的；判定的标准不是各实定宗教的历史偶然性，而是各实定宗教自身与"宗教"之善的关系。

在把宗教的判定标准挪移到主体内部后，主体的信念的根基不再是实定宗教的历史偶然性，而是人类普遍性的"善"。在"善"的总体规定下，莱辛认为，人的理性远非在所有的时代都是完备的，而是经历了一个过程。这个过程便是人类的理性与启示在普遍历史中的相互作用。莱辛的宗教思想是在与同时代的路德宗神学家的论战中形成；在探讨理性与启示的关系时，莱辛主要以犹太—基督教传统为思想的言说对象。在《论人类的教育》中，莱辛将理性与启示的关系表达为人类受教育的过程，这一过程具体表现为三个阶段：

---

24 莱辛著：《智者纳坦》，朱雁冰译，北京：华夏出版社，2011 年，第 83 页。
25 "宗教"的"善"是在启蒙运动时期才上升为"神圣者"的主要特征。参见，奥托著：《论神圣》，成穷、周邦宪译，成都：四川人民出版社，1995 年，第 8 页。
26 莱辛著：《智者纳坦》，朱雁冰译，北京：华夏出版社，2011 年，第 85 页。

　　第一个阶段，自然人与《旧约》的犹太人。在此一阶段，所有的人都陷入了理性的迷途，出现了多神崇拜与迷信。极少数的民族，比如希腊人，凭"理智之光"获得了对真理的认识，但在第一个阶段之后就停滞了。莱辛认为，在自然人中，上帝选择让一个卑微的民族（犹太人）成为受教育者，以至于远远走在其他民族的前面，成为人类的教育者。犹太人对上帝的理解经历了一个变化的过程，起先是民族神，而后到巴比伦之囚的事件之后，因接触到巴比伦文明而认识到，上帝是"存在之上的上帝"，即唯一神的概念。与其他阶段相比，犹太人在第一阶段并未有完整的灵魂不灭和末世赏罚的观念。[27]灵魂不死在犹太人中的对应表达是，是父罪子承，"与父辈同在"[28]。来世赏罚在此一阶段虽然缺乏，但犹太人有"英雄般的顺从"。[29]

　　第二个阶段是《新约》与基督。莱辛将《新约》与基督均归为历史真理。莱辛认为基督是个教师，而非传统基督教所理解的具有神人二性，同时作为人又作为神的耶稣基督。[30]莱辛并不关注基督为谁，而关注基督的作为。只有基督的作为通过历史的渠道传播下来。至于基督是谁，我们只有从使徒的记载（或报告）中知道，而记载（或报告）具有历史的或然性。关于基督的到来，与第一阶段不同的是，首先，耶稣传布灵魂不死的观念。[31]其次，来世赏罚的观念在基督以前的自然人那里已有，但仅适用于社会领域，"在他（按：指基督）之前，虽然某些民族也曾引入关于恶行在来世将受惩罚的信仰，但这只是指那些危害市民社会的恶行，它们在市民社会中已经受到了应有的惩罚。"[32]莱辛区分了个体的道德层面与群体的社会层面，基督带来的是个体道德层面的更新和改变，"劝诫人们以心灵的内在纯洁状态迎接来世，只能留待

27　莱辛著：《论人类的教育——莱辛政治哲学文选》，朱雁冰译，北京：华夏出版社，2008 年，第 107 页。

28　莱辛著：《论人类的教育——莱辛政治哲学文选》，朱雁冰译，北京：华夏出版社，2008 年，第 115 页。

29　莱辛著：《论人类的教育——莱辛政治哲学文选》，朱雁冰译，北京：华夏出版社，2008 年，第 110-111 页。

30　莱辛著：《论人类的教育——莱辛政治哲学文选》，朱雁冰译，北京：华夏出版社，2008 年，第 117 页。

31　莱辛著：《论人类的教育——莱辛政治哲学文选》，朱雁冰译，北京：华夏出版社，2008 年，第 118 页。

32　莱辛著：《论人类的教育——莱辛政治哲学文选》，朱雁冰译，北京：华夏出版社，2008 年，第 118-119 页。

基督来完成。"[33]在莱辛看来，因着基督的到来，个体道德要比社会层面的赏罚高一个层次。

第三个阶段是理性与启示的和谐。继承前两个阶段的地方在于，灵魂不死和来世赏罚。在此一阶段，莱辛认为理性与启示相互渗透，"关于上帝唯一性的教诲，我们可以不需要《旧约》；关于灵魂不死的教诲，我们也可以逐渐不需要《新约》，既然如此，在《新约》中，岂不会预先反映出更多这样的真理吗？——在理性将这些真理从自己所认识到的其他真理中推导出来并与之联系起来以前，我们一直将这些真理作为启示来景仰。"[34]由此可以看出，莱辛认为，在第三个阶段，理性自身已经能把握"上帝唯一性"与"灵魂不死"，不需要借助《旧约》和《新约》。当然，作为人类伟大的教育读本（尽管是初级读本，尽管需要理性来发掘），莱辛认为《旧约》和《新约》已然包括了理性所能有的一切。在前两个阶段，启示高于个体的理性。但在第三个阶段，个体的理性与启示相互和谐。

从理性与启示的关系而言，莱辛的三阶段说暴露出了实定宗教的历史性与启示性的内在张力。从最终的阶段来说，理性与启示的关系是一致的，但在普遍历史的进程中，理性与启示存在着张力，这种张力主要表现为实定宗教内在的历史性和启示性的关系。首先，实定宗教的历史真理会在普遍历史中一直存在。在《论犹太人问题》中，马克思把宗教问题转化成为市民社会的阶层问题，实定宗教对人类生活的影响仅限于私人领域，在社会公共领域，最重要的是市民社会的阶层冲突和矛盾。在市民社会的矛盾消除以后，宗教也就失去了存在的根源。[35]不同于马克思，莱辛将重心放在了主体的道德领域，从而肯定了实定宗教（包含个体和群体）在人类生活与普遍历史中的地位。其次，实定宗教不同于抽象的理性宗教，每个人在尘世的生活中不能同时经历所有的实定宗教。在《智者纳坦》中，莱辛借助"指环寓言"以及剧中主人公彼此间的亲缘关系显明，具体的宗教依然存在，并不消失，但是彼此间

33 莱辛著：《论人类的教育——莱辛政治哲学文选》，朱雁冰译，北京：华夏出版社，2008 年，第 118 页以及第 125 页。

34 莱辛著：《论人类的教育——莱辛政治哲学文选》，朱雁冰译，北京：华夏出版社，2008 年，第 120 页。

35 参看拙文，"马克思与反犹主义——以马克思的《论犹太人问题》为个案"，载《甘肃理论学刊》，2013（5）。

存在亲缘关系。[36]换句话说，在人类普遍历史的进程中，个体置身于特定的实定宗教之中。第三，实定宗教的"启示"只有在普遍历史的终末才表现为人类的"启示真理"或"理性真理"。在普遍历史的终末，实定宗教依然存在，但彼此之间的差异仅仅表现为历史的偶然性，其共同点则体现出普遍的"理性真理"或"启示真理"。通过人类普遍历史的三个阶段说，莱辛把实定宗教（基督教）的历史真理吸纳到理性真理中来。

2.1.3 何种启示真理

在普遍历史的终末视域下，莱辛的"理性真理"和"启示真理"可以等同；他的"理性真理"和"启示真理"都不同于基督教传统的启示观。换句话说，莱辛不仅对基督教的历史真理进行了理性的审视，而且依据他的"理性真理"（或"启示真理"）对基督教传统的启示观进行了重塑，具体表现在三位一体、基督论、原罪论和救赎论等几个方面，形成了思辨的教义学。在思辨的教义学下，莱辛的焦点集中在了三位一体的教义上；在取消了耶稣基督的"神性"与"圣子"（三位一体的第二位）的关联后，莱辛把基督论、原罪论、救赎论进行了理性或道德诠释。

就三位一体而言，莱辛取消了传统基督教的"位格"概念，强调上帝的内在统一性。在传统的基督教中，三位一体指基督教的上帝是唯一的（区别于多神论），同时，基督教的上帝具有三个位格，分别为圣父、圣子和圣灵。具体到德国路德宗神学的开创者路德的思想而言，路德延续了基督教的传统。阿尔托依兹对路德的"三位一体"的思想总结到："路德同等地强调'一性'和'三性'。上帝是一和三。他的统一性超过任何受造之物的以及任何数学概念的一性。由于这原因，路德讨厌'三重性'的概念，因为'在神性力存在着最崇高的一性。'但这一性同时又是不同的'位格'的三性。一位上帝存在于三个位格里——每一个位格都是完全的神，但没有一个位格是作为没有其他两个位格的自为的神而存在的。"[37]不同于路德的三位一体，莱辛强调上帝的统一性，接近于路德所批判的"三重性"的概念。在早期文稿《理性的基督教》中，莱辛对三位一体做了集中的表述。莱辛把上帝定义为"唯一最完

---

36 莱辛著：《智者纳坦》，朱雁冰译，北京：华夏出版社，2011 年，第 145 页。

37 阿尔托依兹著：《马丁·路德的神学》，段琦、孙善玲译，南京：译林出版社，1998年，第 202 页。

美的本质"；从永恒性的视角来看，上帝的"想象"、"意愿"和"创造"是同一的。基于上帝的思维和上帝的创造是一回事，"圣子"是"上帝"在永恒性中的创造，但是"圣子"并不缺少"上帝"的"任何完美的本质"。"圣灵"是"圣父"和"圣子"之间的"和谐"关系，"在这样一种和谐中，有着存在于父中的一切和存在于子中的一切；可见，这和谐即上帝"。[38] 在后期作品《论人类的教育》中，莱辛从普遍历史的视角或理性视角对"三位一体"做了进一步的补充，"三位一体"在上帝的内在性中是"一"，在人类的理性中表现为"三"。[39] 在"唯一的最完美的本质"的规定下，"圣父"、"圣子"和"圣灵"是同一的。

就基督论、原罪论、救赎论而言，莱辛从普遍历史的终末视角均加以重新诠释。第一、基督论。在三位一体的探讨中，莱辛基督教传统中"圣子"的人性取消掉了。在此之后，莱辛仅仅把基督作为人类的教师来看待，而把"基督的宗教"归为人性的普遍性。既然基督不再是人类与上帝的唯一中介，那么，"原罪论"和"救赎论"不再是永恒的启示真理，而是理性真理或启示真理在普遍历史具体阶段的表达。第二、原罪论。从人文主义与基督教的关系而言，18 世纪之前部分基督教人文主义者（比如伊拉斯谟）对原罪论尚持保留态度；到了 18 世纪，人文主义者已对基督教进行批判，对原罪论的攻击更是不留余力。莱辛试图调和启蒙运动与基督教在原罪论上的冲突，其解决的方式便是对其重新诠释，他说到："关于原罪的教诲。——如果说，所有的一切最终都向我们证明，在人类最初和最低级的阶段，人绝对无力主宰自己的行为，还不可能遵循道德法则行事，这不对吗？"[40] 在莱辛看来，基督教的原罪论表明了人类理性在普遍历史某个阶段的有限性，它显明的是人类社会的某个阶段的社会实况，表明人无力实现道德的自律。与启蒙运动相比，莱辛承认了原罪论在普遍历史中所发挥的作用和意义；与基督教相比，莱辛在道德的诠释中取消了"原罪"的终极启示地位。第三、救赎论。在基督教的

---

38 莱辛撰，"理性基督教"，莱辛著：《历史与启示——莱辛神学文选》，朱雁冰译，北京：华夏出版社，2006 年，第 2 页。

39 莱辛著：《论人类的教育——莱辛政治哲学文选》，朱雁冰译，北京：华夏出版社，2008 年，第 121-122 页。

40 莱辛著：《论人类的教育——莱辛政治哲学文选》，朱雁冰译，北京：华夏出版社，2008 年，第 121 页。

传统中，因人的"原罪"，基督的"救赎"是顺理成章和无可替代的。但是，莱辛仅仅把基督作为人来看，加上他对原罪论的道德诠释，莱辛关于救赎论的出发点不再是"基督"，而是"三位一体"的"圣子"。莱辛说到："关于生子赎罪的教诲——如果说，所有的一切都迫使我们设想：上帝不理会人的那种原初的无能状态，仍然要为人确立道德法则，仍然要宽恕人的越轨行为，因为，他考虑到自己的儿子、考虑到他能独立达到自身完美的顶点——与此相比以及在这一范围内，任何个别人身上的不完美都将消失；上帝并未因人的无能而不愿为人确立道德法则，并未因此要将人从没有道德法则便不可思议的一切道德幸福感中排除出去，——这不对吗？"[41]作为"上帝从永世生育的一个儿子"，圣子是道德法则的原型（prototype），显明了上帝的"善"。在莱辛看来，个体和共同体均可在"道德法则"和"善"中实现人类自身的"救赎"。

　　莱辛的"启示真理"表现出超泛神论的思想特征。在莱辛与雅各比关于斯宾诺莎的谈话中，莱辛自认为是一个斯宾诺莎主义者。莱辛说道："我不再使用神明（deity）的正统概念；他们并不能使我满足。'一和一切'，除此而外，我一无所知。"[42]斯宾诺莎在莱辛的时代被等同于无神论。思想家门德尔松把莱辛解释为"净化了的斯宾诺莎主义"，其特点是"无世界论"，以区别于作为"无神论"的"斯宾诺莎主义。[43]门德尔松力图使莱辛摆脱"无神论"的指责，他认为，莱辛的思想具有超越的维度。而思想家雅各比则把莱辛推向"无神论"的斯宾诺莎主义，他的诠释基于基督教的"位格"的独特性。关于莱辛的斯宾诺莎主义探讨，狄尔泰和施特劳斯延续了门德尔松和雅各比的争论。[44]从基督教的思想史来看，斯宾诺莎的泛神论（pantheism）并不是脱

41　莱辛著：《论人类的教育——莱辛政治哲学文选》，朱雁冰译，北京：华夏出版社，2008 年，第 122-123。

42　F.H.Jacobi, "recollectiions of conversations with Lessing in July and August 1780", *Philosophical Theological Writings*, by Gotthold Ephraim Lessing, Ed. and trans. by H.B.Nisbet, Cambridge University Press, 2005, p.243.

43　施特劳斯撰，"'晨时'和'致莱辛的友人'"，参见施特劳斯著：《门德尔松与莱辛》，卢白羽译，北京：华夏出版社，2012 年，第 158、212 页。

44　狄尔泰著：《体验与诗》，胡其鼎译，北京：三联书店，2003 年，第 136 页。施特劳斯撰，"'晨时'和'致莱辛的友人'"，收入施特劳斯著：《门德尔松与莱辛》，卢白羽译，北京：华夏出版社，2012 年。

离"同一性"的"有限事物的集合"[45]。在《论人类的教育》中，莱辛说道："有限事物在理智中才成为一；认识到上帝的唯一性必然是并不排除多样性的先验的唯一性，这么说不对么？——上帝一定没有关于自身最完整的观念么？这种观念意味着，万物都在上帝自身之中。"[46]莱辛把事物的偶然性直接对应在上帝的偶然概念上[47]；有限事物的集合在人类的"理智"中是"一"，但是，上帝的"思维"是超越性的合一（a transcendental unity）[48]。上帝的"思维"超越人类的"理智"，故而，上帝不可能在理智中成为一。以此来看，莱辛的斯宾诺莎主义具有超越性的维度。

莱辛的"启示真理"会带来如下问题，人类被教育的历程被分为三个阶段，阶段有高下之别，如此，启示对作为主体的个人而言是否公平？在启示与个体的关系上，莱辛的表述模糊不清，初看起来相互矛盾，一方面，莱辛认为，个体的理性在普遍历史的每个阶段都能够达到启示。莱辛说到："在单个的人那里是教育的东西，在整个人类那里便是启示"、"教育给予人的，并非人凭自己不可能得到的东西；教育给予人的，仅仅是人凭自己可能得到的东西，只是更快、更容易而已。同样，启示给予人类的，并非人的理性凭自己达不到的东西；毋宁说，启示仅仅更早将这些东西中最重要的给予人类，过去如此，现在仍然如此。"[49]由此来看，理性归属于主体，每个主体都可以

---

45 施特劳斯把莱辛视为斯宾诺莎主义者，他认同雅各比的解释。"有限事物的集合"一语，见施特劳斯著：《门德尔松与莱辛》，卢白羽译，北京：华夏出版社，2012年，第158页。蒂里希（P.Tillich）对泛神论加以积极的诠释；他把斯宾诺莎与西方的神秘主义传统联系起来，并肯定斯宾诺莎的超越维度，这实际上已将斯宾诺莎作为超泛神论（panentheism）来对待了。参见蒂利希著：《基督教思想史》，尹大贻译，香港：汉语基督教文化研究所有限公司，2004年（第二版），第443页和第474-475页。

46 莱辛著：《论人类的教育——莱辛政治哲学文选》，朱雁冰译，北京：华夏出版社，2008年，第121页。

47 Lessing, "On the reality of things outside God", *Philosophical Theological Writings*, by Gotthold Ephraim Lessing, Ed. and trans. by H.B.Nisbet, Cambridge University Press, 2005, pp30-31.

48 Lessing, "The education of human race", *Philosophical Theological Writings*, by Gotthold Ephraim Lessing, Ed. and trans. by H.B.Nisbet, Cambridge University Press, 2005,p.234.

49 莱辛著：《论人类的教育——莱辛政治哲学文选》，朱雁冰译，北京：华夏出版社，2008年，第102页。

认识启示。另一方面，莱辛认为，受限于特定的实定宗教，个体的理性不能认识启示真理。莱辛说到："即便一种宗教的历史真实性可以说似乎并非无懈可击，但我们为什么不可以让它引导我们达到对神性的本质、对自然、对我们与上帝的关系更切近、更准确的理解呢？这是人的理性本身永远达不到的呵。"[50] 此处，莱辛肯定了实定宗教在普遍历史中的巨大作用，个体的理性受限于实定宗教，需要接受启示的引导。莱辛的说法的矛盾在于：如果个体的理性可以直接认识启示，那么，启示对个体是公平的；但这样一来，实定宗教就可有可无。但是，如果个体的理性受限于其时代，那么，启示对个体而言就不是公平的；从逻辑上讲，既然人类的教育与高低之别，那么处在第三个阶段的个体就比前两个阶段的人有优势。

如何来理解莱辛的启示真理与个体的关系呢？第一、莱辛通过"灵魂转世说"来调和二者的矛盾。莱辛说到："正是通过这条道路（按：指永恒的道路），人类才得以达到其完美，每一个别的人（有的早些，有的迟些）首先必须通过这条道路——'必须在此生通过吗？她在此生可否既是感性的犹太教徒又是精神性的基督徒呢？他在此生能够超越二者吗？肯定不能！——可是，每一个别的人为什么不能不止一次地降临在这个世界上呢？'"[51]。莱辛此处表达的思想是灵魂转世，为超泛神论在个体主体层面（相对于人类群体而言）的表达。莱辛的灵魂转世说不是佛教意义的轮回，而是灵魂在永恒的天命中一次次地历世而实现自我与宇宙的同一。雅各比曾评论道："如果莱辛想要想象一种个人的神明（deity），他会将其设想为宇宙的灵魂，并且他将整体（按：指个体与宇宙）设想为一个有机体。"[52] 这个有机体并非零散的部分，而是个体与宇宙的相通无碍。个体感受宇宙的生生灭灭，大起大落，从而在与宇宙的相遇中得以存在。莱辛在此通过灵魂转世表达的现实关切在《智者纳坦》中得到体现，实定宗教是个体的在世方式，个体必须采用实定宗教的一种形式，当然也只能选定其中的一种形式。

50　莱辛著：《论人类的教育——莱辛政治哲学文选》，朱雁冰译，北京：华夏出版社，2008 年，第 124 页。

51　莱辛著：《论人类的教育——莱辛政治哲学文选》，朱雁冰译，北京：华夏出版社，2008 年，第 129 页。

52　F.H.Jacobi, "recollectiions of converstiions with Lessing in July and August 1780", *Philosophical Theological Writings*, by Gotthold Ephraim Lessing, Ed. and trans. by H.B.Nisbet, Cambridge University Press, 2005, p.252.

第二，莱辛通过自由意志的悖论来转化启示与个体的矛盾。在超泛神论的形而上学层面，莱辛摆出了永恒天命的确定性的信念；但就个人的主体而言，莱辛显示的是个体面对尘世生活的不确定感。莱辛说道："既然连纯然现世的赏罚都能使人迈向完善，为什么我不能一次就此走完使我完善的所有步伐呢？""对永恒奖赏的盼望如此强有力地推动我们去走的所有步骤，为什么不可以在下一次走完呢？"此处体现了面向终极的确定感。莱辛接着转向个人的主体方面，"为什么我不应该经常回来，恰如我能够获取新的认识、新的能力？难道我一次带走的东西如此之多，以致不值得再为重回此世而付出努力？"、"就因如此而不该回来？或者因为我忘记自己曾经活过？我忘记此事是我的福分。对我前世的记忆，也许只会容许我滥用当前的状况。"[53]换言之，从超泛神论和灵魂转世的学说上，永恒的天命是确定的；但是，在尘世生活中，永恒的天命对个体而言是未知之域。面对未知域，个体应持守谦恭的身份，不能一味僭越天命设定的界限。作为主体的个人面向启示真理的悖论在《智者纳坦》中有更明显的表达，据菲特波根的研究，"这一场戏（指《智者纳坦》）要宣讲的宗教教义是很清楚的：谁像纳坦那样可以消除所有自我意志，而听命于上帝意志，谁就能从不自由状态过渡到自由状态。只要纳坦自以为拥有自由意志，他就并不自由。而现在他不自由的时候，却达到了自由。这就是纳坦崭新存在状态的核心。"[54]由纳坦代表的个体在面向启示真理时经历了由不自由的自我舍弃到自由的新存在。

2.1.4 莱辛的影响

莱辛的思想融合了启蒙运动与基督教。不像激进的启蒙运动者否定宗教的做法，莱辛承认实定宗教的合理性，肯定其不可消失的历史性、自然性。实定宗教的历史性体现在，个体和人类群体都是在实定宗教中进行思想和社会的活动，实定宗教的自然性表现在，个体与生俱来置身于实定宗教之中。同时，不同于传统的基督宗教，莱辛认为理性并非屈就于启示之光，而是自然之光与启示之光的相互渗透。莱辛的融合是建立在理性对基督教启示的预先理解上的。

---

53 莱辛著：《论人类的教育——莱辛政治哲学文选》，朱雁冰译，北京：华夏出版社，2008 年，第 132 页。

54 菲特波根撰，"论莱辛的宗教——解读《智者纳坦》"，该文收入《智者纳坦》（研究版）的"解析"部分。参见莱辛著：《智者纳坦》，朱雁冰译，北京：华夏出版社，2011 年，第 295 页。

　　纵观莱辛的思想，他关于"历史与信仰"之关系的看法呈现出两条线路。一条是，在《论圣灵与大能的证明》中提到的"历史的偶然的真理永远不能成为必然的理性的真理的证明"。就莱辛的思想而言，因理性的真理与信仰（或启示）的真理合二为一，所以，此处的命题应用到宗教领域，偶然的历史事实与基督教的信仰对象之间就有一个巨大的鸿沟，历史评断学得来的历史知识并不等同于基督教的信仰对象，两者是不同"种类"的差别。另一条是，在《论人类的教育》中，本质的历史成为沟通理性和信仰的桥梁，是上帝在人类的历史时间的再现，是人类群体和个体面对天命的认识之途径，在人类受教育的终末阶段，理性与上帝的天命合二为一。当然，莱辛在对本质的历史的认识中，并未滑向宿命论。

　　莱辛关于"历史与信仰"的思想命题对十九世纪乃至二十世纪的基督教神学提出了巨大挑战，这种挑战从基督教内部来看，主要表现在以下几个方面[55]：

　　首先，历史知识。莱辛认为，历史的影响大于历史的事实本身，耶稣基督是道德的教师，基督教的信仰对象只是个历史人物。基督教的经典以及作为信仰对象的耶稣基督与当下的个体隔着时间的距离，他们属于历史的事实，我们如何确知历史的真理呢，由历史评断学和基督教传统形成的历史知识是否能认识耶稣基督呢？与此同时，历史知识背后关乎历史信念，历史信念是否能起到证明耶稣基督的意义？

　　其次，理性。莱辛延续了启蒙运动的认识论，预先设定理性真理高于历史真理。在基督教传统中，历史与上帝的启示关联在一起，历史的耶稣与信仰的基督是一致的。莱辛提出历史的影响大于历史事实本身，其背后的依据在于理性的真理观。由此产生的问题是，对历史事实的解释，最终是由理性做出呢，还是由启示做出，启示可以接受理性的评判么？

　　第三，基督教的信仰对象与当下的个体。在古代基督教思想家奥古斯丁来看，历史分为三个时代：一、从亚当到摩西，"人由于罪而生活在死的统治之下"；二、从摩西到基督，"律法出现，以使罪显多。罪在哪里显多，恩典也在哪里显多，这种恩典表现在耶稣基督里面"；三、从基督到永恒的审判。在第三个时期，个体面对"永福"与"永罚"的选择。[56]莱辛的"历史与启示"

---

55 《基督教神学手册》，麦葛福著，刘良淑、王瑞琦译，台北：校园书房出版社，1999年。参见此书第三部分，"10.信仰与历史：新的基督论议题"，笔者的总结受其启发。

56 博纳，吉尔松著：《基督教哲学：从其起源到尼古拉》，李秋零译，香港：汉语基督教文化研究所有限公司，2011年，第14页。

观认为，个体与人类群体的"受教育"过程是同步的，自然而然的，最终是理性与基督教的启示的和谐。莱辛持超泛神论，他认为，个体无自由意志，此世的生活受永恒天命的决定。然而，如此的思考框架已将基督教传统的重心转移了。

莱辛的挑战在于，他认为基督是人类的教师，基督不是永恒的，与当下的个体并无直接的关系，如此，个体无需面对基督事件，以及与此相关的"永福"与"永罚"的抉择。莱辛的"历史与信仰"思想促生了如下问题，基督教的信仰对象与当下的信仰个体存在什么样的关系？

2.2 黑格尔论历史与信仰

黑格尔（G.W.F.Hegel，1770-1831），是德国观念论的代表之一，其思想力图调和哲学与神学的关系，对十九世纪的西方思想史产生了决定性的影响。马克思和克尔凯郭尔各自从黑格尔那里汲取思想资源，分别在政治层面和宗教层面极化了黑格尔的思想。黑格尔将绝对精神奉为至上，他认为绝对精神自我展开，在世界历史（或本质的历史）中不断上升，这最终形成一个庞大的体系。绝对精神在展开的起点并没有根基，真正的根基在体系的形成时自身奠定自身的根基。黑格尔将基督教纳入绝对精神的展开之中，把理性称为"当代的十字架中的蔷薇"[57]，将基督教的核心基督论亦作了理性化的解释。在"历史与信仰"的关系上，黑格尔认为，历史的真理是偶然的，但是，绝对精神将偶然的历史扬弃到本质的历史中，这样，耶稣基督之偶然性被扬弃到绝对精神中，如此，耶稣基督既有历史的偶然性，又有历史的必然性，他就是绝对精神的再现。黑格尔以这样一种方式力图填补由莱辛引出的历史与信仰之间的"鸿沟"。

2.2.1 绝对精神

黑格尔的绝对精神理论首先设定了有限者和无限者的区别，并在此区别之下，通过对有限者的否定或扬弃达至无限者。绝对精神由实体达至主体，"实体作为主体是纯粹的简单的否定性，唯其如此，它是单一的东西的分裂为二的过程或疏离对立面的双重化过程，而这种过程则又是这种莫不相干的

---

[57] 转引自，洛维特著：《从黑格尔到尼采——19世纪思维中的革命性决裂》，李秋零译，北京：三联书店，2006年，第21页。

区别及其对立的否定。所以唯有这种正在重建其自身的同一性或在他物中的自身反映，才是绝对的真理，而原始的或直接的同一性，就其自身而言，则不是绝对的真理。真理就是它自己的完成过程，就是这样一个圆圈，预悬它的终点为目的并以它的终点为起点，而且只当它实现了并达到了它的终点它才是现实的。"[58]绝对精神并不是直接的同一性，而是在对有限者的否定过程中不断重建同一性的无限者。这显明了黑格尔和谢林的差异，对谢林而言，"绝对"是思想的初始状态。但对黑格尔而言，绝对是一个过程，在对有限者的具体的抽象中成为"绝对"。黑格尔对直接性的上帝认识是批判的。[59]

　　在绝对精神中，实体与主体的最初的差异性被扬弃掉了，这意味着，内在性的精神意识与外在性的现实世界是同一的，内在的就是外在的，外在的也就是内在的。对于斯宾诺莎而言，"一即一切，一切即一"，对黑格尔而言，同样如此。黑格尔以为，"如果说，上帝是唯一的实体这个概念曾在它被宣布出来时使整个时代为之激怒，那么所以如此，一部分是因为人们本能地觉得在这样的概念里自我意识不是被保留下来而是完全毁灭了"[60]。由此可见，黑格尔继承了斯宾诺莎的观点，但避免了斯宾诺莎的缺点，即自我意识在此消失殆尽。对黑格尔来说，自我意识最终达至绝对精神，绝对精神并不取消自我意识，"对象的否定或对象的自我扬弃对于自我意识所以有肯定的意义，或者说，自我意识所以认识到对象的这种虚无性，一方面，是由于它外在化它自己；因为它（自我意识）正是在这种外在化过程里把自身建立为对象，或者说把对象——为了自为存在的不可分割的统一——建立为他自身。另一方面，这里同时还包含另一环节，即自我意识又同样扬弃了这种外在化和对象性，并把这种外在化和对象性收回到它自身中，因而它在它的异在本身里就是在它自己本身里。"[61]绝对精神是自我意识对外在世界的认识过程的最终结果，这一结果是自我意识的外化和自我意识的内化，外化和内化都是自我

58　黑格尔著：《精神现象学》（上），贺麟、王玖兴译，北京：商务印书馆，1979 年，第 12-13 页。

59　黑格尔著：《精神现象学》（上），贺麟、王玖兴译，北京：商务印书馆，1979 年，第 5 页。

60　黑格尔著：《精神现象学》（上），贺麟、王玖兴译，北京：商务印书馆，1979 年，第 12 页。

61　黑格尔著：《精神现象学》（下），贺麟、王玖兴译，北京：商务印书馆，1979 年，第 292-293 页。

意识本身。[62]换言之，黑格尔和斯宾诺莎、莱辛的区别在于，在他看来，自我意识就是绝对精神，主体（人）可以通过自我意识达至绝对精神。对主体而言，绝对精神是主体对外在世界（或全体）的概念的认识，这一过程是通过中介和回忆达到的。

首先，中介是主体对实体的认识活动中，使实体被扬弃最终达至绝对精神的各个环节。黑格尔说："中介不是别的，只是运动着的自身同一，换句话说，它是自身反映，自为存在着的自我的环节，纯粹的否定性，或就其纯粹的抽象而言，它是单纯的形成过程。"[63]黑格尔区分了全体和具体事物，就全体而言，自我意识与绝对精神是同一的。但对具体事物而言，自我意识与绝对精神不是统一的，需要经由中介达至对绝对的认识。[64]

其次，对于主体而言，记忆是主体人所具有的功能，使得主体人与意识本身具有一致性，正是主体本身，意识在主体的记忆中达到概念的认识。"当意识只在对象里找到普遍性或抽象的我性时，它是必须将对象自己的运动由自身承当起来，而因为它还不是对这个对象的理解，那么它至少必须是对这个对象的记忆，而所谓记忆，就是将那种在现实里只以个别的形式现成存在着的东西以普遍的形式表述出来。"[65]记忆使得概念在语言中得以形成。主体人是实存，具有统一性，主体对实体的认识是在记忆中得到保留，并在自我意识的发展中，记忆使得事物被扬弃到概念中，从而以普遍的形式表述出来。霍尔盖特评论道，"因而这样的记忆（指再现性的记忆）就为我们提供了一个深刻的自由，这自由不仅凌驾于感性直观中的被给予者，还摆脱了它，因为再现性的记忆注入心智的无非是我们直接地就理解的任意的符号或名称。"[66]从认识的角度看，记忆在自我意识对绝对精神的认识中起到桥梁的作用。

---

62 "内在的发生过程或实体的形成过程乃是不可分割的、向外在的东西或实际存在或为他存在的过渡过程；反过来，实际存在的形成过程也就是将其自身收回到本质的过程。"，黑格尔著：《精神现象学》（上），贺麟、王玖兴译，北京：商务印书馆，1979年，第30-31页。

63 黑格尔著：《精神现象学》（上），贺麟、王玖兴译，北京：商务印书馆，1979年，第14页。

64 泰勒著：《黑格尔》，张国清、朱进东译，南京：译林出版社，2012年，第145页。

65 黑格尔著：《精神现象学》（上），贺麟、王玖兴译，北京：商务印书馆，1979年，第185页。

66 霍尔盖特著：《黑格尔导论》，丁三东译，成都：商务印书馆，2013年，第285页。

2.2.2 绝对精神与耶稣基督

事实上，在《精神现象学》中，绝对精神一词是宗教的上帝概念的哲学化表达。当把绝对精神用到宗教领域后，绝对精神即上帝。在基督教传统中，耶稣基督是上帝进入到历史中的具体体现，上帝与耶稣基督是同一个上帝。在黑格尔这里，绝对精神就是上帝，如此看来，耶稣基督就是绝对精神的具体体现。由此引发的问题是，绝对精神在人类历史中直到终结才告完成，耶稣基督是人类历史中具体的时间地点的一个个人，那么绝对精神与耶稣基督究竟是什么样的关系呢？

首先，对黑格尔而言，哲学的绝对精神高于宗教的上帝表象。在《精神现象学》里，宗教的意识是绝对精神发展的一个环节，其归宿是绝对知识。宗教的上帝表象是指，上帝表象是自我认识的一种样式。宗教的上帝表象涉及到由对人的认识达到对上帝的认识。据泰勒的研究，宗教的上帝表象在黑格尔那里包含三个维度，一是对上帝主体的表象；二是信仰者感受到的与上帝的疏离与复合的感受；三是，崇拜（cult）将上帝意识与信仰者的情感结合起来，"崇拜不是把两个主体统一起来的两个活动，而是一个活动。"[67]在宗教的表象之后，自我意识把宗教提升到人类的实践领域，在人类的现实历史中，经历绝对精神在现实性的再现。在历史领域，绝对精神最极致的表达是基督教国家。

第二，宗教表象与三位一体。在宗教表象中，基督教是绝对的宗教，此绝对宗教的内容是道成肉身。黑格尔的宗教表现是从自然宗教开始，发展到启示宗教，每一个宗教都是绝对精神在现实生活中的再现。在启示宗教中，基督教是绝对的宗教，"这种神圣本质之变成肉身，换句话说，神圣本质直接地本质上具有自我意识的形态，就是绝对宗教的简单内容。"[68]在《逻辑学》中，黑格尔吸纳了基督教的三位一体的教义，具体的表现是，（一），黑格尔对传统的基督教教义进行了理性化的解读，"三位一体的教条是黑格尔的目的的理想，普遍超出自身，历经自我分离之苦难，孕育了特殊（圣父在万有之初诞生了圣子）；然后特殊在公共生活中返回到了与普遍的统一（圣灵出自圣父和圣子且把他们统一了起来）。于是，在一个永恒的三位一体的观念中，在

---

67 泰勒著：《黑格尔》，张国清、朱进东译，南京：译林出版社，2012 年，第 668-669 页。

68 黑格尔著：《精神现象学》（下），贺麟、王玖兴译，北京：商务印书馆，1979 年，第 266 页。

绝对自身的爱的表演中，黑格尔看到了深刻的思辨意义。"[69]（二），抽象的教义在实在之中有所表达，这便是创世的堕落与基督的救赎。在上帝的创造世界的活动中，人类的意识经历了由天真（innocence）到堕落的转变，这种转变是必然的。绝对精神在创世活动中的疏离或异化是绝对精神发展的一个必然环节，显然，在此必然性中，个体的自由意志不在考虑之中。对人类有限性的疏离的克服来自上帝的道成肉身。

第三，宗教表象与道成肉身。黑格尔把道成肉身理解为"时间充满"。此时间充满意味着，上帝在个体身上的临在使得个体可以在人类历史中看到和听到"上帝—人"传达的信息。"当时机成熟（kairos 或时间充满），世界上就认识了'个人'和'上帝'两者的相同性：这种相同性的意识，就是对于上帝真理本质的认识。真理的内容便是'精神'自己——固有的生动的运动，上帝的本性就是纯粹的精神，这一点在基督教里表现了出来。"[70]在黑格尔看来，人类堕落的结果便是死亡，死亡消解了人的自然性（堕落的结果），同时，人类在耶稣基督里获得精神的再生。[71]道成肉身是上帝与人类的和解，人类在对道成肉身的认识中，经历到此和解。道成肉身不是不可认识的，而是可以直接看到和听到的。"上帝的'绝对观念'，在它的真理中，从基督教达到了意识。同时，人类也从'圣子'这个肯定的观念，发现他自己的真实的本性已经获得了理解。人类当做为自己看待时是有限的，但是当他在自己本身中，却是上帝的形象和无限性的泉源。他是他自己本身的目的——他自己有一种无限的价值、一种永恒的使命。"[72]就道成肉身本身而言，耶稣基督是上帝（绝对精神）对人类意识的提升和和解的行动。就人类的主体而言，耶稣基督和主体之间是一种直接的认识。主体在对道成肉身的认识中，实现绝对精神在人类意识中的发展和对人类意识的提升。

黑格尔侧重对基督神性的解释，在耶稣基督的死亡方面，他认为，上帝与耶稣基督一起死亡。[73]就此而言，自在的上帝与历史中的上帝没有分别，自

---

69 泰勒著：《黑格尔》，张国清、朱进东译，南京：译林出版社，2012 年，第 679 页。另见，黑格尔著：《精神现象学》（下），贺麟、王玖兴译，北京：商务印书馆，1979 年，第 274 页。

70 黑格尔著：《历史哲学》，王造时译，上海书店出版社，2006 年，第 302 页。

71 泰勒著：《黑格尔》，张国清、朱进东译，南京：译林出版社，2012 年，第 681-682。

72 黑格尔著：《历史哲学》，王造时译，上海书店出版社，2006 年，第 311-312 页。

73 霍尔盖特著：《黑格尔导论》，丁三东译，成都：商务印书馆，2013 年，第 157 页。

在的上帝是绝对精神本身经历的，由"本质的环节"，到"自为存在的环节"，到"在他物中自为存在的环节"的过程，其中，"在他物中自为存在的环节"意味着，上帝被作为"道"（或"逻各斯"），此道即是上帝自身，同时也是主体的"道"。[74]在黑格尔看来，道成肉身既是绝对精神外化的过程，又是主体内在化的过程。显然，正如潘能伯格所指出的，黑格尔在上帝观上很难摆脱泛神论的嫌疑。[75]因为黑格尔并未区别自在的上帝与历史的上帝，所以，道成肉身更多被理解为象征，经由此象征，个体在对耶稣基督的认识中实现自身与绝对精神（上帝）的和解。

2.2.3 绝对精神与世界历史

黑格尔将历史分为三种，一种是"原始的历史"；一种是"反省的历史"；一种是"哲学的历史"。原始的历史侧重于对历史事实的记述，并在记述的基础上阐释一些观念，比如希罗多德的历史即是如此。黑格尔说，原始的历史的特征是，"他们简单地把他们周围的种种演变，移到了精神观念的领域里去，这样外在的现象便演成了内在的观念。"[76]反省的历史是在历史事实的基础上发现超越时代的普遍精神。反省的历史又可具体分为"普遍的历史"、"实验的历史"、"批评的历史"以及"分类的历史"。[77]普遍的历史是指历史学家在整理历史资料的过程中，以个人的精神组织材料，类似于历史编纂学。实验的历史（或实用的历史）侧重历史的效用，在对过去的历史的考察中发现历史对当下的功用。批评的历史是指对历史事实的可靠性的审查，接近于历史评断学。分类的历史是向哲学的世界历史的过渡，具体的表现是，就世界历史的具体部分而言，是在具体的历史中发现理性的世界历史的要素，所以必然舍弃具体历史的其他方面；就世界历史的整体而言，分类的历史是在具体的历史中的抽象，又接近"哲学的历史"，也就是世界历史。[78]

74　黑格尔著:《精神现象学》（下），贺麟、王玖兴译，北京：商务印书馆，1979 年，第 274-275 页。

75　潘能伯格著:《哲学与神学》，李秋零译，香港：汉语基督教文化研究所有限公司，2006 年，第 299 页。

76　黑格尔著:《历史哲学》，王造时译，上海书店出版社，2006 年，第 1-2 页。

77　黑格尔著:《历史哲学》，王造时译，上海书店出版社，2006 年，第 4-7 页。

78　黑格尔著:《历史哲学》，王造时译，上海书店出版社，2006 年，第 4-7 页。李秋零著:《德国哲人视野中的历史》（修订版），北京：中国人民大学出版社，第 230-232 页。

黑格尔对世界历史的看法是，首先，与原始的历史和反省的历史相区别，世界历史关注的是绝对精神（永恒）本身，如此，历史学家的主观方面被扬弃到历史的客观方面了。如何扬弃呢？绝对精神与自我意识是一致的，故而，从世界历史的总体来看，"原始的历史"和"反省的历史"可以归在绝对精神的主观层面，而哲学的历史或世界历史则是绝对精神的客观真理。

其次，类似于莱辛的"宇宙灵魂"，黑格尔的世界历史关注的是理性构建的绝对真理。黑格尔说："哲学用以观察历史的唯一的'思想'便是理性这个简单的概念。'理性'是世界的主宰，世界历史因此是一种合理的过程。这一种信念和见识，在历史的领域中是一个假定，但是它在哲学中，便不是一个假定了。思考的认识在哲学中证明：'理性'——我们这里就用这个名词，无需查究宇宙对于上帝的关系——就是实体，也就是无限的权力。它自己的无限的素质，做着它所创始的一切自然的和精神生活的基础，还有那无限的形式推动着这种'内容'。一方面，'理性'是宇宙的实体，即是说，由于'理性'和在'理性'之中，一切现实才能存在和生存。另一方面，'理性'是宇宙的无限的权力……'理性'是万物的无限的内容，是万物的精华和真相。……它既然是它自己的生存的惟一基础和它自己的绝对的最后的目标，同时它又是实现这个目标的有力的权力，它把这个目标不但展开在'自然宇宙'的现象中，而且也展开在'精神宇宙'世界历史的现象中。"[79]黑格尔的绝对精神与自然哲学、历史哲学是个三一体，绝对精神在自然和历史中的展开便是自然哲学和历史哲学。就历史哲学而言，一方面，绝对精神（理性）是实体和主体的合一，在历史领域，绝对精神的设定来自于绝对精神自身的历程，由此，黑格尔把世界历史与一般的历史知识区分开了，黑格尔的历史可以理解为"形而上学的历史"或"本质的历史"。另一方面，历史的具体目标就不再是绝对精神的一个环节，而是在具体的历史中实现绝对精神的自我满足和成全。

第三，从本质的历史来看，历史是沟通绝对精神与主体自由的桥梁。历史是必然性，是绝对精神的展开，是可能性和现实性的统一，"精神从无限的可能性开始，但是仅仅只是可能性——它包含的绝对内容是一种在本身的东西，是一种目的和目标，这一种目的和目标，只有它的结果——完满的现实里，它才能够达到。"[80]正是在可能性向现实性的必然过渡中，个体实存的努

---

79 黑格尔著：《历史哲学》，王造时译，上海书店出版社，2006年，第8-9页。

80 黑格尔著：《历史哲学》，王造时译，上海书店出版社，2006年，第52页。

力便被忽略了，这是克尔凯郭尔对黑格尔的批评。世界历史具体展开的过程是，主体的自由和绝对精神的逻辑是一致的，"世界历史表现原则发展的阶程，那个原则的内容就是'自由'的意识。这些阶段进一步的肯定，依照它们的普遍本质，属于逻辑，但是依照它们的具体形态，却属于'精神哲学'。这里只须说明如下：第一个阶段就是，'精神'汩没于'自然'之中，这在前面已经提起过了；第二个阶段就是它进展到了它的自由意识。但是这种和'自然'的第一分离是片面的、不完全的，因为它是从直接的自然的状态里分出来的，因此是和那状态相关的，而且是仍然和自然相牵连着的，在本质上是它的一个相连的因素；第三个阶段是从这个仍然是特殊的自由的形式提高到了纯粹的普遍性，提高到了精神性本质的自我意识和自我感觉。"[81]绝对精神和自然哲学和精神哲学是一体的。世界历史可以理解为绝对精神的一个必不可少的环节，其目标是绝对精神自身。（绝对精神是一个圆圈，起点是虚无，而在回返到自身的过程中，经历了无限的可能性到现实性的过程。）就此而言，黑格尔的抽象不能理解为直接性的抽象（如谢林等），而是一种具体的抽象。只是在具体的抽象中，实存和个体在其中只是绝对精神的一个环节，可以说，被绝对精神吞噬掉了。

第四，世界历史与基督宗教。黑格尔认为，绝对精神在人类历史中的具体体现为不同的宗教表象，而最高的宗教表象是基督教。因为基督教实现了上帝与人在耶稣基督里的和解。洛维特评述道："对于黑格尔来说，基督教的哲学真理在于，基督使人性的东西与神性的东西的分裂达到和解。这种和解对于人来说之所以实现，只是因为它本来就已经在基督里面发生；但它也必须通过我们并且为了我们自己被产生出来，以便它自在自为地成为它所是的真理。"[82]绝对精神在世界历史中的开展表现为，国家是社会的组织原则和中心，不仅仅是政体意义上的，而是与超越性的绝对精神相关。绝对精神在历史中的最高表达是基督教国家。

从本质的历史（世界历史）的角度来看，黑格尔并不区分先验的上帝与历史的上帝，如此，耶稣基督的救赎仅只是上帝自身的和解。在世界历史中，基督之死即意味着上帝之死，如此带来的是，如果上帝只是思辨理性的思考

---

81 黑格尔著：《历史哲学》，王造时译，上海书店出版社，2006年，第52页。

82 洛维特著：《从黑格尔到尼采——19世纪思维中的革命性决裂》，李秋零译，北京：三联书店，2006年，第61页。

对象，即只是观念中的事情，那么，上帝在历史中的具体表达就有被人的观念遮蔽的可能性。如果从历史是上帝与人类主体的自由在人的时间性中展开这个角度而言，黑格尔的耶稣基督并不再是"历史中的上帝"，因其死亡与复活仅仅再现了观念中的含义，观念完全可以不讨论耶稣基督作为一个具体的个体，而只在人类历史的最高形态基督教国家中达至完成。

2.2.4 黑格尔对历史与信仰关系问题的回答

黑格尔的绝对精神在耶稣基督和世界历史中的具体的表达是：绝对精神是实体和主体的合一，绝对精神由虚无的无根基的状态出发回返到自身，这个圆圈本身是丰富的，是可能性和现实性的统一，是必然的。绝对精神在宗教的表象中意味着，三位一体的上帝同样是"本质的历史"（逻辑学）的上帝。耶稣基督是绝对精神的临在，在人类的意识中达到自身。主体与耶稣基督是直接的认识关系，因着耶稣基督自身的绝对精神的再现，主体的意识在回忆中保留了绝对精神的自我开展的诸环节，换言之，主体的回忆在意识的内部即可达到绝对精神（或真理本身）。世界历史是绝对精神在人类历史中的具体的展开，其最高的体现，是作为绝对宗教的基督教。主体的内在通过回忆达到绝对精神，主体对外在的认识建立在基督教世界中，两者的结合便是，外在性和内在性的统一。

黑格尔力图调和耶稣基督的历史性与永恒性，通过"绝对精神"与"世界历史"（本质的历史），耶稣基督的历史的偶然性为绝对精神所扬弃，成为"本质的历史"。黑格尔继承了莱辛的"本质的历史"的看法，并将"本质的历史"用到基督教的信仰对象上。对莱辛而言，耶稣基督只是一个道德的教师。对于黑格尔而言，耶稣基督不只是个历史的人物，他还是上帝自身。在历史与信仰的关系上，莱辛把耶稣基督只是视作一个历史的人物，上帝的终极启示不必与耶稣基督相等同。黑格尔则把耶稣基督作为"神-人类"（God-human beings），绝对精神扬弃历史之偶然性，从而成为本质的历史。黑格尔通过本质的历史弥合了历史与信仰之间的鸿沟，从而在启蒙的理性和基督教的信仰间搭起了一个桥梁。

2.3 克尔凯郭尔对莱辛的诠释和对黑格尔的批判

克尔凯郭尔深受莱辛的影响，在《恐惧与颤栗》、《哲学片断》和《附言》

等多部作品中可以见到此影响。在《恐惧与颤栗》中，克尔凯郭尔说道："我只想——我总是不吝于对那些启发过我的人表达谢意——表达自己对莱辛的感激，因为我通过他的《汉堡剧评》发现了一部对我来说颇有价值的宗教剧。不过，莱辛单单注意到了生活的神性方面（那是最高级的成功），因而感到绝望。我猜，若是他更多地注意到人性发展的一面，恐怕会得出一个不大相同的结论。朝圣神学。……莱辛并不仅仅是全德国最博学的人之一，也不仅仅具备非同寻常的精准学识……尤其要指出，莱辛最独特的天赋在于，解释自己已经理解的，然后止步。如今，人们总是匆匆向前，硬要解释超出自己理解的事物。"[83]由这段话可以看出，一方面，克尔凯郭尔深受莱辛的影响，并表达了对莱辛思想的敬佩。另一方面，克尔凯郭尔与莱辛在神学思想有差异，莱辛的神学思想最内在的观念是超泛神论，而克尔凯郭尔的神学是"朝圣神学"。所谓"朝圣神学"是指，神学不能脱离个体的实存，必须在个体的实存中对信仰的对象进行言说。第三，克尔凯郭尔对莱辛的诠释是对其同时代的人的批判。因其同时代人欲越过理性的界限来把握超越的存在，克尔凯郭尔认为，应回到理性的谦恭的精神中，用莱辛的话来说就是，"解释自己已经理解的"。

克尔凯郭尔对莱辛的诠释集中在《附言》之中。《附言》由两部分构成，第一部分是历史问题；第二部分是从实存进路谈基督教的真理问题。然而，第二部分的篇幅巨大，而对莱辛的诠释就在第二部分的第一个小节。如司托特（M.Stott）所说，克尔凯郭尔花如此大的功夫写莱辛，绝不只是表达一下"感谢"那么简单。[84]莱辛的"历史与信仰"观对基督教提出了一个非同一般的难题，这引起了克尔凯郭尔的重视。同时，克尔凯郭尔在对莱辛的诠释中有意批判黑格尔，从而给出了自己的回答。

2.3.1.莱辛是主体的思想家

克尔凯郭尔认为，莱辛与基督教的关系是模糊不清的。因为不同的读者对莱辛有不同的诠释。在一些读者看来，他是基督教的辩护士；在另一些读

---

83 基尔克果著：《恐惧与战栗》，赵翔译，北京：华夏出版社，2014 年，第 112 页。另见第 82 页关于莱辛的评论。

84 参见，*Behind the Mask: Kierkegaard's Pseudonymic Treatment of Lessing in the Concluding Unscientific Postscript*, by M. Stott, Bucknell University Press, 1993.

者看来，他又是基督教的批判者。历史的莱辛则在启蒙运动和基督教之间做出调解，这和他的沟通方式有关。莱辛关注的是主体与永恒真理的关系。[85]

克尔凯郭尔认为，思维（或思想）的客观性关注事物的结果；而思维与思维主体结合在一起是主体的思维，主体的思维关注生成，与主体的内向性有关。与客观的思维相区别，主体的思维是一种双重反思，首先，主体的思维并未摆脱普遍性，在思维领域，它是普遍性的思维。第二，因主体的思维与生成相关，主观的思维是一个内向性的过程，是在普遍性中的实存活动。[86]如此看来，双重反思是将思想和主体结合在一起的思想活动，对主体而言，思想与主体是结合在一起的，客观的反思属于主体的活动。克尔凯郭尔突出了主体的重要性，思维一定通过主体（或自我）来进行，简洁的说，思维一定是主体（或自我）的思维。

克尔凯郭尔认为，莱辛是一个主体的思想家，"他的长处恰恰在于阻止了羡慕，他把自己锁在主体性的隔离之中。至于宗教，他不允许自身被哄骗成为世界历史或体系的。但是，他理解并知道如何持守，宗教属于莱辛，只属于莱辛，正如它以同样的方式属于每一个人。他理解到，他无限地与上帝相关，而与人类了无瓜葛"。[87]在克尔凯郭尔看来，莱辛发现了上帝与人之间的区别，当个体与上帝建立无限的关系时，人与人之间的关系就无足轻重了。正是在这一点上，克尔凯郭尔认为，他和莱辛的差别在于，莱辛关注的是永恒自在的上帝，而他关注的是"朝圣者神学"。[88]

如果永恒的上帝只在个体的内向性中存在，那么莱辛如何将内在性的真理向其他个体表达出来呢？这便是沟通方式的问题。

克尔凯郭尔比较了莱辛和黑格尔思想的差异[89]：首先，对黑格尔而言，其思想关注的是永恒的真理，真理是绝对精神，主体不在思维中理解其作品，就意味着，主体并未思考到永恒的真理。对黑格尔来说，他与读者的沟通是一种直接的沟通，理解黑格尔就意味着理解绝对精神。

85 *Concluding Unscientific Postscript,* by Soren Kierkegaard, Ed. and trans. by Howard V. Hong and Edna H. Hong, Princeton University Press, 1992, p.68.

86 *Concluding Unscientific Postscript,* by Soren Kierkegaard, Ed. and trans. by Howard V. Hong and Edna H. Hong, Princeton University Press, 1992, p.73.

87 *Concluding Unscientific Postscript,* by Soren Kierkegaard, Ed. and trans. by Howard V. Hong and Edna H. Hong, Princeton University Press, 1992, p.65.

88 基尔克果著：《恐惧与战栗》，赵翔译，北京：华夏出版社，2014 年，第 112 页。

89 *Concluding Unscientific Postscript,* by Soren Kierkegaard, Ed. and trans. by Howard V. Hong and Edna H. Hong, Princeton University Press, 1992, p.70.

但是对莱辛而言，与读者的沟通是一种间接沟通。莱辛是一个主体的思想者，他著述的目的是使得每一个个体与无限的上帝建立关系，而他自己仅仅是个体进入永恒真理的机缘，在此，莱辛与苏格拉底是一致的。

在主体与永恒的真理之间，克尔凯郭尔对莱辛的诠释是，莱辛关注主体的实存以致永恒的真理只是一个信念。事实上，这与历史的莱辛有差异。对历史的莱辛而言，他的思想的最根本的基点是"超泛神论"，他持决定论的观点，认为存在一个"宇宙灵魂"；但莱辛并不持宿命论，在决定论和人的实存之间依然保持了张力。克尔凯郭尔单单吸收了莱辛关于人的实存的努力的探讨，但在根本点上，克尔凯郭尔对决定论和宿命论一并拒绝。[90]

由此可见，克尔凯郭尔把莱辛作为"主体的思想家"，其思想只是个体的机缘，与个体的内在性相关，最终的关注点是个体实存的努力。正是在对尽心竭力的（striving）个体实存的强调中，永恒的天命不再作为抽象的"世界历史"和"体系"。

2.3.2 历史的真理与永恒的真理

克尔凯郭尔在《哲学片断》的"扉页"中，表达了其思想的焦点在于个体的实存，强调了永恒真理与个体实存的关系，这一关系便是永恒幸福的问题。《哲学片断》中的问题阐明如下：历史之物如何能对永恒幸福起决定作用？当'决定'被断言时，出于同样的原因，当永恒的幸福被决定了，永恒的不幸福也被决定了，或者被设定，或者被排斥。"[91]

莱辛曾在"莱布尼茨论永罚"中，提到了永生与永罚（其结果是永死）。克尔凯郭尔的"永福"和"永罚"的对立很可能受莱布尼茨的激发。克尔凯郭尔把永福与永罚与个体结合起来，以此避免抽象的神学探讨，克尔凯郭尔认为，思辨哲学的探讨只是混淆了希腊和基督教的思想，"他们需要设定一个在先实存以便解释生存当中的矛盾（借助某种先前的存在，个体达到了目前的存在状态，否则其现状无法解说），或者需要设定一个来世存在（在另一个星球上个体可以得到更好的安顿，由此观之，他目前的状态并非不可解说）。"

---

90 克尔凯郭尔说道："决定论者和宿命论者是在绝望中，并且作为一个在绝望中的人失去他自己，因为对他来说每件事情已成为必然性。"克尔凯郭尔著，《致死的疾病》，张祥龙、王建军译，北京：商务印书馆，2012年，第48页。

91 *Concluding Unscientific Postscript,* by Soren Kierkegaard, Ed. and trans. by Howard V. Hong and Edna H. Hong, Princeton University Press, 1992, p.94.

[92]据王齐的注释，此处直接针对的是丹麦的黑格尔派。思辨哲学力求消除实存的困境，但是其方法并不可取，他们通过思辨体系来回避实存中的矛盾。以思辨哲学（包括基督教的亚历山大学派）来看，实存的困境可以通过在先实存来解决，个体的实存在沉思之中就能进入到永恒的真理之中。

在克尔凯郭尔的时代，人们继承了基督教传统，相信基督教的耶稣基督对其个体的永恒幸福至关重要。将此引入个体的实存便是克尔凯郭尔所说的"永恒幸福"的问题。对克尔凯郭尔而言，实存的困境在于，永恒幸福和永恒惩罚是个体与主体耶稣基督的相遇的瞬间性事件，要求个体在时间性的瞬间做出决断，"现在基督教入场并且设定了断裂：或者永恒幸福，或者永恒不幸，并且在时间中作决断。……基督教的悖论的基础是，它不断地运用系于永恒的时间和历史。所有的思想位于内在性之中，人类的思想接下来做什么呢？它思考内在性，假装这是断裂的前半部分，并如此以为它思想了基督教。"[93]在克尔凯郭尔看来，基督事件对个体的实存是一个断裂，是思想的内在性所无法消融的。

在个体与历史中的耶稣基督的关系上，克尔凯郭尔回到了莱辛在《论圣灵与大能的证明》的命题。莱辛显示了历史的真理与理性的真理的质的相异性。[94]在克尔凯郭尔看来，莱辛承认历史的真理的合理性，但设置了历史的真理与理性的真理的鸿沟，"他并不否认圣经中所说的奇迹和预言，它们与其他的历史报告一样可靠，事实上，能与普遍的历史报告之所是的那样可靠，（但是如今，如果它们仅是这般可靠的话，为什么它们被看待地好像无限地更为可信呢？）"[95]在启蒙的时代，人们对奇迹与预言持怀疑态度，莱辛也是如此。但克尔凯郭尔关注的点在于，奇迹与预言即使是真的，也只是历史的真理，而历史的真理是偶然的，与理性的必然的真理相区别。

克尔凯郭尔引用了莱辛提出的著名的命题，"偶然的历史的真理永远不能成为必然的理性的真理的证明"。黑格尔的哲学以无为开端，但借用历史方法

---

92 克尔凯郭尔著:《哲学片断》，王齐译，北京：中国社会科学出版社，2013 年，第 9 页，克尔凯郭尔的脚注。

93 *Concluding Unscientific Postscript,* by Soren Kierkegaard, Ed. and trans. by Howard V. Hong and Edna H. Hong, Princeton University Press, 1992,p.95.

94 *Concluding Unscientific Postscript,* by Soren Kierkegaard, Ed. and trans. by Howard V. Hong and Edna H. Hong, Princeton University Press, 1992,p.95.

95 *Concluding Unscientific Postscript,* by Soren Kierkegaard, Ed. and trans. by Howard V. Hong and Edna H. Hong, Princeton University Press, 1992 ,p.96

达至绝对观念（或启示），黑格尔用"必然的历史的真理"[96]来弥合"历史与启示"之间的鸿沟。与黑格尔不同的是，克尔凯郭尔认为，"偶然的"作为形容词乃是来修饰"历史的真理"。历史的真理是偶然的，并不是像黑格尔所认为的，"偶然的"修饰"真理"，历史还存在着"必然的真理"。[97]克尔凯郭尔在此暴露了莱辛提出的历史与启示之间的断裂。

黑格尔高举世界历史，个体在世界历史中只是其中的环节。与黑格尔的历史观相对，克尔凯郭尔认为，历史包含主体的自由。克尔凯郭尔与黑格尔的相同点都在于为基督信仰辩护，黑格尔是通过世界历史，从而使得基督事件具有超历史的永恒性；而克尔凯郭尔是通过个体，因耶稣基督是"绝对自由"的决断，故而个体对耶稣基督的认识是不能直接认识的，耶稣基督是"隐姓埋名者"（incognito，或译"不可识别者"，"隐匿性"），故而是所有时代的人所无法直接认识的。于是，克尔凯郭尔通过把耶稣基督与个体概念放在一起，避免了耶稣基督的历史性仅仅成为世界历史的一个环节，进而避免了使得耶稣基督仅仅成为一个"幻影"[98]。潘能伯格认为，"克尔凯郭尔（Kierkegaard）对黑格尔的抗议不只是人学的，同时也带有神学的动机。在他看来，个人同上帝关系的直接性，受到历史强势的威胁。所以，克尔凯郭尔认为，同黑格尔的普遍历史建构正好对立的基督信仰，其利害关系同个人自由的利害是一致的。克尔凯郭尔提出的异议，虽有其片面性，仍不失其神学上深刻的正当理由：同超个体的过程相对立的个人自由若受威胁，便会同时危及上帝的自由。两种利害同历史中常新的事物联系在一起，历久弥新的事物也突破了历史观念自身的封闭性。"[99]潘能伯格在此依然肯定了克尔凯郭尔从个体自由的角度对基督信仰的辩护。

在对莱辛思想的诠释之中，我们不只看到他有意批判黑格尔，还看到他对莱辛的诠释和历史中真实的莱辛之间的差异。克尔凯郭尔突出了莱辛提出

---

96 黑格尔著，贺麟、王玖兴译：《精神现象学》（上），北京：商务印书馆，2009 年，第 29 页。

97 *Concluding Unscientific postscript*,vol.1, by Soren Kierkegaard, Ed. and trans. by Howard V. Hong and Edna H. Hong, Princeton University Press, 1983, pp.97-98.

98 *The Sickness Unto Death*, by Soren Kierkegaard, Ed. and trans. Howard V. Hong and Edna H. Hong, Princeton University Press, 1980,p.131.中译本参见，克尔凯郭尔著，《致死的疾病》，张祥龙、王建军译，北京：商务印书馆，2012 年，第 160 页。

99 潘能伯格撰，"救赎事件与历史"，吴声译，出自，赵林、杨熙楠主编，《历史的启示与转向》，桂林：广西师范大学出版社，2008 年，第 33-34 页。

的由历史的真理向理性的真理的"跳跃"。对莱辛而言，跳跃并未上升到一个概念，而克尔凯郭尔将其作为一个概念来使用。"跳跃"在莱辛和克尔凯郭尔思想中的具体表现是：（1）莱辛对实定宗教持肯定态度，本质的历史是个体认识永恒真理的通道，与偶然的历史的真理不相冲突。以此来看，跳跃对莱辛而言只是一个文学的表达方式。（2）对克尔凯郭尔而言，跳跃是主体自身由历史的真理向永恒的真理[100]的跨越。历史的真理与个体的信仰完全无关，克尔凯郭尔的"跳跃"朝向信仰，与主体相关，是主体内部的跨越。克尔凯郭尔消解了实定宗教对个体的意味，历史并不通过历史的影响来作用于当下的个体。

综上所述，就克尔凯郭尔和莱辛的关系而言，克尔凯郭尔把莱辛限定为主体的思想家，并在此诠释下突出"个体的实存"的重要性，以此取消本质的历史的真理。回到了莱辛提出的著名的历史的真理与理性的真理的差异性问题中，克尔凯郭尔突出了两者本质的差异性。克尔凯郭尔对莱辛的诠释，其批判的对象是黑格尔。这主要表现在，在黑格尔那里，本质的历史是绝对精神在历史中的再现，它成为实体到主体的通道，在本质的历史之下，历史的真理和理性的真理（或信仰的真理）的差异可以得到克服。与黑格尔相对，克尔凯郭尔在对莱辛的诠释中通过强调实存，从而避免了落入黑格尔思辨体系的可能性，以此阻断了经由本质的历史来认识耶稣基督的道路。

莱辛提出了"历史与信仰"的关系问题，黑格尔对此给出了解答，而克尔凯郭尔认为，黑格尔的解答并不成功。在历史与信仰这一重大的思想议题上，克尔凯郭尔以自己的方式给出了解答。

2.4 小结

在历史与信仰的关系上，克尔凯郭尔主要回应的是莱辛和黑格尔的观点。莱辛是克尔凯郭尔潜在的对话者，而黑格尔是克尔凯郭尔直接的对话者（或批判对象）。

莱辛关于历史与信仰的关系的观点是，首先，历史的真理与永恒的真理（指理性的真理）有一个无法跨越的鸿沟，历史的真理是偶然的，"偶然的历

---

100 在莱辛的著作中，理性的真理是永恒的；而在克尔凯郭尔的著作中，信仰的真理是永恒的。笔者用"永恒的真理"总括莱辛和克尔凯郭尔思想上的不同。

史（的）真理永远不可能成为必然的理性（的）真理的证明"[101]。其次，莱辛认为，理性的真理与基督教的启示（指信仰真理）相互和谐。人类的理性受永恒天命的引导，经由"本质的历史"，最终与"启示"处于和谐的状态。第三，莱辛的内在信念是超泛神论，个体的理性在面对终极启示时，后者处于"不可知"的领域。莱辛的理性与启示的和谐，建立在理性对基督教的启示的预先理解的基础之上。因此，"历史与信仰"的问题在莱辛那里呈现两条路线，一条是，（偶然的）历史与信仰有一个巨大的鸿沟，这是人的理性所无法弥合的；另一条是，（本质的）历史与信仰的鸿沟可以通过"理性"的中介所弥合。对前面的观点而言，理性是有限度的；对后者而言，人之理性与上帝之逻各斯是同构的。

黑格尔对莱辛的继承在于，历史与信仰的不一致是启蒙运动对基督教的巨大挑战，此不一致表现在，耶稣基督是偶然的历史的真理；同时，与莱辛一样，黑格尔认为，人之理性与上帝的逻各斯是同构的。如果是同构的，则基督教的奥秘可能被理性所消解。莱辛关于"历史与信仰"关系的结果是，耶稣是一个历史的人物，是道德的教师，他通过历史的影响作用于当下的个体，但是，耶稣并不具有永恒性。出于对基督教的辩护，黑格尔认为，耶稣基督具有永恒性，它就是绝对精神在人类历史中的表达，同时，耶稣基督的偶然的历史经绝对精神上升为本质的历史，因此，耶稣基督既是历史的，又是永恒的。

克尔凯郭尔对莱辛的诠释重新暴露了"历史与信仰"之间的"鸿沟"。克尔凯郭尔把莱辛作为一个主体的思想家，从而在"永恒的真理"面前，主体保持理性的谦恭，理性并不能把握超越理性的上帝。如此，克尔凯郭尔便阻断了理性经由本质的历史与启示合一的道路。在"历史与信仰"之间的鸿沟面前，克尔凯郭尔限定了"历史的真理"的范围，即，历史是偶然的真理，不存在必然的"本质的历史"。为避免了黑格尔通过"本质的历史"来弥合"历史和信仰"的作法，克尔凯郭尔从个体实存的角度给出了不同于黑格尔的回答。从个体的角度来看，黑格尔的"偶然的历史"并未进入到人的实在之中，仅局限在观念之中。黑格尔的历史是对人类具体的历史的抽象，但是从个体实存的角度看，这一具体的抽象依然只是抽象。

101　莱辛著：《历史与启示——莱辛神学文选》，朱雁冰译，北京：华夏出版社 2006 年，第 67 页。*Concluding Unscientific postscript*, vol.1, by Soren Kierkegaard, Ed. and trans. by Howard V. Hong and Edna H. Hong, Princeton University Press, 1983, p.97.

第 3 章　历史与绝对悖论

3.1 绝对悖论的产生

3.1.1 克尔凯郭尔的思考方案

在《哲学片断》中，克尔凯郭尔构建了两种思考方式，一种是苏格拉底方式，一种是基督教方式。两种方式都是克尔凯郭尔构建出来的，因而准确的说应该是"苏格拉底式的假设"和"基督教式的假设"，为简便起见，用"苏格拉底方式"（假设一）和"基督教方式"（假设二）代替。这两种思考方式之区分对理解克尔凯郭尔的整体思想是必要的。苏格拉底方式的内容如下：

在《美诺》中，苏格拉底提出了一个辩论性命题，"一个人不可能寻求他所知的，同样也不可能追寻他所不知的。他不能追寻他所知的，既然他已经知道了；他亦不能追寻他所不知的，因为他甚至不知道他应该去追寻什么？"[1]由这个"辩论性命题"出发，苏格拉底提出回忆说，即，人本身具有真理，人通过回忆可以寻求他所未知的真理。苏格拉底的"回忆"活动本身是人的激情的表达。在回忆说之后，方有灵魂不朽的学说，"苏格拉底继续发展了这个思想，结果那种希腊式的激情（pathos，或译，悲悯）在此得到了浓缩，因为这思想成为灵魂不朽的一个证据，请注意这是向后倒退的；或者成为灵魂在先实存（pre-existence）的一个证据。"[2]由回忆说出发，苏格拉底将人与人

1　克尔凯郭尔著：《哲学片断》，王齐译，北京：中国社会科学出版社，2013 年，第9 页。

2　克尔凯郭尔著：《哲学片断》，王齐译，北京：中国社会科学出版社，2013 年，第8-9 页。据亨格译本修改。*Philosophical Fragments; Johannes Climacus*, by Soren

的关系视为"机缘"。苏格拉底自命为真理的助产士，他本人并不能给予学习者真理，只是帮助学习者发现自身本有的真理。在人与神的关系上，苏格拉底并不认为，二者之间存在断裂，每个人发现自身的真理，就是在走向神的过程，"人的自我认识是一种神的认识"[3]。

而对于基督教方式而言，它与苏格拉底方式相同的地方在于，在人与人的关系上，每个人只是他人发现真理的机缘；但在人与神的关系上，个人与神之间的关系出现了断裂，这种断裂被称为"罪"或"非真理"。"罪"的起因是个体的自由，"这一点不可能因神而起（因为这是个矛盾），或者不可能因某种偶然而出现（因为低等存在战胜高等存在是一个矛盾），而只能因他自己而起。"[4]在《哲学片断》的丹麦文用语中，基督教方式的"神"与苏格拉底的"神"是一个词，以此显示，基督教方式是在苏格拉底方式的基础上提出的，两者均是一种假设。神是真理的代表，因而，把"罪"或"非真理"归之为，神造成了罪，这显然是一种矛盾。同时，罪的形成不可能因外在的因素出现，只有外在的因素才是"偶然的"。据王齐的注释，克尔凯郭尔在这里可能受到奥古斯丁的影响。依奥古斯丁的《上帝之城》，人居于上帝和低等存在之间，较之低等存在，人有自由意志，不受低等存在的挟持。据此，人的"罪"或"非真理的状态"，只能起因于人的自由意志，根源于人自身，人自身的意志背离了上帝，由此产生了，"罪"。[5]正是基于"罪"，人与神的关系出现了断裂，人对神的认识依赖于真理教师，而真理教师在《哲学片断》中意味着耶稣基督。

西方学界的鲁德（A. Rudd）和埃文斯认为，苏格拉底方式和基督教方式完全不相容。比如埃文斯认为，苏格拉底方式代表着柏拉图，施莱尔马赫，布尔特曼和科布，他们的共同点在于认为，"瞬间"（耶稣基督）不是必需的，而这是基督教方式（假设二）的预设。鲁德的观点可以总括两者之间对立的看法，"比较基督教的基本假设与基尔克果（克尔凯郭尔）称之为'苏格拉底

Kierkegaard, Ed. and trans. Howard V. Hong and Edna H. Hong, Princeton University Press, 1985.

3　克尔凯郭尔著：《哲学片断》，王齐译，北京：中国社会科学出版社，2013年，第10页。

4　克尔凯郭尔著：《哲学片断》，王齐译，北京：中国社会科学出版社，2013年，第13页。

5　克尔凯郭尔著：《哲学片断》，王齐译，北京：中国社会科学出版社，2013年，第23页。

主义'的思考方式——这一思考方式涵盖整个（柏拉图主义）观念论传统，一直延续至黑格尔及其后继者。……所有认为人类已经或者可以通过自身努力获取关于上帝或绝对知识的人，都可以算作苏格拉底主义者。"[6]但是更具体的文本阅读会打破这种两者是完全对立的观点。

更细致的文本研究则表明，两种方式的构建直接针对的是黑格尔和黑格尔主义者。两种方式的具体关系如下：

第一，苏格拉底方式在《哲学片断》中的含义在《附言》中得到进一步澄清。克尔凯郭尔认为，在《哲学片断》中，苏格拉底方式的含义是含混的，更准确的理解是，苏格拉底与柏拉图截然不同。对于苏格拉底而言，真理需要个体实存的努力，而对于柏拉图而言，真理是一个命题。[7]对苏格拉底而言，其焦点在于回忆的激情，其后才是命题式的真理，比如灵魂不朽等等。换言之，只有把苏格拉底的回忆的激情去掉，才能把苏格拉底方式直接等同于命题式的真理观。[8]克尔凯郭尔将思辨哲学的源头追溯到柏拉图这里。如果将苏格拉底方式与基督教方式完全对立，那么，苏格拉底与柏拉图的差异就被掩盖了。

第二，两者的关系是辩证的。在构建两种思考方式之前，克尔凯郭尔说道："命题：问题来自甚至不知是何原因令他做如是追问的无知者"。[9]换言之，苏格拉底方式是构建基督教方式的起点。苏格拉底的"无知"在于，理性是自足的（尽管苏格拉底承认理性把握对象出现了悖论，但他并不认为，真理本身就是绝对悖论，不可把握的，苏格拉底在激情中认为，真理为个体所本有）。"思考方案"（thought-project），也可以被理解为"思想投射"。基督教方式来自于主体的构建，但构建的结果却是，主体经历了由非真理向真理的转变。苏格拉底方式的主体与基督教方式的主体有什么关系呢？克尔凯郭尔说，苏格拉底方式与基督教方式的共同点在于，真理都是经由"主体"发现。从

6　鲁德撰："瞬间与教师——基尔克果《哲学片段》中的问题"，黄锐杰译，收入，《基尔克果的苏格拉底》，娄林主编，北京：华夏出版社2012年，第30页。

7　*Concluding Unscientific Postscript,* by Soren Kierkegaard, Ed. and trans. by Howard V. Hong and Edna H. Hong, Princeton University Press, 1992, p.206.

8　*Philosophical Fragments; Johannes Climacus,* by Soren Kierkegaard, Ed. and trans. Howard V. Hong and Edna H. Hong, Princeton University Press, 1985, pp.9-10.克尔凯郭尔著：《哲学片断》，王齐译，北京：中国社会科学出版社，2013年，第8-9页。

9　克尔凯郭尔著：《哲学片断》，王齐译，北京：中国社会科学出版社，2013年，第8页。

逻辑上讲，（1）克尔凯郭尔把主体引入到基督教方式之中。苏格拉底方式的主体构建了基督教方式，这意味着，主体构建了一个与主体截然相异的生存状态。如果苏格拉底方式的理性是自足的，那么，自足的理性在构建活动中发现了自己的有限性，或者说走向了自身的毁灭，这显然是一个矛盾，超出了苏格拉底的"相对的悖论"。换言之，理性意图把握基督教，但结果是，理性自身取消了自身。（2）在理性的"无知"之下，主体经历了内在性的突破，即，由"非真理"向"真理"的突破。换言之，如果构建是成功的，那么，苏格拉底方式便是基督教方式的预备。克尔凯郭尔研究者郝岚（J.Howland）显明了此种困境："一方面，倘若人们假设通过独立的理智不可能通达真理，通过关于学习能由此发生的那些条件的哲学推理，克利马科斯似乎达到了基督教。另一方面，克利马科斯一再坚持，宗教假设的因素通过神圣的启示可以获知，而不能借助哲学思想来发现。显然，克利马科斯很清楚，他说的与他似乎在做的事情之间存在矛盾。"[10]由此可以看出，苏格拉底方式与基督教方式的关系是辩证的，一方面，两者截然不同；另一方面，苏格拉底的激情是基督教方式的预备。如果把苏格拉底方式和基督教方式看做是同一个主体，那么，主体在由苏格拉底方式向基督教方式的过度中，经历了一个理性与信仰的和解，这种和解是理性的毁灭，但在毁灭之时，理性与信仰达成了和解。

第三，苏格拉底方式和基督教方式共同针对的是黑格尔派哲学。在《哲学片断》中，克尔凯郭尔写道："半心半意地，讨价还价地，带着坚执和放弃，在一定程度上一个人好像欠了另一个人一些什么，但在一定程度上却又不是那么回事。带着那个模糊的词，它能够解释一切但却除了'在一定程度上'（to a certain degree）之外。带着所有这些东西，人们既没有超越苏格拉底，也没有达到启示的概念，而是停留在空谈之中。"[11]"在一定程度上"是指黑格尔哲学中的中介概念。[12]黑格尔哲学意图调和古希腊的哲学和基督教的启示。在

---

10 郝岚著：《探究哲学与信仰》，罗晓颖、张文涛译，北京：华夏出版社，2014 年，第 33 页。

11 克尔凯郭尔著：《哲学片断》，王齐译，北京：中国社会科学出版社，2013 年，第 10 页。"在一定程度上"为术语，据亨格夫妇译本修改，*Philosophical Fragments; Johannes Climacus*, by Soren Kierkegaard, Ed. and trans. Howard V. Hong and Edna H. Hong, Princeton University Press, 1985, p.11。

12 *Kierkegaard's Relationship with Hegel Reconsidered*, by Jon Stewart, Cambridge University Press, 2007, p.343.

克尔凯郭尔看来，黑格尔的尝试是不成功的，原因在于，苏格拉底方式和基督教方式在主体的理性内部调和是不可能的。

由此看来，基督教方式扬弃了苏格拉底方式，这表现为，在由苏格拉底方式向基督教方式的建构中，苏格拉底方式与基督教方式完全不同，这表现在，苏格拉底方式不具备基督教方式的"瞬间"。同时，苏格拉底方式是基督教方式的预备，这表现在，"回忆"在基督教方式中的作用是，个体回忆到，耶稣基督是一个奴仆，奴仆形象是耶稣基督之历史的方面，由此来看，此激情本身是基督教方式的预备。

3.1.2 道成肉身是绝对悖论

在《哲学片断》中，克尔凯郭尔构建了苏格拉底方式和基督教方式，但两个方式的起点是苏格拉底方式。在确定这两种方式之前，我们回到著作的两种方式的构建过程，分别用"假设一"和"假设二"来表示，"假设一"对应"苏格拉底方式"；"假设二"对应"基督教方式"。在《哲学片断》的第一章，"假设一"和"假设二"的"上帝"是同一个词，即丹麦文的"Guden"（相当于英文的"the God"）。克尔凯郭尔研究专家霍华德·亨格（Howard V. Hong）认为，"Guden"（the god）这个词在丹麦文并不常见，而且这个用法贯穿于《哲学片断》全书，"显然，在写作中涉及到希腊的思想和宗教时，克尔凯郭尔用这个词以贴近苏格拉底和柏拉图。"[13] 如果联系起这本书中草稿中"道成肉身"的概念转变成定稿中的"显现在时间中的上帝"(God in time)，还有其他相应的改变时，不难看出克尔凯郭尔在这本书有意使自己"不至于轻易地滑入神学对谈和宗教教育中所用的传统词汇"。[14] "显现在时间中的上帝"这个术语只有在希腊哲学的背景下才能理解，这个术语明显针对希腊的"永恒与时间"的二元对立。以希腊的哲学来看，"假设二"是将两个不相容的东西结合在了一起。

---

13 *Philosophical Fragments or A Fragment of Philosophy*, by Johannes Climacus, trans by David F. Swenson, commentary by Niels Thulstrup, new trans. and commentary by Howard V. Hong, Princeton University Press, 1962, p.11.

14 *Philosophical Fragments or A Fragment of Philosophy*, by Johannes Climacus, trans by David F.Swenson, commentary by Niels Thulstrup, new trans. and commentary by Howard V. Hong, Princeton University Press, 1962, "Forward", by Howard H. Hong, p.12.

　　"假设二"关于"道成肉身"的讨论是由主体出发，克尔凯郭尔称之为"一个诗的尝试"。[15]主体在"诗"的想象力中构建了道成肉身。但是，此构建过程的结果却是超出了主体的内在性（或想象力），克尔凯郭尔说："人有可能把自己写成与神相似，或者说神与他自身相似，但却不可能这样抒写，即神把自己写成与人相似。"[16]由此来看，克尔凯郭尔关于"道成肉身"的探讨是由人的主体性出发，继而达至对神的认识。

　　在"假设二"之中，道成肉身是上帝意志的表达，并且，上帝的意志根基于上帝的爱，"但是，神不需要任何门徒以理解自身，因此没有任何机缘（occasion）能够作用于他，除非机缘与决断相一致。究竟什么能使他出场呢？他应该自己推动自己并且保持亚里士多德所说的那种'不动的推动者'的状态。既然是自己推动自己，那么推动他的当然就不是需要（need），好像他自身不能忍受沉默而被迫爆发出言辞（speech）。而既然他自己推动自己不是因为需要，那么推动他的就不是别的，而是爱；因为爱恰恰不能在身外而只能在神内才能满足这个需要。"[17]在克尔凯郭尔看来，上帝与个体之间的关系不是一种需要与被需要的关系，上帝所做的一切只是出于对个体的"爱"，这种爱与哲学的"欲爱"(eros，或译"爱欲")相对应，是"圣爱"（agape）。如此，上帝的决断对个体的意味是，个体获得真理（认识耶稣基督）的机缘不在自身之内，或者来自于其他个体，而是来自于上帝。上帝永恒的决断与个体获得真理的机缘是不对等的，而绝对悖论就在于，"瞬间是经由永恒的决断与机缘（occasion）不对等的关系而出场的。"[18]

---

15 克尔凯郭尔著：《哲学片断》，王齐译，北京：中国社会科学出版社，2013年，第26页。

16 克尔凯郭尔著：《哲学片断》，王齐译，北京：中国社会科学出版社，2013年，第37页。

17 克尔凯郭尔著：《哲学片断》，王齐译，北京：中国社会科学出版社，2013年，第27页。译文有疏漏，据亨格夫妇译本补正。参见，*Philosophical Fragments; Johannes Climacus*, by Soren Kierkegaard, Ed. and trans. Howard V. Hong and Edna H. Hong, Princeton University Press, 1985,p.24.

18 克尔凯郭尔著：《哲学片断》，王齐译，北京：中国社会科学出版社，2013年，第27页。译文有疏漏，据亨格夫妇译本校正。参见，*Philosophical Fragments; Johannes Climacus*, by Soren Kierkegaard, Ed. and trans. Howard V. Hong and Edna H. Hong, Princeton University Press, 1985,p.25.

克尔凯郭尔实际上是在"假设一"与"假设二"的对照中对道成肉身进行解释的。为清晰起见，我们用一个图表来展示"假设一"与"假设二"的不同：

假设	上帝观（相同点）	上帝与个体的关系（不同点）	对个体的意义（不同点）
假设一	"不动的推动者"	需要个体的欲爱	个体通过欲爱直接认识上帝。
假设二	"不动的推动者"	不"需要"个体的欲爱；自身推动自身，动力来自于"圣爱"	个体不能直接认识上帝；上帝对个体而言是一种冒犯的可能性。

首先，从作为主体的上帝方面来看，二者的共同点在于，"不动的推动者"，不同点在于，"假设一"通过个体的欲爱来实现"不动"和"推动"，而"假设二"则是通过"圣爱"来实现"不动"和"推动"。

在"假设一"中，据克尔凯郭尔的研究者郝岚（J.Howland）的研究，"克利马科斯（Climacus）设想，神必定是自动的，但仍然'还是亚里士多德所说的东西，他不推动却推动一切'。作为一种'不动的推动者'，亚里士多德的神以作为欲望及思想之对象的目的因（final cause）的形式引起运动，也就是说，'通过被爱'的方式[引起运动]。"[19]此处，亚里士多德的"神"适用于"假设一"。也就是说，对于"假设一"，上帝是"通过被爱"而引起被爱者的运动。

而在"假设二"中，上帝不需要学习者（或门徒），"因为爱恰恰不能在身外而只能在神内才能满足这个需要"，这意味着，上帝的爱不依赖于学习者。亚里士多德的上帝需要学习者（或门徒）的欲爱从而作为第一推动力推动其他物体，而在"假设二"中，上帝的推动力来自于自身之内。郝岚把克尔凯郭尔的观点总结为，"神的爱不能做苏格拉底式的解释。对苏格拉底来说，爱暗含着对一个人所缺乏的东西的需要（《会饮》200a-b）,但如克里马科斯所说，神不需要学习者（或任何别的东西）。此外，爱（love）欲求善的和美的东西，然而为神所爱的学习者甚至一开始还不是一个学习者：他没有真理，而且处于罪之中。如此，学习者既不善也不美。"[20]在"假设二"中，个体处在非真理之中。

19　郝岚著：《探究哲学与信仰——基尔克果与苏格拉底》，罗晓颖、张文涛译，华夏出版社，2014 年，第 95 页。

20　郝岚著：《探究哲学与信仰——基尔克果与苏格拉底》，罗晓颖、张文涛译，华夏出版社，2014 年，第 95-96 页。

其次，从作为主体的个体方面来讲，对于"假设一"，上帝与个体之间是"欲爱"的关系，个体通过"欲爱"可以直接认识上帝。对于"假设二"，上帝对于个体是"圣爱"，个体不具有认识真理的"条件"，不能直接认识上帝。

在"假设一"中，神的行动基础与目的的一致表现为，上帝是"不动的推动者"，上帝与学习者的关系是通学习者对神或真理的爱获得的，学习者自身具有了认识真理的"条件"。作为行动基础的"不动者"是通过"被爱"而达成的，"不动者"是运动的目的因，如此，在个体与上帝（"不动的推动者"）之间并不存在裂痕，个体通过欲爱来认识上帝。

在"假设二"中，神的行动的基础与目的表现为一个悖论，上帝是"不动的推动者"，学习者不具有认识真理的"条件"。作为行动基础的"不动者"不能通过"被爱"达成（个体不具有真理）。神的行动的目的是赋予个体以真理，如此，一方面，上帝是不动的推动者，另一方面，上帝行动的目的是赋予个体以真理。因个体不具有真理，"不动的推动者"与"行动的目的"如何一致呢？或者换个问法，"不动的推动者"如何赋予个体以真理呢？

克尔凯郭尔认为，还需要考虑个体（学习者）的因素，即个体的自由意志。克尔凯郭尔说到，"若说神的行动基础（basis）与其目的不相称，这无疑是一个矛盾。神之爱当是对这个学习者（the learner）的爱，其目的就是去赢得他。只有在爱中，所有差别者才能平等，而只有在平等或合一（unity）中才会有理解；若无此完美的知性(understanding)，这教师也就不是神，除非我们从学生身上寻找根源，他不愿意拥有对其已是可能的东西。"[21]在克尔凯郭尔看来，上帝是学习者认识真理的条件，但此"条件"并未取消个体的自由意志。

上帝是学习者认识真理的条件指"恩典"，此恩典与个体的自由意志之间是什么样的关系呢？对此，克尔凯郭尔通过"国王和女仆"的故事来类比上帝的恩典和个体的自由意志，以此来阐明恩典和自由意志的关系。

首先，克尔凯郭尔对类比的界限有清楚的认知。在黑格尔看来，类比法具有或然性，但这种或然性可以通过理性上升到普遍性之中，"类比法的结果，

---

21 克尔凯郭尔著：《哲学片断》，王齐译，北京：中国社会科学出版社，2013年，第28页。据亨格夫妇译本校正。参见，*Philosophical Fragments; Johannes Climacus*, by Soren Kierkegaard, Ed. and trans. Howard V. Hong and Edna H. Hong, Princeton University Press, 1985,p.24.

归根到底只是或然性，但无论较大的或然性也好，较小的或然性也好，一旦与真理性对待起来看，其大点小点就可以说毫无差别了；不管它有多大，只要它是或然性，它与真理性比较起来就算不得什么了。然而事实上理性本能是把这样或然的规律当作真理看待的，它只于找不到规律的必然性时，才来这样地加以区别，把事物的真理性本身降为或然性，用以表示还没认识到纯粹概念的意识所承认的那种真理性是不完全的。"[22]克尔凯郭尔同样认为，类比法具有或然性，但与黑格尔不同的是，克尔凯郭尔在神人关系上设置了鸿沟，类比法始终只能在人的知性的范围中运作，超出知性则无法理解上帝的作为，"本质上它只能隶属于神，因为没有任何一种人的处境能与之相比，尽管我们再次设想了这样一种情境，为的是惊醒我们的心以便理解神。"[23]

其次，恩典并不取消人的自由意志。在"国王与女仆"的例子中，国王爱上了一位女仆，尽管两者的身份差别何其大，但是国王出于对女仆的爱做了这样一个决断。然而国王的选择无法确定女仆的幸福，"孤独地，这忧（sorrow）在他的心中激荡：那女子是否会因此幸福，是否会赢得坦然自信而不再记起国王想忘掉的事实——他是国王，而她曾是一个地位低下的女子，假如这一切发生了，记忆醒来，有时它会像一个受宠的对手那样把她的心思从国王身边引开，将之引诱到封藏的（inclosing reserve，或可译为"闭藏"）忧之缄默中；或者有时记忆会像死亡掠过坟墓一样与她的灵魂擦肩而过。"[24]。这意味着，国王无法取消女仆的自由，正是女仆的自由使得国王产生了忧虑。在此，国王代表至高者上帝，女仆代表需要被救赎的人类，上帝出于爱做出的道成肉身的行动，并不因此取消了人类的自由意志。

第三，由人的自由意志直接达到对上帝的认识是不可能的，即"上升的方式"。直接的对上帝的认识，是假设一（苏格拉底）的方式，其特点是，"合一（unity）以提升的方式出场。神将把学生提高到自己同等的高度，使其荣

22 黑格尔著：《精神现象学》（上），贺麟、王玖兴译，北京：商务印书馆，1979 年，第 190 页。

23 克尔凯郭尔著：《哲学片断》，王齐译，北京：中国社会科学出版社，2013 年，第 28 页。

24 克尔凯郭尔著：《哲学片断》，王齐译，北京：中国社会科学出版社，2013 年，第 29-30 页。据亨格夫妇本对部分译文加以修改。*Philosophical Fragments; Johannes Climacus*, by Soren Kierkegaard, Ed. and trans. Howard V. Hong and Edna H. Hong, Princeton University Press, 1985,p.27.

耀，并用千年般的喜悦款待他（因为一千年于他就像是一天），让他在快乐的漩涡中忘掉那种误解。"[25]但在假设二（基督教）的方式中，上帝以提升的方式化解误解，无异于剥夺个体的自由，是一种"欺骗"。由此，上帝的忧虑（sorrow）是一种矛盾，或者说，道成肉身本身是一个悖论，"不显现自身意味着爱的死亡，而显现自身又意味着被爱者的死亡！"[26]正是基于上帝的忧虑，人对上帝的直接的认识是不可能的。

第四，恩典带来自由意志的可能性。基于上帝的忧虑，合一并不能通过"上升的方式"获得，与此完全相异的另一个方式是，"下降的方式"，即上帝的道成肉身。克尔凯郭尔认为，上帝的道成肉身目的是带来神与人之间的合一（unity）。在"上升的方式"中，神与人的关系是不平等的，因为个体没有自由意志。而在下降的方式中，道成肉身带来神与人之间地位的平等，"现在假设学生为 X，在 X 的身上应该包含着最卑微的部分……为了使合一发生，神必须成为这个人（按，指最卑微的人），因此，他将与人中之最卑微者平等地出现。而最卑微的人就是服侍他人的人，也就是说，神将以仆人的形式（form）出现。"[27]平等对个体的意味是，道成肉身对个体而言是冒犯的可能性。冒犯的可能性是指，耶稣基督以仆人的身份来到世间，他宣称自己是上帝，这种宣告和行动对个体而言是一种冒犯的可能。克尔凯郭尔说道："当由罪过而生的忧惧（anxiety）要去扰乱爱的平和的时候，理解是何等地脆弱，它几乎靠近误解的边缘。"[28]在忧惧之中，个体面对上帝具有自由意志的可能性。

通过上帝的恩典和人的自由意志的关系，克尔凯郭尔突出了道成肉身的悖论，这个悖论表现在，就上帝的方面而言，上帝成为一个具体的个体，成

---

25 克尔凯郭尔著：《哲学片断》，王齐译，北京：中国社会科学出版社，2013 年，第 31 页。参照亨格夫妇译本对部分译文加以修改。*Philosophical Fragments; Johannes Climacus*, by Soren Kierkegaard, Ed. and trans. Howard V. Hong and Edna H. Hong, Princeton University Press, 1985,p.29.

26 克尔凯郭尔著：《哲学片断》，王齐译，北京：中国社会科学出版社，2013 年，第 32 页。

27 克尔凯郭尔著：《哲学片断》，王齐译，北京：中国社会科学出版社，2013 年，第 33-34 页。参照亨格夫妇译本对部分译文加以修改。*Philosophical Fragments; Johannes Climacus*, by Soren Kierkegaard, Ed. and trans. Howard V. Hong and Edna H. Hong, Princeton University Press, 1985,p.31.

28 克尔凯郭尔著：《哲学片断》，王齐译，北京：中国社会科学出版社，2013 年，第 36 页。

为人中之最卑微的"奴仆";就个体的方面而言,道成肉身是一种冒犯的可能性,因为,道成肉身是上帝的意志的表达,个体无法通过上帝的"奴仆"形象知道上帝的意志,因而,道成肉身是个体所无法直接认识的,道成肉身有可能冒犯个体。

3.2 历史知识与绝对悖论

克尔凯郭尔区分了世界历史与救赎历史(或神圣历史,sacred history)。[29]前者指,以抽象的理性脱离主体构建起来的抽象历史,而后者乃是基于道成肉身事件。克尔凯郭尔区分的用意在于,如果把救赎历史等同于世界历史,那么,历史可由理性构建而成,无需主体的参与。

克尔凯郭尔将历史与主体联系起来,因而提出了"永恒幸福"的问题。在《哲学片断》的"扉页",克尔凯郭尔如此写道:"永恒意识能否拥有一个历史的出发点?这样的出发点如何能够超出历史的关切之外?一个人能否将永恒幸福(eternal happiness)建立在历史知识之上?"[30]在亚里士多德的《尼各马可伦理学》中,幸福是现实性的,需要外在的条件来满足,如财产、名声等。而克尔凯郭尔在这里将幸福与永恒联系在一起,这显示,"永恒幸福"不是偶然的,受限于外在的因素。若以亚里士多德的幸福论来看,幸福不能依赖于历史的过去,因为幸福是现实的。但克尔凯郭尔认为,永恒幸福既是现实的,它是个体在时间性中的心灵体验;同时,永恒幸福也是永恒的,因为,它的基础建立在永恒之上。

克尔凯郭尔提出的"永恒幸福"的问题,实际上指向"道成肉身",在《哲学片断》文末,克尔凯郭尔提到,"众所周知,基督教其实就是唯一一个这样的历史现象,尽管它是历史事件,而且正因为它是历史事件,它会成为单一者的永恒意识的出发点,才会不仅仅在历史方面令人关切,也才会将他与至福建立在他与某种历史性事件的关联之上。"[31]此处,"某种历史性事件"是指

29 *Practice in Christianity,* by Soren Kierkegaard, Ed. and trans. by Howard V. Hong and Edna H. Hong, Princeton University Press, 1991, p.25.

30 克尔凯郭尔著:《哲学片断》,王齐译,北京:中国社会科学出版社,2013 年,见"扉页"。

31 克尔凯郭尔著:《哲学片断》,王齐译,北京:中国社会科学出版社,2013 年,第130 页。

道成肉身。对应于扉页，显然，克尔凯郭尔的观点是，永恒幸福不能建立在脱离道成肉身的历史知识上，而是个体与基督在实存层面的关联。

由"永恒幸福"的问题可以看出，首先，克尔凯郭尔将基督教的历史限定在道成肉身的事件上。而广义的基督教历史包括圣经、教会和传统。只有道成肉身与个体的永恒幸福相关。其次，克尔凯郭尔认为，道成肉身本身是历史的，但不仅仅是历史的，这意味着，即使是关于道成肉身的历史知识，也不足以建立个体的永恒幸福。第三，道成肉身作为历史性事件，只有当此事件本身成为个体永恒意识的出发点的时候，此事件才是"永恒幸福"的基础。

历史知识包括由历史评断学、《圣经》和基督教传统得到的对历史的耶稣的认识。克尔凯郭尔认为，历史评断学是中性的，其所能达到的对耶稣基督的认识是"近似"的认识，历史评断学的局限在于，历史评断学与个体的永恒幸福无关。在克尔凯郭尔的时代，圣经字句主义者和传统主义者拒斥历史评断学，但是和历史评断学的前提一致，同样不能达至对耶稣基督认识。最后，克尔凯郭尔认为，历史知识所能认识的是作为一个奴仆的耶稣基督。

3.2.1 历史评断学、圣经与教会传统

一、历史评断学

基督教的信仰对象是耶稣基督，关于其生平及对他的神学诠释主要记载在《圣经》的"四福音书"中（马太福音、马可福音、路加福音和约翰福音）。历史评断学首先涉及到的是《圣经》本身的真实性问题。在《附言》中，克尔凯郭尔认为，"当基督教的真理以历史的方式来询问，或者以什么是和什么不是基督教的真理被问及，《圣经》马上作为一个有争议的文献呈现出来。因此，历史的观点首先落在《圣经》上了。"[32]

在克尔凯郭尔的时代，历史评断学已经兴起。比如，在克尔凯郭尔之前，莱辛已经通过对自然神论者莱马鲁斯（H.S.Reimarus，1694-1768）遗稿的编辑整理，引发了与正统派关于圣经权威本身的争论。关于历史评断学，据《哈珀圣经词典》，历史评断学是指"每一卷圣经作品在一个独特的历史背景中产

---

32 *Concluding Unscientific Postscript,* by Soren Kierkegaard, Ed. and trans. by Howard V. Hong and Edna H. Hong, Princeton University Press, 1992,p.23

生，或者甚至可能随时间的流转在一个或多个历史背景中继续发展。结果，一卷圣经作品通常有自己的历史，包括作品的时间、地点、形成或书写的环境、单个作者或多个作者（无论是真实的作者、编者还是编者团队）、如何写成以及写作对象。一个人从一部作品的呈现及如何写成中尝试重构作品的历史处境，这个不断尝试的过程是历史评断学的重要任务之一。"[33]历史评断学、文本评断学（textual criticism）、形式评断学（form criticism）、文学评断学（literary criticism）等同为研究圣经经卷的几种方法，其中，历史评断学兴起的时间最长（至少从莱辛的时代已开始），其他几种方法明确提出的时间较靠后，已不属于克尔凯郭尔时代对圣经经卷研究的方法，另外，克尔凯郭尔关注新约经卷较多，对应于克尔凯郭尔的时代及克尔凯郭尔自身的问题关注，此处的历史评断学可以限定在对新约文本的研究上。

克尔凯郭尔肯定了历史评断学的积极作用。文献学是历史评断学（或圣经评断）的一种。克尔凯郭尔认为，文献学对文本的考订，使得文本对读者而言变得可靠，其作用是积极的，"文献学是完全合法的，现有的作者理应受尊重……例如，当文献学家出版了西塞罗的一本书，作工极其精审，学术的装备高尚地服从于理智的崇高；他的真诚，他对古代知识的熟识（这些知识经由不屈不挠的勤奋获得）帮助他搜查的识别力（sensibility）排除困难……通过他的技艺和能力，古代文本以最可靠的形式通用有效。"[34]由此可以看出，克尔凯郭尔对历史评断学的积极贡献是肯定的。

克尔凯郭尔认为，历史评断学的作用有局限。历史评断学的前提是，"人论"，采用的方法是"类比"，所能达到的最大果效是"近似"。这是其限制，历史评断学并不能使得个体的永恒幸福建立在其上。个体的永恒幸福是指，个体的永恒意识依赖于历史中的一个事实，即道成肉身。历史评断学始终是在知识领域，而"个体的"永恒幸福，面对的是超越知识领域的"绝对悖论"，故此，历史评断学得来的历史知识只是"近似"，"如果探寻的主体，无限关注他与真理的关系，此处他将立刻绝望，因为这再显而易见不过了，在历史方面的最大的确定性只是近似，近似如此微弱以至不能使永恒幸福建立其上，

---

33 见 Achtemeier, P. J., Harper & Row, P., & Society of Biblical Literature. 1985. *Harper's Bible dictionary*. Includes index. (1st ed.). Harper & Row: San Francisc,p.130.

34 *Concluding Unscientific Postscript,* by Soren Kierkegaard, Ed. and trans. by Howard V. Hong and Edna H. Hong, Princeton University Press, 1992,p.25-26.

近似与永恒幸福如此不相像以致无果而终。"[35]换言之，历史评断学与个体的永恒幸福是时间性的历史知识与永恒性的上帝启示之间的绝对的质的差异。[36]

克尔凯郭尔对历史评断学者的批判在于，历史评断学者越出了历史评断学的限定。克尔凯郭尔认为，历史评断学者的知识和热情是一出喜剧。喜剧的发生是，当主体转向世界时，看到世界自身的矛盾。历史评断学的戏剧性表现在将永恒性和时间性混淆了。"无限地关切于历史评断学，而历史评断学的最大化常常仅是一种近似，这自相矛盾，从而是一出喜剧（comic,或译谐剧）。"[37]历史评断学的永恒性，表现在历史评断学者将永恒幸福投在了历史评断学上，而历史评断学的时间性指，历史评断学只是尘世之事，局限在知识领域，不能成为"无限关切"。这表明了永恒性（永恒幸福）与时间性（历史评断学）的不对等关系。

如此来看，克尔凯郭尔对历史评断学的态度并不是激进的，历史评断学作为一种历史研究的方法，克尔凯郭尔并不加以反对，反而持一种肯定。但是，当历史评断学者认为历史评断学可以帮助个体达至永恒幸福时，克尔凯郭尔认为，这是历史评断学的误用，历史评断学只能达至对耶稣基督的历史的认识，但不能认识耶稣基督的永恒性。就仅仅把耶稣基督作为历史的耶稣来看而言，历史评断学与个体的永恒幸福无关。

二、圣经字句主义

在克尔凯郭尔所处的时代，路德宗教会在丹麦占据了首要地位。路德是宗教改革的发起人，由他所改革的教会在历史的传承中被保留下来，称为"路德宗"。在宗教改革中，针对天主教的"圣经"和"口传"两大传统，路德高举"圣经"，反对天主教的口头传统，"唯独圣经"成为改教运动的三大口号之一。然而，路德宗自身在历史的流转中，也积累了"体制宗教"固有的弱点，这种弱点使得路德宗偏离了宗教改革的基本精神。

在《圣经》的问题上，丹麦的路德宗主流持圣经字句主义[38]。圣经字句主

---

35 *Concluding Unscientific Postscript,* by Soren Kierkegaard, Ed. and trans. by Howard V. Hong and Edna H. Hong, Princeton University Press, 1992,p.23.

36 *Becoming a self: A Reading of Kierkegaard's Concluding Unscientific Postscript,* by Merold Westphal, Purdue University Press, 1996,P.50.

37 *Concluding Unscientific Postscript,* by Soren Kierkegaard, Ed. and trans. by Howard V. Hong and Edna H. Hong, Princeton University Press, 1992,p.31.

38 *Concluding Unscientific Postscript,* by Soren Kierkegaard, Ed. and trans. by Howard V. Hong and Edna H. Hong, Princeton University Press, 1992,p.35.

义认为，圣经的字句丝毫无误，本身就是权威，如此，圣经字句主义者无形中就把基督教的启示完全等同于对《圣经》字句的信靠上了。

面对刚刚起步的历史评断学，路德宗的圣经字句主义者的回应是无力的。克尔凯郭尔认为，上帝之实存与上帝之道是统一的。从逻辑上讲，先有上帝之实存，而后有上帝之道。《圣经》是上帝之道，记载了上帝之实存和上帝之作为。正统派持守上帝之道，但是，忘记了上帝之道与上帝之实存是不可分离的。圣经字句主义者的无力表现在，路德宗（正统派）只是相信圣经是上帝之启示，但是忘记了上帝之实存。[39] 由此产生的后果是，当《圣经》受到质疑时，正统派就陷入到绝望中。克尔凯郭尔认为，圣经的字句可以经受历史评断学的批判，而圣经的精义并不受历史评断学的影响。

克尔凯郭尔关于历史评断学以及圣经字句主义者的具体分析如下：

首先，路德宗尊奉由路德开创的传统，但路德本人不是一个字句主义者。路德的宗教关切在于"因信称义"，如果"称义"奠立在圣经的字句上，路德自身会绝望的，在此，克尔凯郭尔说，"路德对《雅各书》的拒绝足以将其带向绝望。"[40]《雅各书》是《圣经》中的使徒书信之一，主题在于基督教的践行，强调不止需要信，而且需要由信而发的行为。对践行的强调使得《雅各书》和《罗马书》有些不同。路德从《罗马书》中发现了"因信称义"的教义，但《雅各书》提出，不只需要信心，还需行为，若从字面上理解，这对"因信称义"构成了挑战。故此，路德对《雅各书》的真实性提出了怀疑。克尔凯郭尔引用路德的例子意在表明，如果路德是圣经字句主义者，在此就会走向绝望。事实上，路德对雅各书的怀疑表明，他始终关注的是"因信称义"的问题，并不是单纯的"圣经字句"。

第二，在历史评断学与圣经经卷的问题上，克尔凯郭尔持"灵感说"，以分离圣经评断与信仰。"灵感说是信仰的对象"[41]。历史评断学与灵感说的冲突实际上是历史评断学与信仰的冲突。信仰者的预设是，《圣经》（比如《罗

39 *Journals and Papers.(*vol.I). Ed. and trans. Howard V. Hong and Edna H. Hong, assisted by GregorMalantschuk. Bloomington and Indianapolis: Indiana University Press, 1967-1978, p.86.(第 214 条).

40 *Concluding Unscientific Postscript,* by Soren Kierkegaard, Ed. and trans. by Howard V. Hong and Edna H. Hong, Princeton University Press, 1992,p.26.

41 *Concluding Unscientific Postscript,* by Soren Kierkegaard, Ed. and trans. by Howard V. Hong and Edna H. Hong, Princeton University Press, 1992,p.25.

马书》）是不容置疑的启示。历史评断学的预设是人的考察。信仰来自上帝之启示，圣经只有在信仰中才显明为上帝之启示。[42]

第三，圣经字句主义者并未坚持"灵感说"（inspiration）。在克尔凯郭尔的时代，丹麦的路德宗教会继承了基督教大公教会的传统，它们认为，圣经具有正典性和权威性，"这里，特殊书卷的正典性得到处理，它们的权威性，完整性，作者的可信度（axiopisity），一个教义的保证被设定了：灵感。"[43]对于圣经与灵感的关系，克尔凯郭尔分离了灵感和历史评断学。当圣经字句主义者过于坚持字句无误时，实际上和历史评断学一样，排除了"灵感说"。在《日记》中，克尔凯郭尔举了保罗的例子，"我设想相反的情形，敌人已经成功证明关于圣经上的他们所期待的内容……如果信者借助证明接受了（历史评断学的事实），他将处在弃绝信仰的边缘上。"[44]圣经字句主义者的逻辑是，圣经是上帝之启示和圣灵开启人类写就的一本书，故此，圣经本身具有权威性，"作者是真实的，书卷是完整的"。然而，上帝之启示本身是个信仰问题，与历史评断学无关。克尔凯郭尔绷紧了灵感说和历史评断学的关系，使得圣经字句主义者面对历史评断学的挑战。

三、教会传统主义

关于耶稣基督的知识，除《圣经》的记载外，还有基督教传统形成的对耶稣基督的认信，教会传统成为耶稣基督知识的一个重要方面。这个传统既包括历代的基督教，同样也包括当下的基督教会。

面对历史评断学，除了当时正统教会的圣经字句主义者外，还有格伦特维格（N.F.S.Grundtvig,1783-1872）为代表的教会改革者。格伦特维格看到圣经字句主义的无力，试图通过教会改革的方式回应历史评断学的挑战。格伦特维格的教会理论包括三个要素：教会中的活泼的圣言（Word,或译"道"），信经以及圣礼。因为教会自始至终一直存在，所以，格伦特维格认为，教会体现着基

---

42 *Journals and Papers*.(vol.1). Ed. and trans. Howard V. Hong and Edna H. Hong, assisted by GregorMalantschuk. Bloomington and Indianapolis: Indiana University Press, 1967-1978, p.86.(第 214 条)。

43 *Concluding Unscientific Postscript,* by Soren Kierkegaard, Ed. and trans. by Howard V. Hong and Edna H. Hong, Princeton University Press, 1992,pp.24-25.

44 *Journals and Papers*.(vol.1). Ed. and trans. Howard V. Hong and Edna H. Hong, assisted by GregorMalantschuk. Bloomington and Indianapolis: Indiana University Press, 1967-1978, p.86.(第 214 条)。

督教的真理[45]。同时，信经和圣礼在教会传统中起到规范信者信仰的作用，具有历史的连贯性，成为基督教传统的一部分，是基督教真理的概括或集中体现。但是，克尔凯郭尔认为，格伦特维格依然未能克服历史评断学带来的问题。

对格伦特维格的理论，克尔凯郭尔的回应表现在三个方面，首先，信经与婴儿洗礼的依据。在路德宗教会内，洗礼首先指婴儿洗礼，受洗者会得到一个证书。但此事实与永恒幸福无关。克尔凯郭尔认为，把洗礼与基督徒相等同是"自然化的基督教"。区别于自然化的基督教，真正的基督教建立在道成肉身的生成上，因而个体信仰者经历了自身的转变。在克尔凯郭尔看来，洗礼并不能导致个体的认信。

第二，信经的可靠性。信经可靠性的问题同样属于历史评断学。在基督教思想史中，曾出现"和子"争论，争论的依据是一个文献问题。克尔凯郭尔认为，信经的历史可靠性同样归属于历史评断学，而历史评断学所能达到的是"近似"。"如果反对者，为了怀疑圣灵的位格，他们可以在圣经的解释上作手脚。同样，他们同样可以遵循林德贝格（Lindberg）的区分——是否信经应该读成'圣灵'或'圣-灵'。"[46]如此，信经在历史的客观性方面绝不是完全无可置疑的。

第三，教会的传统。克尔凯郭尔认为，天主教的权威诉之于有形的建制教会和教宗，如果新教同样诉之于有形的建制，则与天主教无异。[47]克尔凯郭尔区分了无形的教会和有形的教会。有形的教会是指基督教会的社会层面；无形的教会则与信仰的主体相关。克尔凯郭尔认为，有形的教会不一定是使徒教会，"活泼的圣言宣扬教会的实存。正确，即使撒旦自己也不能剥夺人们这一点，但是活泼的圣言并不宣称，教会已存在了 18 个世纪，它的存在完全没有变化，本质上完全相同。"[48]格伦特维格运用'活泼的圣言'，这在克尔凯郭尔看来是误用，只能归属为"直接性"，教会的直接性显示教会只是现存的教会，而不是原初基督教的"使徒教会"。使徒教会的本质并不在于"外在的证明"，而在于通过绝对悖论，诸信仰者成为一个基督教的信仰群体（Christian Community）。

---

45 *Concluding Unscientific Postscript,* by Soren Kierkegaard, Ed. and trans. by Howard V. Hong and Edna H. Hong, Princeton University Press, 1992,p.39.

46 *Concluding Unscientific Postscript,* by Soren Kierkegaard, Ed. and trans. by Howard V. Hong and Edna H. Hong, Princeton University Press, 1992,p.42.

47 *Concluding Unscientific Postscript,* by Soren Kierkegaard, Ed. and trans. by Howard V. Hong and Edna H. Hong, Princeton University Press, 1992,p.34-35.

48 *Concluding Unscientific Postscript,* by Soren Kierkegaard, Ed. and trans. by Howard V. Hong and Edna H. Hong, Princeton University Press, 1992,p.40.

与教会的连续相一致的是，基督教对文明的影响。基督教至克尔凯郭尔的时代，已存在一千八百年，但这并不能使个体产生对耶稣基督的认信，"十八个世纪的确被设想成注入了惊骇（terror）。作为正面的证明，对于处于决断瞬间的单个主体而言，它们等于空无。但是作为反面的惊骇，它们是宏伟的（superb）。"[49]换言之，一千八百年属于时间性的一部分，此时间性并非"时间充满"的瞬间，依然只是均质的时间，其本身并不能成为对耶稣基督的证明。另外，时间整体本身易落为个体审美地看待基督事件的方式，仅仅成为一个审美意义上的时间距离，因而远离了基督事件本身。

克尔凯郭尔将无形的教会与主体连接起来。"如果真理是灵性（spirit），那么真理是内向地深化，并且对于一整套命题而言，真理并不是直接地和彻底地受制于直接心智(Geist,mind 或 spirit)的关系，即使这种关系被混淆地冠之以主体性的决定性的表达：信仰！"[50]如此显示，"无形的教会不是一个历史现象，如此它根本不能被客观地观察到，因为它仅存在于主体性之中。"[51]克尔凯郭尔把无形的、不可见的教会与主体连接起来，而主体性的信仰完全是内在的，如此，基督教会的传承并不呈现为外在的教会，而呈现在主体自身之中。

在《日记》中，克尔凯郭尔曾提到个体与建制秩序的关系，首先，建制秩序无超越性的力量，自身会成为结构的罪；其次，建制秩序本身是中性的；第三，建制秩序在超越性中得到更新与恢复。以此来看，克尔凯郭尔对有形的教会的批判，乃是使"有形的教会"为"超越"的上帝所承载；同时，个体在有形的教会中，对超越的上帝的意志的顺服，从而突破有形教会的体制牢笼。[52]更进一步，克尔凯郭尔取消了基督教对文明的影响来显示基督教的真理性。

---

49 *Concluding Unscientific Postscript,* by Soren Kierkegaard, Ed. and trans. by Howard V. Hong and Edna H. Hong, Princeton University Press, 1992,p.48.

50 *Concluding Unscientific Postscript,* by Soren Kierkegaard, Ed. and trans. by Howard V. Hong and Edna H. Hong, Princeton University Press, 1992,p.37.依克尔凯郭尔思想的内在理路，这里将 Geist（spirit 或 mind）翻译为"心智"。

51 *Concluding Unscientific Postscript,* by Soren Kierkegaard, Ed. and trans. by Howard V. Hong and Edna H. Hong, Princeton University Press, 1992,p.54.

52 以此来看，克尔凯郭尔并非一个无政府主义者，也并非脱离政治思考的思想者。*Journals and Papers.* (vol.2). Ed. and trans. Howard V. Hong and Edna H. Hong, assisted by GregorMalantschuk. Bloomington and Indianapolis: Indiana University Press, 1967-1978, pp.127-128.(第 1415 条)。

　　需要注意的是，克尔凯郭尔对圣经字句主义和教会传统主义的批判，并不取消《圣经》和"教会传统"作为个体认识耶稣基督的机缘。如果《圣经》和"教会传统"得到的是作为"奴仆"的耶稣基督的信息，那么，奴仆作为耶稣基督的历史方面是个体的信仰所不可缺少的。

　　基于以上的分析，克尔凯郭尔认为，历史知识（包括历史评断学和教会传统）和信仰对象（耶稣基督）无关，"这些书不是这些作者写的，并不真实，并不完整，并未有'灵感'，这些并不能推出，这些作者不存在，并不能推出基督不存在。"[53]克尔凯郭尔关注的是主体在历史当中的存在，这些存在者不能被否定。信仰与历史的构建是无关的。在此，克尔凯郭尔引出了一个极其有争议的议题：历史信念与信仰的关系问题。

3.2.2 历史信念与耶稣基督

　　历史是过去之事，与当下的个体存在着时间上的距离。个体认识过去凭借的是历史文献与考古学。与克尔凯郭尔差不多同一时代的兰克（Leopold von Ranke,1795-1886）曾认为：建立一种纯粹客观的历史事实是可能的，然而这只可能是一种理想。

　　实际上，个体在对"事件"的认识中包含了"道德与心理的评价"，以及"想象力"。关于"道德与心理的评价"，伯林(Isaiah Berlin,1909-1997)曾在"历史的必然性"一文中指出，"道德或心理学的评价，必然内含于把人看做是赋有目的与动机，（而不只是作为事件演进中的因果关系）的受造者的审视过程中。历史学家企图把这种评价机制压到最小程度的符咒，在我看来，似乎是因为他们混淆了人文研究的目的与方法和自然科学的目的与方法，这种混淆，是过去几百年最大又最具有毁灭性的堕落之一。"[54]伯林认为历史不是纯知识，纯客观的学习，它包括对事实的道德与心理学的评价。启蒙运动受启蒙理性的掌控，把自然科学的方法用到历史研究中，是一种误用。关于想象力，利科(Paul Ricoeur, 1913-2005)曾指出："进入历史需要想象力"。利科认为，历史学所能达到的是近似，"历史的距离"意味着一种不完全的客观性，历史的距离使得历史的主体性不可避免："进入取决于历史客观性类型的另一个现在中

---

53 *Concluding Unscientific Postscript,* by Soren Kierkegaard, Ed. and trans. by Howard V. Hong and Edna H. Hong, Princeton University Press, 1992,p.30.

54 布朗著：《历史与信仰——个人的探询》，查常平译，上海：上海三联书店，2013年，查常平撰，"中译本导言"，第 2 页。另见，刘北城、陈新编，《史学理论读本》，北京：北京大学出版社，2006，伯林撰，"历史的不可避免性"。

的这种转移，是一种想象，可以说是一种时间的想象，因为另一个现在是在'时间距离'——'以前'——的深处被再现与召回。可以肯定，这种想象标志着被空间科学、物质和生命科学所摒弃的一种主观性进入舞台。这是一种能重建历史的距离，能使历史的过去接近我们的不寻常能力，它甚至能在读者的心目中产生一种疏远和时间深度的意识。"[55]想象的前提在于把历史学的前提限定为"人"，采取的方式是"类比"。在此，可以看到主体自身与历史的认识对象并非是客观的，而是有"信念"的因素。

历史评断学是中性的，历史评断学得到的历史知识在基督教方面的影响是接近对"历史的耶稣"的认识。然而，此历史知识对信仰者而言，是否能够起到证据的作用。历史知识在"信仰寻求理解"中，其意义是否会有所提升呢？换言之，信仰究竟包含历史信念么？绝对悖论是否完全不为个体所知？若是如此的话，个体朝向信仰的跳跃是否是无根基的？

历史评断学对耶稣基督的认识只能达到"近似"。据《圣经》的"四福音书"的记载，耶稣基督是上帝进入到人类的时间性的表现，他成为一个奴仆的形象，如同其他人一样，真实的在世生活，其生平包括神迹奇事，道德行动，人生格言等。历史评断学的预设是耶稣基督是人，因而，耶稣所行的"神迹奇事"被排除在外。《圣经》叙事中的道成肉身则出于上帝的意志，是人所不能判定的，因而，道成肉身作为绝对悖论不是历史评断学的认识对象。

在《哲学片断》中，克尔凯郭尔区分了三种历史事实，一种是简单的历史事实，一种是永恒的事实，一种是绝对的历史事实。简单的历史事实对应的是经由历史评断学得来的历史事实。永恒的事实在克尔凯郭尔看来对应于苏格拉底的方式，而在克尔凯郭尔看来，这是一个矛盾。而绝对的历史事实是指耶稣基督，既是简单的历史事实，同时又是永恒的历史事实，是永恒对历史的扬弃。[56]

克尔凯郭尔认为，在绝对悖论面前，历史知识是无足轻重的。他在《哲学片断》里留下了一段有争议和常被指责的话，"如果我们谈论的事实是一个简单的历史事实，则历史撰写者的准确性就将具有重大意义。但事实并非如此，即使从最为精细的细节当中我们也无法将信仰蒸馏出来。'神曾以人的形

55 利科著：《历史与真理》，姜志辉译，上海译文出版社，2004年，第11页。

56 克尔凯郭尔著：《哲学片断》，王齐译，北京：中国社会科学出版社，2013年，第121-122页。

象出场'这一历史事件是问题的关键，其他的历史细节甚至还不如我们说到某个人而非神的细节那么重要。律师们说，一桩重罪将吞没所有的轻罪，对于信仰来说亦然，信仰的荒谬性会吞没全部的细枝末节。通常会造成麻烦的那些不同意见在此并无麻烦且变得无关紧要。相反，一个人通过斤斤计较的算计能否使信仰获得最高的报价，这一点至关重大；这一点影响之大以至于他永远无法达至信仰。即使（even if）与神同在的一代只是留下了这样的话：'我们相信，神在某年某年以仆人的低下形象显现，他在我们中间生活过并且教导过，随后他死去了'，这已经说得太多了。这同时的一代做了需要他们做的事情，因为这则小广告，这个具有世界历史意义的'请注意'足以成为后继者的机缘（occasion）；而连篇累牍的陈述却永远都不会对后继者具有更多的意味。"[57]

克尔凯郭尔这段话受到卡尔·亨利（Carl Henry, 1913-2003）的激烈批评。卡尔·亨利认为，克尔凯郭尔完全不关注耶稣基督的客观事件，只是落为个人的内心体验。比如，卡尔·亨利认为，克尔凯郭尔是将基督教神学的基督论与历史评断学相结合，从而否定了基督教信仰的核心，即拿撒勒人耶稣。对卡尔·亨利来说，基督教的信仰对象既是历史的耶稣，同时是信仰的基督，克尔凯郭尔仅仅关注信仰的基督，很容易忽视历史的耶稣，从而使得基督教的信仰对象仅仅成为个人的内心体验。[58]

如何面对卡尔·亨利的批判呢？

首先，卡尔·亨利认为，克尔凯郭尔将基督论与历史怀疑主义结合在一起。亨利的观点是对克尔凯郭尔思想的误读。克尔凯郭尔不是历史怀疑主义，他并未否定简单的历史事实，他说，"如果耶稣基督是一个简单的历史事实，那么历史学家考察的准确性将无比重要。"[59]显然，克尔凯郭尔不是历史怀疑主义。另外，克尔凯郭尔的确认为，历史评断学是有限度的，历史评断学的

57 克尔凯郭尔著：《哲学片断》，王齐译，北京：中国社会科学出版社，2013 年，第125-126 页。据亨格夫妇本对部分译文加以修改。参见, *Philosophical Fragments; Johannes Climacus*, by Soren Kierkegaard, Ed. and trans. Howard V. Hong and Edna H. Hong, Princeton University Press, 1985, pp.103-104.

58 韩客尔(Carl Henry，或译卡尔·亨利)著：《神·启示·权威Ⅱ》，康来昌译，中华福音神学院出版社 1982 年版，第 297 页。

59 克尔凯郭尔著：《哲学片断》，王齐译，北京：中国社会科学出版社，2013 年，第121-122 页。

最大果效是达到"近似",此点同样在历史哲学领域与保罗·利科、以赛亚·伯林等人的观点一致。

第二,克尔凯郭尔用了"即使"(even if)的夸张的表达方式,其用意在于指明,信仰作为绝对悖论,与历史评断学(信念)的历史事实有巨大的区别,从历史评断学的历史事实中,个体无法得出信仰的结论,换言之,历史评断学无法起到证据的意义。"即使"关注的是耶稣基督的"奴仆"形象,这点并不排除耶稣基督的其他形象,尽管其他形象并不是产生信仰的机缘。克尔凯郭尔认为,同时代人留下了关于耶稣基督是奴仆的信息,这点信息可以成为再传门徒信仰的机缘。克尔凯郭尔关注的是"奴仆",这出于他本人强烈的现实关怀。"奴仆"形象与克尔凯郭尔的同时代关于耶稣基督的理解形成巨大的反差,克尔凯郭尔将他的同时代人的理解视为"连篇累牍"而未及根本。对于原始的基督教而言,他们认为,耶稣基督以一个奴仆的形象出现,由此,在信仰之中经历此冒犯的可能性而达至信仰,但对于当下的基督教而言,耶稣基督的奴仆形象已然为人们所遗忘,"我看得很清楚,与神同时共在的一代深刻地感受到了、体验到了那份痛苦,它处于一个如是悖论的生成过程之中,或者用你的话说,处于'神将自身植入人的生命'的过程之中。可是逐渐地,事情的新秩序会以胜利者的姿态向人们逼近,最终,幸运的一代人出现了,他们唱着欢快的歌去收获那粒曾带着眼泪而在第一代人身上播撒下的种子所结出的果实。"[60]耶稣基督作为"奴仆"的形象是所有时代的人不得不面对的冒犯的可能性,脱离了"奴仆"来考察耶稣基督的历史事实,无论多么齐全完备,都未挠到痒处。

由此看以看出,克尔凯郭尔非常重视耶稣基督的"奴仆"形象,其意在表明,"奴仆"是冒犯的可能性,对信仰者而言,它是一种实存论的关联。克尔凯郭尔的"奴仆"形象有别于历史评断学的考察。历史评断学得到的历史知识始终未与个体的实存相关。克尔凯郭尔则完全拉开历史知识和信仰(绝对悖论)的距离,避免人用"构造"的对象代替了真实的"耶稣基督"(对象)。从这个角度看,克尔凯郭尔对历史评断学的观点并不是激进极端的。

---

60 克尔凯郭尔著:《哲学片断》,王齐译,北京:中国社会科学出版社,2013年,第128-129页。据亨格夫妇译本对译文加以修改。参见,*Philosophical Fragments; Johannes Climacus*, by Soren Kierkegaard, Ed. and trans. Howard V. Hong and Edna H. Hong, Princeton University Press, 1985, p.107.

在耶稣基督的奴仆形象上，克尔凯郭尔肯定了苏格拉底方式中回忆的作用。克尔凯郭尔构建的苏格拉底的回忆，主体回忆的功能在基督教方式中依然存在，克尔凯郭尔认为，个体对基督作为人的回忆只是奴仆，这奴仆形象不会随着历史而改变，人的回忆是可靠的。

克尔凯郭尔把耶稣基督的"奴仆"形象与主体的回忆联系在一起，有两方面的意义，首先，耶稣基督的"奴仆"形象不属于历史知识，因为"奴仆"与上帝的道成肉身紧密相连，克尔凯郭尔关于耶稣基督的历史方面，他的说法是"我们相信，神在某年某年以仆人的形象显现，他在我们中间生活过并且教导过，随后他死去了。"[61] "奴仆"形象表明，神以卑微的人的形式进入到人的时间性中。此处针对的是黑格尔和费尔巴哈。黑格尔认为，绝对精神就是上帝自身，绝对精神在历史中的具体表达，是绝对精神的环节，耶稣基督的历史方面，包括奴仆形象，都可以忽略。此为人以自己的观念代替上帝，是人"诗意地把自身描述为与上帝相似"。而费尔巴哈则认为，"上帝是人的观念的投射"，是人"诗意地把上帝描述为与自身相似"。但克尔凯郭尔的"奴仆"形象是"神诗意地把自己描绘成与人相似"。[62]其次，耶稣基督的"奴仆"形象归属于耶稣基督的历史方面，所以，耶稣基督的历史方面是不可忽略的，缺少了"奴仆"形象，个体要么落入到"细枝末节"之中，要么就完全陷入对耶稣基督神性的玄想之中。在《哲学片断》中，克尔凯郭尔说道："当教师死去并且离开他的弟子之后，记忆能够完好地将他的形象带出，但是他并非因此而信仰，他信仰是因为他从教师手中接受了条件，所以他再次在记忆可靠的图像中看到了神。"[63]现代神学家布尔特曼认为，基督教关于耶稣基督的信念基于一个"X"，这是不可以知道或证实的。[64]对此，与布尔特曼不同，克尔凯郭尔认为，个体对基督的回忆所产生的奴仆形象并不是一个假设，而是真实的。

61　克尔凯郭尔著:《哲学片断》，王齐译，北京：中国社会科学出版社，2013 年，第125-126 页。

62　*Philosophical Fragments; Johannes Climacus*, by Soren Kierkegaard, Ed. and trans. Howard V. Hong and Edna H. Hong, Princeton University Press, 1985,p.36.另见，克尔凯郭尔著:《哲学片断》，王齐译，北京：中国社会科学出版社，2013 年，第 37 页。

63　克尔凯郭尔著:《哲学片断》，王齐译，北京：中国社会科学出版社，2013 年，第77 页。

64　麦葛福著:《基督教神学手册》，刘良淑、王瑞琦译，校园书房出版社，1999 年，第 381 页。

克尔凯郭尔关于绝对悖论与历史信念无关的论点，受到克尔凯郭尔研究者埃文斯（C.S. Evans）的批评。埃文斯认为，历史评断学得到的各种历史知识本身尽管基于历史信念，但在信仰中可以起到证据的作用。"信仰能够提供一个条件，在这种条件下，可能的证据是充分的。"[65]"历史上为证明《福音书》的可靠性而提出的各种论述，以及《福音书》中用来证明耶稣是神的那些证据，包括各种各样的神迹，耶稣承认自己是神的那些言论、耶稣教义的深刻之处，尤其是耶稣的复活，所有这些，对一个信徒来说，都具有重要意义。它们并不足以使人产生信仰，严格说来，它们也许不是必要的，但是，它们完全可能是人们所常说的正常过程的组成部分，信仰就是在这一过程中产生的；此外，它们的作用还表现在证实当前的信仰、解决疑难问题以及调和各种反对意见等方面。"[66]埃文斯与克尔凯郭尔的区别点在哪里呢？

首先，埃文斯批评克尔凯郭尔观点的要点在于，埃文斯是从个体经验的角度切入了历史知识是否能起到证据的作用的问题。在个体经验中，耶稣基督是神而人的上帝。而克尔凯郭尔的关键点在于，其时代的人正是把耶稣基督作为神而人的上帝，以至于耶稣基督成为人客观的研究对象，并不与个体经验发生关系的，故此，克尔凯郭尔认为，作为"奴仆"形象的基督使得同时代人走出对耶稣基督的审美幻相。若说历史信念对信徒的作用，发生在个体的归信之后，那么，由历史评断学得来的历史知识尽管只是对耶稣基督近似的认识，却可以起到证据的作用。这一点，克尔凯郭尔也会承认，克尔凯郭尔直接反对的目标是，人们过于注重外在的客观知识，以致忽略了"信仰"本身。

其次，埃文斯提到的"证据"意义，而在克尔凯郭尔看来，证据在他的时代的基督教的境况中，并不存在"证据"的含义，即，信仰因"证据"产

65 史迪芬·埃文斯（C.S. Evans）撰："历史证据与基督教信仰的关系"，胡自信译，收入，斯图沃德编：《当代西方宗教哲学》，周伟驰等译，北京：北京大学出版，2001年，第69页。C.S.Evans, The Relevance of Historical Evidence for Christian Faith: A Critique of a Kierkegaardian View, in *Kierkegaard on Faith and the Self: Collected Essays*, by C.S.Evans, Waco,Texas : Baylor University Press, 2006, p.151.

66 史迪芬·埃文斯（C.S. Evans）撰："历史证据与基督教信仰的关系"，胡自信译，收入，斯图沃德编：《当代西方宗教哲学》，周伟驰等译，北京：北京大学出版，2001年，第84页。C.S.Evans, The Relevance of Historical Evidence for Christian Faith: A Critique of a Kierkegaardian View, in *Kierkegaard on Faith and the Self: Collected Essays*, by C.S.Evans, Waco,Texas : Baylor University Press, 2006, p.166.

生。克尔凯郭尔把"历史信念"的合理性同样奠立在"绝对悖论"之上了，即，在"绝对悖论"之上，"神迹"是合理的。而神迹、复活并不能起到"证据"的作用。反而使得理性与悖论处在冒犯的可能性之中。正是在主体（人）与主体（上帝）的构造中，历史信念才会有合理性，而历史信念始终不具有证据的意义，即使是对信仰者而言，同样如此。对信仰者而言，信仰者在其激情中，并未除掉因绝对悖论带来的冒犯的可能性，只是冒犯因着信仰而退居于无足轻重的地位上去了。[67]

　　第三，对克尔凯郭尔而言，历史信念具有双重性。对于信仰者而言，历史信念归属于信仰，只有在"信仰"中，历史信念的合理性才存在；另一方面，对思辨哲学而言，历史信念的预设是历史的耶稣，排除了奇迹、复活等等，将耶稣基督约化为一个道德教师，因此而得到的是历史知识。历史信念在埃文斯那里，有些宽泛。对克尔凯郭尔而言，历史信念仅仅是一般的历史层面，在一般的历史的层面，克尔凯郭尔并不反对此层面背后的历史信念。克尔凯郭尔反对的是，把信念与信仰相混淆的状况。具体到耶稣基督上，有关历史的耶稣所得到的都是基于一般的历史信念得到的历史知识。而基督教的信仰在于耶稣基督在历史的信念之外，因为绝对悖论是人的信念中无法得出的，反而成为人被冒犯的原因。

3.3 小结

　　通过历史知识能否认识耶稣基督？经由对历史知识以及历史信念的有效性的限定，克尔凯郭尔认为，个体通过历史知识并不能认识耶稣基督。

　　克尔凯郭尔认为，道成肉身是上帝基于爱，由意志做出决断。道成肉身是绝对悖论，这表现为，上帝对个体的救赎的方式是"由上到下"的方式，即成为卑微的奴仆的形式。此奴仆形式表明，耶稣基督是一个具体的个体。耶稣基督作为上帝，却以"奴仆"的形式出现，这对个体而言是冒犯的可能性。

　　在耶稣基督是绝对悖论的前提下，克尔凯郭尔认为，历史评断学是有限的，对"历史的耶稣"的认识所能达到的是近似，不足以认识"绝对悖论"；

---

67 克尔凯郭尔著：《哲学片断》，王齐译，北京：中国社会科学出版社，2013 年，第64 页。

由圣经和教会传统所得到的"历史知识",同样只是近似,不足以认识"绝对悖论";历史知识背后的历史信念具有双重性,基于一般的历史信念,所能得到的是"历史知识",而"绝对悖论"与历史知识无关,所以,"绝对悖论"与历史信念无关。但是,克尔凯郭尔并未否定,《圣经》和教会传统经由"信仰"所得到的"奴仆"形象具有历史的真实性,此历史真实性来自于主体的"回忆"。换言之,克尔凯郭尔批判的是圣经字句主义和教会传统主义,并不背离《圣经》和教会传统对耶稣基督的信仰。

第 4 章　理性与绝对悖论

4.1 历史的本性与主体的生成

　　克尔凯郭尔认为，历史的本性包含主体的自由，而主体既包括个体，也包括上帝（耶稣基督）。道成肉身包含上帝的绝对的自由，而个体的历史包含个体相对的自由。历史与主体的生成密切相关。

　　在《哲学片断》中，克尔凯郭尔区分了两种非存在（not being）[1]，一种是自然意义上的非存在；一种是精神意义上的非存在。人的自然意义的非存在向存在的转变意味着"出生"。此"出生"是个体实存的基础。作为实存的个体不可能发现自己的不实存，实存的个体已然在那里。"重生"与自然意义上的"出生"有关联，重生建立在"出生"的基础上，或"重生"的个体同样是时空当中的存在者。这意味着，重生并不脱离时间与空间。

　　如此，"重生"与自然意义上的"出生"有何差别呢？对此，克尔凯郭尔说："要求人靠自己的力量去发现自己'并不实存着'这一点是荒谬的，而那个转换恰恰是重生中的从'非实存着'（not existing）到实存着（existing）的转换"[2]、"希腊式的激情集中在回忆之上，而我们的方案则集中在瞬间之上。

1　*Repetition and Philosophical crumbs,* by Soren Kierkegaard,tans. M.G. Piety, Oxford: Oxford University Press, 2009.p.96.*Philosophical Fragments; Johannes Climacus*, by Soren Kierkegaard, Ed. and trans. Howard V. Hong and Edna H. Hong, Princeton University Press, 1985,p.19.派蒂翻译为"not being",亨格夫妇译为"not to be",都指存在以前的"非存在"。

2　克尔凯郭尔著：《哲学片断》，王齐译，北京：中国社会科学出版社，2013 年，第 20 页，据亨格夫妇译本对部分译文校正，参见，*Philosophical Fragments; Johannes*

这倒也不奇怪，从'尚未存在'（not to be,或译，未有））到'生成'（come into existence），这难道不是一桩激情充满（pathos-filled）的事情么？"[3]在此，重生并不脱离人的自然性，而是在自然性的基础上发生的转变。

克尔凯郭尔认为，自然性的人发现自己的"非存在"，实际上意味着，自然性的人发现由"非存在"到"存在"的过程。因为，自然性的人已经"出生"了，因而只能由自己的存在出发，回忆起自己的"非存在"。

类比于自然人的"非存在"向"存在"的转变，基督徒的"重生"是建立在已经"出生"的基础上的。个体"重生"中的"尚未存在"（not to be）并不是创造论中的"虚无"（nothing），而是"实存者"（自然人）的实存本身发生的断裂，"尚未存在"由此产生。自然生存上的意义的"存在"（to be）是"出生"，是"人"与"物"的实存，在此并未有超越性的他者出现。对于自然人或实存者，"重生"的"非存在"意味着精神世界或主体自身的转变，这种转变之发生是因为人有自由。重生者的自由之前的状态是不自由，自由与不自由之间是一个瞬间的过程。瞬间是至高无上者（永恒者）照亮有限者的不自由，同时显明了"自由"，这对主体而言是一个"转向"（conversion 或"归正"）。因实存者已然存在于时空之中，存在于现实性之中，所以实存者（基督徒）的"非存在"与个体的自由有关，不同于自然人出生意义上的"虚无"。

克尔凯郭尔区分了自然与精神，二者在于，基督徒的实存是精神领域发生的转变，而自然意义上的"出生"则无此含义。

在自然与精神的区别下，克尔凯郭尔展开了"历史"的探讨，区分开了自然与历史，"所有已然生成的东西，正因为如此，都是历史性的。尽管对此已经不能再做任何历史性的断言，可是具有决定意义的关于'历史'的断言就在于：它已经生成了。那个同时发生的生成（并排，空间）只有这一种历史；尽管以此方式（按：指空间意义上的生成）观之（全体地），除去一种精明的观点在特定意义上所说的'自然的历史'之外，自然确是有历史的。"[4]在

Climacus, by Soren Kierkegaard, Ed. and trans. Howard V. Hong and Edna H. Hong, Princeton University Press, 1985,p.22.

3　克尔凯郭尔著：《哲学片断》，王齐译，北京：中国社会科学出版社，2013 年，第 19 页，据亨格夫妇译本对部分译文校正，参见，*Philosophical Fragments; Johannes Climacus*, by Soren Kierkegaard, Ed. and trans. Howard V. Hong and Edna H. Hong, Princeton University Press, 1985,p.21.

4　克尔凯郭尔著：《哲学片断》，王齐译，北京：中国社会科学出版社，2013 年，第 90-91 页。

此，特殊意义上的"自然的历史"指，自然和历史是同一个体系不同层次的
事物，两者并不存在断裂。[5]平常意义上的"自然的历史"，指空间意义上的历
史。在克尔凯郭尔看来，"自然的历史"并不独立存在，"假如人们并不去思
考那种精明的观点的话（按：指上述特定意义所说的'自然的历史'），人们
如何能够说自然是历史性的，尽管它直接地在场？这里的难点在于，自然过
于抽象以致它无法在严格的意义辩证地与时间相关。"[6]在此，自然脱离了时间
范畴，自身是无历史的永恒。换言之，平常意义上的"自然的历史"仅仅是
空间意义上的，与时间无关，可用"自然的生成"代替。

　　不同于特殊意义的"自然的历史"，也不同于空间意义上的"自然的生成"，
克尔凯郭尔认为，历史是生成的，但此生成的历史并不取消空间意义上的"自
然的历史"。"不过，生成能够容纳一种双重性，即自身生成之中的一种生成
的可能性。这里存在着严格意义上的在时间范畴之中的历史。这种与自然的
生成有着某种共性的生成是一种可能性，一种对于自然来说就是其（按：指
自然）全部现实性的可能性。不过有一点必须时刻牢记，真正的历史性的生
成内在于（within）某种生成之内。这种特定的历史性的生成将经由某个相对
的自由运作的原因而生成，同时这个原因必定要返诸某个绝对的自由运作的
原因。"[7]在此，克尔凯郭尔认为，"生成的历史"不同于"自然的生成"，前者
与主体的"自由"相关，后者没有主体的"自由"。生成的历史发生在自然之
中，内在于自然的现实性之中。而自然的生成伴随着"生成的历史"。

　　"生成的历史"与时间是辩证的关系，一方面，生成的历史本身不是自
然意义上的永恒。对自然而言，时间本身就是永恒的。另一方面，生成的历
史是永恒者对时间性的扬弃，这意味着生成在"重生"中发生了由"尚未存
在"向"存在"的转变，这种转变意味着自然的时间性的中断，同时在这种

5　据亨格夫妇的研究，此观点以谢林等思想家为代表。*Philosophical Fragments;
　　Johannes Climacus*, by Soren Kierkegaard, Ed. and trans. Howard V. Hong and Edna H.
　　Hong, Princeton University Press, 1985,p.303,note.19.

6　克尔凯郭尔著：《哲学片断》，王齐译，北京：中国社会科学出版社，2013 年，第
　　91 页。据亨格夫妇译本补正。参见, *Philosophical Fragments; Johannes Climacus*, by
　　Soren Kierkegaard, Ed. and trans. Howard V. Hong and Edna H. Hong, Princeton
　　University Press, 1985,p.76.

7　克尔凯郭尔著：《哲学片断》，王齐译，北京：中国社会科学出版社，2013 年，第
　　91 页。据亨格夫妇译本对部分译文作出修改。参见, *Philosophical Fragments;
　　Johannes Climacus*, by Soren Kierkegaard, Ed. and trans. Howard V. Hong and Edna H.
　　Hong, Princeton University Press, 1985,p.76.

转变之中，使时间性本身脱离了空间性的含义，而成为了伴随"生成"的历史性。

在克尔凯郭尔看来，"生成的历史"是主体的自由决断的历史，此主体有两个，一个是"相对的自由"的主体，一个是"绝对的自由"的主体，前者指个体，而后者则指基督教的信仰对象耶稣基督。就主体的生成而言，历史是在实存的内部发生的由非实存着（not existing）向实存着（existing）的转变。对个体而言，是"重生"，对耶稣基督而言，是"道成肉身"。克尔凯郭尔认为，个体的"重生"是相对的自由的生成，而道成肉身则是绝对自由的生成。

克尔凯郭尔区分了自然与精神，自然与历史，他认为自然与历史的最大的区别在于时间性。自然是无时间性的永恒，而历史则是有时间性的永恒。之所以道成肉身是"绝对的自由"，这是因为，道成肉身是永恒者进入到时间性之中，而只有在道成肉身的事件之后，生成的历史的时间性才存在，才有过去、现在和未来。

在古希腊和现代哲学的时间观中，瞬间只是可有可无的，是无限的时间进展中的一个同质的时间点。在个体对永恒的认知中，因个体本有真理，故而，瞬间显示为个体认识真理的机缘；与此同时，瞬间便消逝在永恒之中。[8]

而在克尔凯郭尔看来，消逝在永恒中的"瞬间"是抽象的时间性，因为每一个瞬间是均质的，故而瞬间的总和（moments）也只是无限的时间本身。在"瞬间"的"无限连续"之中，时间性本身就是永恒性，如此，并没有个体的时间性，没有过去、现在和未来的区分。克尔凯郭尔将这样的"瞬间"称之为"空间化"的瞬间。类似于平常意义上的"自然的历史"，空间的瞬间是一种整体的"表象"中的时间性，归属于"自然的历史"，在其中，自然与时间并不发生关系，只是空间意义上的生成或转换。就生成的时间性与永恒性的关系而言，在《忧惧之概念》中，克尔凯郭尔认为，"如果我们正确地把'时间'定性为无限地（infinite）'延续'，那么看起来也就似乎是在将之定性为现在的、过去的和将来的。然而这种区分却是不对的，如果我们认为它是出于'时间'本身之中的话；因为只有通过'时间'对于'永恒'的关系和通过'永恒'在'时间'中的反思，这种区分才会出现。就是说，如果我们在'时间'的无限连续之中只找到一个立足点，亦即，一个'现在的'，作为

---

8 克尔凯郭尔著：《哲学片断》，王齐译，北京：中国社会科学出版社，2013年，第11页。

一个划分点，这个划分是完全正确的。然而恰恰因为每一个'瞬间'（moment），正如诸'瞬间'的总和，是一种'行进'（一种'流逝'），那么，就没有什么'瞬间'是一个'现在的瞬间'；只要是如此，那么在'时间'之中就既不会有一个'现在的'也不会有一个'过去的'或者一个'将来的'。如果我们认为这种'划分'成立，那是因为我们把一个'瞬间'（moment）空间化了（spatialized），但是因此那无限的连续也就被中止了，那是因为我们引进了'表象'（representation），并且不是去思考'时间'，而是让时间被表象出来。但即使是这样，这过程中也还是有问题，因为，哪怕是作为'表象'的对象，'时间'的无限延续仍是一种无穷地没有内容的'现在的'（这是对于'永恒的'的拙劣模仿）。"[9]换言之，在空间化的时间中，瞬间是均质的，故而，个体可以在时间中的任何一个瞬间"回忆"到真理。

　　但是，主体生成的"瞬间"不同于空间化的时间。克尔凯郭尔认为主体的瞬间之为瞬间，乃是因上帝的道成肉身。区别于空间化的时间，克尔凯郭尔认为，瞬间是永恒性对时间性的扬弃，是"时间充满"。"如果瞬间不存在，那么，'那永恒的'就向后地作为'那过去的'而出现。……如果'瞬间'是被设定了，但只是作为分界（division），那么，'那永恒的'就存在，并且，'那将来的'——它作为'那过去的'而重来——也存在。这一点在古希腊的、犹太的、基督教的宇宙观中很清晰地显示出来。在基督教中，一切问题都是环绕着这样一个概念；这个概念使得一切都焕然一新，这个概念就是'时间充满'（the fullness of time）；但是'时间充满'是作为那'永恒的'的'瞬间'，并且这个'永恒的'同时也是'那将来的'和'那过去的'。"[10]在克尔凯郭尔看来，古希腊、犹太教和基督教都有共同点，即，当瞬间被作为"分界"点时，历史中的"过去"的"瞬间"就会成为"将来的"瞬间。但是，与古希腊和犹太教不同的是，基督教的瞬间是永恒性对时间性的中断，而非永恒性的无限延续。如此，基督瞬间既是历史中的"过去的"瞬间，同时也是"将

9　克尔凯郭尔著：《畏惧与颤栗；恐惧的概念；致死的疾病》，京不特译，北京：中国社会科学出版社，2013 年，第 278-279 页。据里达·索姆特译本对部分译文做出修改，*The Concept of Anxiety*, by Soren Kierkegaard, Ed. and trans. by R.Thomte in collaboration with A.B.Anderson, Princeton University Press, 1980,pp.85-86.

10　克尔凯郭尔著：《畏惧与颤栗；恐惧的概念；致死的疾病》，京不特译，北京：中国社会科学出版社，2013 年，第 283 页。据里达·索姆特译本对部分译文做出修改，, by Soren Kierkegaard, Ed. and trans. by R.Thomte in collaboration with A.B.Anderson, Princeton University Press, 1980,p.90.

来的瞬间"，而过去的瞬间和将来的瞬间在时间性中的表达是一个确定的唯一的时间点，这一个点，克尔凯郭尔借用《圣经》的话形容为"时间充满"（加4:4）[11]。

在"时间充满"中，上帝进入到人类的历史中，从而在人的时间性中进入实存（come into existence）。这一行动是上帝自我意志的决断，个体无从知道，因而是"绝对的自由"的行动。在"基督瞬间"中，个体的"罪"的意识是个体实存内部的转变。个体的"罪"的意识意味着，个体过去处在"非真理"之中，其起因是个体的自由意志的背离。而在"基督瞬间"中，个体被给予了"条件"，从而认识到真理本身。因着个体的自由并未丧失，而在"基督瞬间"的绝对自由的行动之下，个体的自由相对地起作用，从而也在历史中生成了。由此可以看出，克尔凯郭尔的历史是个体实存意义上的，但不同于实存主义的地方在于，个体的生成依赖于"基督瞬间"，缺乏此"条件"，个体的"生成"是不可能的。

综上所述，在假设一（苏格拉底方式）与假设二（基督教方式）的对照下，克尔凯郭尔认为，道成肉身是上帝出于爱的意志的决断。道成肉身是绝对悖论，表现在，上帝是永恒者进入到时间性所形成的"瞬间"，耶稣基督成为一个卑微的奴仆，对个体而言是一种冒犯的可能性。

4.2 主体的理性之有限性

4.2.1 关于上帝存在的证明

克尔凯郭尔的出发点是个体的实存。从人的主体来看，克尔凯郭尔认为，存在与思维的一致性问题不能脱离主体来进行。在对笛卡尔的"我思故我在"的反思中，克尔凯郭尔认为，"我思"不是本源的。一方面，思维归属于主体。另一方面，在面对"错误"（error）时，思维无法解释错误发生的原因，这只能归结为由意志而发的"行动"（act）。[12]由此来看，主体的观念属于主体自身，而主体的意志的行动表明，实存的矛盾不能在实存之外来寻找原因。克尔凯

---

11 "时间充满"的用法另参见，克尔凯郭尔著：《哲学片断》，王齐译，北京：中国社会科学出版社，2013年，第16页。

12 *Journals and Papers,*（vol.3），Ed. and trans. Howard V. Hong and Edna H. Hong, assisted by GregorMalantschuk. Bloomington and Indianapolis: Indiana University Press, 1967-1978, p.15.(第 2338 条.)

郭尔批判了希腊的"在先实存"、基督教的亚历山大学派和现代的思辨（speculation）[13]，它们都跳出了实存，从而借助"在先"（pre-）或"在后"（post-）来解决实存中的矛盾。

克尔凯郭尔认为，传统的关于上帝存在的证明是不可能的。这主要基于如下原因：

首先，克尔凯郭尔区分了观念的存在（ideal being）与事实的存在（factual being）。借助此区分，克尔凯郭尔认为，传统的上帝的存在证明只是涉及到观念的存在，而没有涉及到事实的存在。

在中世纪的传统中，本质与实存的结合只出现在上帝自身之中，实存是偶然的存在。在上帝存在的证明中，洛维特简要勾勒了思想史的路线图，"只有在上帝里面，本质与实存才是相结合而存在，或者说就是一回事。说明这一点，是坎特布雷的安瑟尔谟的'本体论'上帝证明的任务，包括笛卡尔、斯宾诺莎、莱布尼茨和沃尔夫也在他的意义上进行了证明。而康德的批判试图在原则上反驳这种证明，因为从一个'概念'中不能得出他的'此在'。"[14]关于上帝存在的证明，克尔凯郭尔继承了康德的批判，他认为，观念的存在并不意味着事实的存在。

克尔凯郭尔举了斯宾诺莎的例子。斯宾诺莎认为，"某物依其本性越完美，它所包含的存在也就越多、越必然。反之亦然：某物依其本性所包含的存在越必然，该物就越完美。"[15]在斯宾诺莎看来，观念性的存在是必然性的存在。但在克尔凯郭尔看来，由观念性的存在到事实的存在是困难的，"其实，斯宾诺莎的命题是完全正确的，同语反复也没有什么大不了的，只有一点可以肯定，他完全规避了一个难点，这难点在于把握真实的存在，并且把神的理想性（ideality，或译为"观念性"）辩证地带进真实的存在。"[16]通过事实性的存在的概念，克尔凯郭尔把传统的上帝存在的证明限定为观念性的

13　*Philosophical Fragments; Johannes Climacus*, by Soren Kierkegaard, Ed. and trans. Howard V. Hong and Edna H. Hong, Princeton University Press, 1985，p.10，以及在 p.277 的注释（note10）以及 p.181。

14　洛维特著：《从黑格尔到尼采——19 世纪思维中的革命性决裂》，李秋零译，北京：三联书店，2006 年，第 153 页。

15　克尔凯郭尔引用了斯宾诺莎《笛卡尔哲学原理》的话，参见克尔凯郭尔著：《哲学片断》，王齐译，北京：中国社会科学出版社，2013 年，第 48 页。

16　克尔凯郭尔著：《哲学片断》，王齐译，北京：中国社会科学出版社，2013 年，第 48 页。

存在。换句话说，上帝存在的证明在观念性的存在中是有效的，但并不能由观念性的存在推论出，或证明上帝事实性的存在。

第二，克尔凯郭尔认为，上帝存在的证明的前提是，证明者已经预设了上帝的存在。在克尔凯郭尔看来，神与人之间有无限的质的差异性，人无法直接知道神的事情，"神的事只能由神来完成，这一点完全正确。但是，哪些是神的事呢？我用来证明神的存在的事绝对不是直接存在的。"[17]在神与人的差异下，克尔凯郭尔认为，在关于上帝存在的证明的过程中，证明者已预先作了假设，"从理想状态（ideally）下的事，也就是那些并非直接地显现自身的事。可是这样一来我就不是由事出发去证明，而只是在展开一种我所预设的理想性（ideality，或译为"观念性"）；凭借这种理想性，我才敢冒险与所有的反对意见相抗衡，甚至是那些尚不存在的意见。既然我开始了，我就已经预设了那个理想性，而且预设说我能够成功地展开它。不过，我只能预设神是存在的，依靠他我最终才能开始我的证明，除此无他。"[18]关于上帝存在的证明，证明者是对上帝存在的辩护，这种辩护是证明者的生存上的决断和"冒险"，证明者已经持有对上帝存在的信念，而后才开始上帝存在的证明。

如同苏格拉底对人的研究，其前提是一个信念，即，"人是什么"这个真理是确定的，只是对于思想者而言显为悖论的。[19]克尔凯郭尔关于上帝存在证明的探讨同样有一个预设，即上帝是存在的。换言之，"假设"意味着，上帝的存在并不在理性的客观的考察之内，而在个体的实存的激情之中。"假设"在个体的"绝望"中，使得上帝的存在成为一个"公设"，这依然不是理性证明的对象。

第三，上帝与上帝的作为是绝对的关系，上帝作为"事实的存在"不同于人的理性所能把握的"上帝的作为"，故此，自然神学同样存在"预设"。自然神学的前提是类比，下学而上达，"自然神学得以成立的理论依据是，在'上帝'与世界之间存在着某种连续性，因而我们可以通过'类比'的途径

---

17 克尔凯郭尔著：《哲学片断》，王齐译，北京：中国社会科学出版社，2013 年，第48 页。

18 克尔凯郭尔著：《哲学片断》，王齐译，北京：中国社会科学出版社，2013 年，第48-49 页。

19 克尔凯郭尔著：《哲学片断》，王齐译，北京：中国社会科学出版社，2013 年，第45 页。

认识'上帝'。"[20]但是，克尔凯郭尔认为，神与世界之间存在着差异，这种差异已经隐藏在上帝的创造中了。在《十八篇造就讲章》中，克尔凯郭尔谈到创造之初的亚当、自然和上帝的关系，"真理必定已在万物中显现，因为亚当实际上已给万物如其所是地取了恰当的名字；信实必定已在万物中显现。因为万物都是它所显示的样子；公义必定已从地而生。不过善恶的分别必定没有出现，因为这种分别实际上正是偷吃知识果的结果。不过必定没有人问万物'从哪里'来。耶和华的声音也不会在伊甸园里回荡询问亚当，亚当也不会在园中躲藏，不会隐藏他的内心，而是会向万物显明，并且耶和华才是惟一会隐藏自己的人，尽管他会以不可感知的方式现身于万物之中。亚当必定不会有机会问万物从何而来，因为万物在那时已彰显自己，并且那赏赐是自行到来的，领受它并不会引出有关赏赐者的问题。"[21]在克尔凯郭尔的观念中，亚当与后来的个体并不存在一个质的差别，亚当、自然和上帝的关系同样是亚当之后的个体、自然和上帝的关系。由这段话可以看出，在自然之中，"上帝隐藏自身"，创造者超越人的感知。在自然之中，人不能以感觉认知的方式发现创造主。

就自然神学中的目的论证明而言，如同一般的上帝存在证明一样，证明者同样预先设定了上帝的存在。人能从自然中推论出上帝的存在，自然或世界中存在着一个终极的目的因。在克尔凯郭尔看来，目的论者预设了上帝的存在，然后在自然之中贯穿了终极的目的。

克尔凯郭尔认为，上帝与他的作工（受造界）是绝对的关系，但是，上帝在自然中隐藏自身，这就导致人与上帝的双重关系，一方面，因为上帝与受造界是绝对的关系，所以，信仰者由信仰出发，会从受造界发现上帝；另一方面，因为上帝在自然中隐藏自身，所以，人从受造界中证明上帝的存在是不可能的。

第四，克尔凯郭尔认为，伦理-宗教的证明是一种不可能性。[22]

---

20 王齐著：《生命与信仰：克尔凯郭尔假名写作时期基督教哲学思想研究》，南京：江苏人民出版社，2010 年，第 161 页。

21 克尔凯郭尔著：《十八训导书》，吴琼译，北京：中国工人出版社，1997 年，第 83 页。

22 舒兹曾讨论过克尔凯郭尔的"伦理-宗教的证明"方式。笔者在此加入了位格性存在中的意志因素。参考海珂·舒兹，"一个现象学的论证？——祁克果的托名写作对神证论的挑战"，李丽娟主编：《成为基督徒：祁克果神学》，新北市：台湾基督教文艺出版社，2011 年，第 172-174 页。

在伦理—宗教的意义上的证明意味着，证明的对象与证明者息息相关。[23]证明不只是客观的活动，对主体的永恒幸福有着至关重要的影响。在此，伦理-宗教的上帝是有位格的，只有有位格的上帝才能和人有实在的关联。"一位国王的存在（existence）或在场（presence）通常就具有它自己的辖管与服从性的表现。倘若有人在他最威严的临在时，意图证明他的存在（existence），那会是怎样的情况？若确实有人证明了，则表达什么？不，这会等同在愚弄他，因为人应是以服从来证明他的实存……如此，人也应藉由崇拜来证明上帝的存在——而非经由论证。"[24]伦理-宗教的证明已经预设了上帝与个体的关系，此为"主体间性"。从有位格的上帝出发，上帝的意志是个体所无法知道的，人不能通过证明建立与上帝的关系。同时，人的证明活动是主体内部客观性的考察，并未与主体发生关系，其证明活动本身已经脱离证明者，伦理-宗教证明的结果是不具有伦理-宗教的意义。所以，伦理—宗教的证明是不可能的。

埃文斯（C.S.Evans）认为，克尔凯郭尔认为上帝存在的证明是不可能的，然而克尔凯郭尔的观点尚有不足之处。这表现在，从经验层面上讲，个体预设某物的存在，在此预设下，如果确实证明了某物的存在，则此证明不是无效的。个体在证明中经验到了某物的存在。同时，上帝存在的证明对于其他个体可能具有证据的意义，这是克尔凯郭尔所未考虑到的。[25]

在埃文斯之外，海珂·舒兹（Heiko Schulz）增加了另一个不足之处。舒兹认为，克尔凯郭尔关于上帝存在的证明有如下不足：从预设本身而言，克尔凯郭尔排除了非信仰者，克尔凯郭尔关于上帝存在的证明的探讨有一个前提，如果证明者意图证明上帝，那么证明者已经有了对上帝的信仰。但是，如果上帝不存在成立，非信仰者并不知道此点，则非信仰者进行上帝存在的证明是一个事实。[26]

---

23 证明活动本身对证明者是有意义的。参见，何光沪著：《信仰之问》，北京：中国人民大学出版社，2009年，第38-39页。

24 转引自舒兹的文章。另见 *Concluding Unscientific Postscript,*(2 vols.) by Soren Kierkegaard, Ed. and trans. Howard V. Hong and Edna H. Hong, Princeton University Press, 1992,p.545-546.

25 *Passionate Reason: making sense of Kierkegaard's Philosophical Fragments,* by C.Stephen Evans，Indiana University Press, 1992, p.65.

26 海珂·舒兹，"一个现象学的论证？——祁克果的托名写作对神证论的挑战"，李丽娟主编：《成为基督徒：祁克果神学》，新北市：台湾基督教文艺出版社，2011年，第167-171。

如何回应舒兹及埃文斯指明的缺点呢？首先，二者未考虑克尔凯郭尔关于上帝存在证明争论的背景。克尔凯郭尔认为，上帝存在的证明有缺陷。其矛头指向的是以基督教的知识代替基督教信仰对象的做法。在此背景下，克尔凯郭尔并未考虑"非信仰者"。其次，非信仰者进行上帝存在的证明，的确并不预设"上帝的存在"，其进行上帝存在的证明是理性的正常功用。就理性的逻辑思维功能而言，克尔凯郭尔并未反对理性功能的正常运用。克尔凯郭尔认为创造者与受造物之间是绝对的关系，此绝对只是用于上帝自身，在此信念下，克尔凯郭尔承认，在信仰者的认信之后，理性在认识此绝对关系上，其功能是正常的，但这个活动并不是证明；而非信仰者在从事证明的活动，只要在理性正常的功能之内，其进行的"上帝存在的证明"的思维活动是合理的。第三，信仰者与非信仰者关于上帝存在的证明是"信念"之争。克尔凯郭尔说到，在预设了上帝的存在之后，与非信仰者的争论便是一场"冒险"[27]。因为证明者不一定是信仰者，所以"冒险"显示关于上帝存在证明的不同意见源自于证明者的不同信念。第四，对信仰者而言，理性对信仰对象的认识活动对信仰者而言是一个理解活动。对此，克尔凯郭尔并不反对，他同样承认理性的正常功能，在此功能之下，理解活动也就是认可的。但是，克尔凯郭尔之所以有"非理性主义"和"反理性主义者"[28]的嫌疑，是因为克尔凯郭尔针对的对象是基督教知识，在分离知识与信仰对象的过程中，克尔凯郭尔强调了信仰对象的悖论，就此而言，克尔凯郭尔借此批判了基督教知识背后的神学理念，但给人的印象是，克尔凯郭尔连同基督教知识一并批判了。

上帝存在的证明是理性的认识活动，然而，理性不能脱离主体存在，脱离主体之后，理性就成为抽象的霸权的理性。在《哲学片断》"绝对悖论"的篇章中出现了一组对话，对话者 A 认为，人可以直接认识绝对悖论；对话者 B 代表克利马科斯（Climacus，或译克利马库斯）的看法。对话者 A 的问题在于，人本身是理性的主体，主体的自由以及由此承担的"罪责"，进而主体所

---

27 克尔凯郭尔著：《哲学片断》，王齐译，北京：中国社会科学出版社，2013 年，第49 页。

28 克尔凯郭尔被错误地冠以"反理性"的标签。反理性一般意味着，理性的正常功能（比如逻辑功能）被否定。事实上，克尔凯郭尔反对的是霸权式的理性，并未反对理性正常功能的发挥。*Passionate Reason: making sense of Kierkegaard's Philosophical Fragments*, by C.Stephen Evans, Indiana University Press, 1992,p.90.

具有的"罪"的意识，这使得对话者 A 不可能无预设（无前理解）地认识绝对悖论。正如埃文斯所说："（回答者）对理性能力的评价绝不是完全客观的。"[29]

综上所述，克尔凯郭尔认为，进行上帝存在的证明是不可能的，但是他并未否定，在上帝存在的证明中，理性发挥了正常的作用。克尔凯郭尔对上帝存在证明的批判在于，证明者已经预设了上帝的存在，却同时认为上帝的存在是证明的结果。克尔凯郭尔反对的是理性的僭越。

4.2.2 关于神迹

在《圣经》"福音书"的记载中，耶稣基督的生平中包含着神迹奇事的部分，如何理解这些"神迹奇事"呢？这个问题是历史信念演生出来的问题。不同于一般的历史信念，对"神迹奇事"的信念又涉及到理性是否可以证明或反对基督教的信仰对象。

科林·布朗（Collin Brown）认为，启蒙运动排斥神迹，这对基督教是一个挑战。这个挑战在于，基督教的上帝是历史中的上帝，在历史中的具体表达是成为一个有位格的个体。[30]据布朗的研究，在基督教的传统中，神迹证实了《圣经》的内容，同样，神迹对基督教的信仰对象是一个证明。"即使我们不是基于要证明《圣经》里的所有陈述的真实性的立场，即使上帝没有直接将自己显明在其中许多地方，但（这种证明）表明：《圣经》里所提及的神迹将证明它的神圣起源。因为，神迹是唯有上帝才能施行的超自然的作为。……加尔文提到：神迹确认、证实、标志、认可内含在《圣经》里的教导。"[31]布朗综述基督教传统关于神迹的看法是在启蒙运动与基督教的双向作用的大背景中提出的。事实上，就《圣经》的本身而言，神迹不只是起到证明的作用。

《新约》学者约翰·德雷恩认为，耶稣基督的神迹应放在《旧约》的大背景中去理解，在《旧约》中，神迹的含义既包含了上帝的话语，也包括了上帝的行动。德雷恩的看法与启蒙运动把神迹理解成"行动"的观点是有差异的。[32]据德雷恩的研究，在希伯来传统中，上帝的话语与行动是一致的，此

---

29 *Passionate Reason: making sense of Kierkegaard's Philosophical Fragments*, by C.Stephen Evans, Indiana University Press, 1992, p.74.

30 科林·布朗著：《历史与信仰》，查常平译，上海：上海三联书店，2013 年，第 4-20 页。

31 科林·布朗著：《历史与信仰》，查常平译，上海：上海三联书店，2013 年，第 5 页。

32 约翰·德雷恩著：《新约概论》，胡青译，北京：北京大学出版社，2005 年，第 166 页。

一致是理解耶稣基督的"神迹"的大背景。德雷恩举了约翰福音的例子,"当约翰福音将耶稣所行的神迹奇事称为'兆头'的时候,约翰所想到的可能就是这种'动态的表现'。英文单词'兆头'只是兆头或迹象的意思,它可能意味着,神迹奇事作为兆头,不过是人为地用来证明耶稣是弥赛亚,或上帝的国已经到来的暗示。但其实它们的含义远不止这些,因为,就如同先知们所给出的'兆头'一样,这些神迹奇事实际上是耶稣传讲的信息的一部分。它们是那些以比喻的形式进行的教导在行为上的延伸,就像教导一样,它们描述上帝的国,给那些见证人带来挑战。"[33]换言之,神迹既是一种证明,同样是一种对个体信仰生活的"挑战"。

但是,启蒙运动的兴起,使得基督教传统关于"神迹"的观点受到了冲击。在启蒙的语境中,神迹指"超出自然规律"。自然规律由"理性"发现,若是"超出自然规律"就意味着不合理的话,那么此观点背后的预设是人的理性是判断真理的标准。科林·布朗挑明了此点,"关键的问题,不在于反常事件的抽象可能性,而是和神迹事件相联系的真理主张(truth claims)。因为,如果加尔文、洛克和其他志趣相投的基督徒是对的,一旦承认神迹,随之而来的就要承认那些和神迹相联系的真理主张。"[34]休谟关于"神迹"的探讨可以作为一个代表。

休谟关于神迹的看法有一个预设,即《圣经》里的神迹并未受到"圣灵"的证明。在基督教传统中,《圣经》是上帝启示给人类的一本书,其权威性不言自明;在神迹的问题上,神迹是上帝启示的一个证明,这表明事件的起源来自上帝,换言之,神迹和基督教的"灵感说"是相互印证的。但是,休谟打破了神迹与"灵感说"的连接,他尝试分开二者,休谟说到,"这种学说(指实在说)虽然被假定为是基于圣经和传说而建立的,但它们并不因此而具有像感官提供那样的证据;这是因为圣经和传说仅仅被认为是外在的证据,而且它并不曾借助于'圣灵'的直接作用而使每一个人心领神会;因此,这种学说是与感官相矛盾的。"[35]这里,休谟反对的是其时代的"实在说",但连同

---

33 约翰·德雷恩著:《新约概论》,胡青译,北京:北京大学出版社,2005 年,第 167 页。

34 科林·布朗著:《历史与信仰》,查常平译,上海:上海三联书店,2013 年,第 6 页。

35 休谟著:《人类理智研究》,吕大吉译,北京:商务印书馆,2009 年,第 101-102 页。

实在说一起，休谟把由感官得到的经验上升到判定的标准。如同莱辛一样，休谟认为，神迹发生在历史的过去，而在当下，神迹无法获得经验上的证明。

基于经验的判定，休谟认为，神迹是不可能的，判定的具体原因[36]如下，首先，神迹缺乏一定数量、具有一定判定水准的人的证实。第二，人性中的弱点使得神迹不可能。这里，休谟诉之于人性的理由，人性对理性之外的事物的追问，使得神迹有被杜撰的空间。除此而外，奇迹在人的情感中也有着某种作用，使得神迹易于为人所相信。第三，神迹只是在古代社会中产生，在启蒙的时代则不存在，而神迹在古代社会发生的原因是无知。用休谟引用的一个读者的话说是，"如此怪异的事情从来不曾发生在我们的时代，这真是奇怪。"[37]也就是说，在启蒙的时代，神迹是不存在的。第四，宗教的神迹在各种不同的宗教中是冲突的，"不同宗教的一切神异都可以看成是矛盾的事实，而且这些神异事件的证据，无论或弱或强，都是互相对立的。"[38]在感官经验的判定下，神迹并不是证据。

针对以休谟为代表的启蒙运动对神迹的批判，克尔凯郭尔从以下几个方面加以回应：

首先，基督教传统认为，神迹起到证明的作用；而启蒙运动认为，神迹并不起到证明的作用，是不可信的。克尔凯郭尔关于奇迹的观点与启蒙运动相同的地方在于，神迹的确不能起到证明的作用，但与启蒙运动不同的地方在于，神迹附属于施行神迹的主体即耶稣基督，因耶稣基督是绝对悖论，故而，神迹对个体而言，并不起到证明的作用，反而是加强了个体对基督的冒犯。当然，克尔凯郭尔关于神迹的观点并不违反神迹在基督教《新约》中的原初含义。[39]

其次，神迹与个体的激情相关，并不属于客观的"或然性"（probability）的领域。在《基督教的励练》中，克尔凯郭尔提到了同时性（contemporaniety，或译同时代性）的概念，此同时性是指，个体与历史的耶稣同时代从而认识

---

36 休谟著：《人类理智研究》，吕大吉译，北京：商务印书馆，2009 年，第 108-113页。另见，科林·布朗对此的总结和批判，科林·布朗著：《历史与信仰》，查常平译，上海：上海三联书店，2013 年，第 11-14 页。

37 休谟著：《人类理智研究》，吕大吉译，北京：商务印书馆，2009 年，第 111 页。

38 休谟著：《人类理智研究》，吕大吉译，北京：商务印书馆，2009 年，第 113 页。

39 约翰·德雷恩著：《新约概论》，胡青译，北京：北京大学出版社，2005 年，第 167页。

耶稣基督。在克尔凯郭尔看来，直接的同时性是不可能的，真正的同时性是在信仰之中。克尔凯郭尔在与基督的同时性中突出了神迹在原初的基督教中的作用。"这是降卑的耶稣基督，一个卑微的人，由被人轻视的童贞女所生，他的父亲是一个木匠。……他，这个神迹的实行者，始终是一个卑微的人，不加夸张地说，他没有枕头的地方。让我们不要忘记：在同时性的处境中，神迹（signs）奇事（wonders）在排斥与吸引（人们）上有完全不同的弹性，远胜过如此平淡无味的当代人，正如被说教者（preachers）预热了以后，当代人对一千八百年前的神迹奇事变得更加平淡无味了。在同时性的处境中，神迹奇事是极其惹人恼怒的事物；是以一种非常令人尴尬的方式几乎迫使人有一个观点的事物；特别因为它（指神迹奇事的总称）使得实存（existence）无比紧张，如果一个人碰巧并未感到相信，它就可以成为与此人同时代（contemporary）的烦人的事物，对于越发聪明的、成熟的，有文化的人更是如此。"[40]在克尔凯郭尔看来，当下的人已经摆脱了神迹奇事的原初处境。这种原初处境便是与耶稣基督同时代的实存境况。在此同时性之中，神迹不再是"平淡无味"了，而是使得个体不得不面对的冒犯的可能性。由此看来，克尔凯郭尔回到了与耶稣基督的同时性中，神迹的意义并不在客观的理性上的证明，而是让个体面对基督时不得不在实存上做出决断。

第三，神迹与直接的感官经验并不冲突。克尔凯郭尔承认感官经验的正确性，但加以限定，并不把感官经验与感受的主体分离开来。在《哲学片断》中，克尔凯郭尔认为，"直接性的感觉和直接性的认知是不骗人的。理解这一点具有重大意义，以便我们可以理解怀疑，并且穿过怀疑指示出信仰的位置。"[41]

休谟的感官经验的判定，其前提当然不是将"神迹"与永恒幸福相连。休谟的感官经验因为没有对神迹事件的接触（或体验），而只是客观地对历史中的神迹加以判定。所以，当引入"永恒幸福"之后，克尔凯郭尔把感官经验判定的实质归结到怀疑上，而怀疑是意志的决断。故此，神迹与感觉真理

---

40 *Practice in Christianity,* by Soren Kierkegaard, Ed. and trans. by Howard V. Hong and Edna H. Hong, Princeton University Press, 1991,pp.40-41.引文由笔者直接译出。目前，此书在国内只有节译本，节译本参见，祁克果著：《祁克果的人生哲学》，章文新主编，谢秉德译，谢扶雅校，香港：基督教文艺出版社，第402-403页。

41 克尔凯郭尔著：《哲学片断》，王齐译，北京：中国社会科学出版社，2013年，第96页。

并不冲突，冲突的是，意志选择了怀疑神迹或拒绝神迹。换言之，休谟对神迹的否定出于他的"意志"，即他已预先排除了基督教的启示，所以才会否定与耶稣基督相关的神迹。当然，克尔凯郭尔也并不认为，神迹可以经由信仰者的个体经验得到证明，神迹依然是一个意志的问题。

第四，神迹对基督教来说，并不是借此证明基督教的依据（如加尔文），也不是借此怀疑基督教的依据（如休谟），神迹是信仰的对象。在《日记》中，克尔凯郭尔如此说道："怀疑要么是由于实在（reality）与观念发生了关系而产生——这是认知行为，就个人的利害关系而言，与我利害相关最多的还有第三个——比如，真理。要么产生于使观念和现实发生关系时——这就是伦理性。那我最关切的就是我自己。其实是基督教将这种怀疑带入了这个世界，因为只有在基督教中，这一自我才获得意义——怀疑并不是通过哪一个体系（system），而是由信仰来克服的，而正是这信仰将怀疑带进这世界的。假如这一体系要来稳住怀疑，那么它就得比怀疑和信仰站得更高，但是，真要如此，就必须最先克服怀疑才行，因为不可能在中介线上做出那一飞跃的。"[42]就神迹的问题而言，神迹归属于施行神迹者，即耶稣基督。因耶稣基督是信仰的对象，是绝对悖论，是个体的理性所无法认知的，所以，神迹并不是一个认知行为。就此而言，休谟的感官经验判定仍然依靠的是认知。克尔凯郭尔认为，耶稣基督对个体的永恒幸福是决定性的（此同样为路德宗教会共同的信念），当怀疑关系到自我时，自然，怀疑就关系到构建自我的耶稣基督上了。故而，个体面对耶稣基督和与耶稣基督相关的神迹，就是一个信仰和怀疑的决断的过程，这个过程并不经由理性构建的体系解决。到此为止，克尔凯郭尔对神迹的讨论依然回到了信仰问题之中了。

综上所述，克尔凯郭尔认为，神迹属于信仰问题，并不受感觉经验的判定（感觉经验背后的假设是理性或知性）。因神迹与绝对悖论相关，所以感觉真理不能作为判定耶稣基督的神迹。若以克尔凯郭尔的绝对悖论重新审视休谟对"神迹"的批判，则休谟批判神迹的四个理由不具有说服力，首先，因耶稣基督是绝对悖论，个体不能认识他，所以，耶稣基督的神迹就不由一定数量、具有一定水准的人的证实。第二，对克尔凯郭尔而言，耶稣基督不

---

42 参见基尔克果著：《论怀疑者》，陆兴华译，汉语基督教文化研究所 1995 年，第 77 页，"注释 10"。据亨格夫妇译文对译文加以修改。*Philosophical Fragments; Johannes Climacus*, by Soren Kierkegaard, Ed. and trans. Howard V. Hong and Edna H. Hong, Princeton University Press, 1985, "supplement" p.256.

是人的观念的投射，"人有可能把自己写成与神相似，或者说神与他自身相似，但却不可能这样书写，即神把自己写成与人相似。"[43]费尔巴哈的著名命题是"上帝是人的观念的投射。"人性的弱点可以构造出一个有弱点的上帝，但却不是基督教的上帝。克尔凯郭尔坚持道成肉身的悖论性，绝对悖论是个体冒犯的可能性。第三，耶稣基督是绝对悖论，对于任何时代的人而言都是"不可识别的"（incognito），这就取消了原始时代的"愚昧"与启蒙时代的"开明"之间的差别。第四，神迹因与基督事件相连，神迹并不与其他宗教的"神迹"相冲突。依文化语言的进路而言，耶稣基督是基督教的信仰对象，神迹的实行者是具有位格的耶稣基督；神迹的作为与对象（谁）主体是不可分离的，在特定的时空中发生，因而是独一无二的，不可能与其他宗教传统相冲突。

4.2.3　苏格拉底的无知之知与未识之神

克尔凯郭尔以苏格拉底对人的"无知之知"来类比个体对上帝的"无知之知"。克尔凯郭尔说道："用'假设'一词来赋予这个命题以怀疑的形式，这一点或许是荒谬可笑的；因为在我们这个以神为本的时代，每个人对这类事都知晓地一清二楚。"[44]此处的"假设"是指苏格拉底的"无知之知"，苏格拉底一生以人为研究对象，最后却对人一无所知，克尔凯郭尔将此称为苏格拉底的思想的"悖论"。[45]与绝对悖论相比，苏格拉底的悖论是相对的，原因在于，对苏格拉底而言，永恒真理自身不是悖论，只是对实存的个体而言是悖论。与苏格拉底一致，克尔凯郭尔认为，对"道成肉身"的认识同样是思想的激情，在基督教世界，每一个人自以为知道神，事实上，"道成肉身"对人而言同样是"未识之神"，人对"道成肉身"一无所知。

克尔凯郭尔关于"绝对悖论"的思考是在苏格拉底方式与基督教方式的比照中进行的。帕斯卡尔对基督教神学的思考是从理性出发，最终却达到了超越理性的基督教的启示。类似于帕斯卡尔，在《哲学片断》中，克

43　克尔凯郭尔著：《哲学片断》，王齐译，北京：中国社会科学出版社，2013 年，第37 页。

44　克尔凯郭尔著：《哲学片断》，王齐译，北京：中国社会科学出版社，2013 年，第45 页。

45　克尔凯郭尔著：《哲学片断》，王齐译，北京：中国社会科学出版社，2013 年，第44 页。

尔凯郭尔以苏格拉底方式开始，提出了与苏格拉底方式完全不同的基督教的方式。[46]

在苏格拉底看来，知性具有把握超越知性之未知者的激情。在苏格拉底方式中，个体秉具真理，在认识真理之前是"无知"，而一旦认识到真理，也就据有了真理。但是，在对人自身的反思上，苏格拉底陷入了悖论，这种悖论表现在："作为人性的专家，他是一个比泰风更奇怪的怪物呢，还是一种更为和善的、独特的，本性上分有某种神性的存在者呢？这一点看起来是一个悖论。"[47]为何是悖论呢？一方面，苏格拉底认识到理性的界限，其能力并非是无限的。另一方面，在苏格拉底看来，悖论是知性的激情，知性带着激情把握未知者是悖论。苏格拉底方式中的悖论的特点是，"永恒的本质的真理自身并不是悖论的，只是在与实存着的人相关时才成为悖论的。"[48]此处，"永恒的本质的真理"可以等同于基督教的"未识之神"（Unknown）。克尔凯郭尔区分了苏格拉底与柏拉图，这意味着无时间的永恒是有时间性的永恒的预备。正如犹太教的上帝与耶稣基督是一致的，在《致死的疾病》中，克尔凯郭尔说道，"苏格拉底的无知是一种对上帝的畏惧和崇拜，他的无知乃是犹太人的这样一个说法的希腊版：对主的畏惧是智慧的开端。"[49]

克尔凯郭尔以苏格拉底为例，意在表明"悖论是思想的激情"[50]。在此，克尔凯郭尔回到了康德为理性设定的界限上来。在《纯粹理性批判》中，康德区分了"先验的理念"和"超验的理念"，先验的理念先于经验，可能与经验发生关系；而超验的理念，指完全超出经验。[51]在认识经验之外的事物时，先验的理念有陷于幻相的可能。但人们不由自主地要在"先验"之中来把握未知者。与康德相一致，克尔凯郭尔认为，理性在自身中有把握未知者的诉求，"理智的

---

46 从作品的结构而言，《哲学片断》第一章是从苏格拉底方式开始，以基督教方式结束。第二章引入了"道成肉身"（以诗的方式引入历史）。第三章"绝对悖谬"（absolute paradox，或译绝对悖论），再次从苏格拉底方式开始，又以基督教方式结束。

47 克尔凯郭尔著，《哲学片断》，王齐译，中国社会科学出版社2013年，第44页。

48 *Concluding Unscientific Postscript*, by Soren Kierkegaard, Ed. and trans. by Howard V. Hong and Edna H. Hong, Princeton University Press, 1992, p.205.

49 克尔凯郭尔著：《致死的疾病》，张祥龙、王建军译，北京：商务印书馆，2012年，第120页。

50 克尔凯郭尔著，《哲学片断》，王齐译，中国社会科学出版社，2013年，第44页。

51 康德著：《纯粹理性批判》（注释本），李秋零译，北京：中国人民大学出版社，2011年，第245页。

最高激情也要求着冲突，尽管这种冲突会以这样或那样的方式导致理性的毁灭。去发现某个思想所不能思考的东西，这就是思想的最高形式的悖论。"[52]

苏格拉底的无知之知意味着理性与未知者的碰撞，理性的激情带来自身的毁灭。此为何故呢？这是克尔凯郭尔站在人的主体性上对激情与悖论的理解，即，超出"未知者"，理性无能为力。而理性的激情表现为把握未知者力不从心。尽管力不从心，却反映了理性与悖论之间的天然的关系。[53]

如何评价这种天然关系呢，这种天然关系不能给个体以肯定的描述。在对人自身的认识上，苏格拉底不同于塞克斯都·恩披里可（Sextus Empiricus）、普罗泰戈拉（Protagoras），首先，苏格拉底认为，人能认识自身，此为苏格拉底的信念。而在这一点上，恩披里可陷入了怀疑，如果我自身不能认识自身，那知识何以可能？其次，苏格拉底不同于普罗泰戈拉，后者扩展了人的认识能力，并未对人性的界限本身有清楚的认识。基于此，苏格拉底的"无知之知"是一个临界点，该临界点同时是一个标记，指向"未知者"。但是"未知者"依然是"未知者"。苏格拉底的悖论表现在，一方面，苏格拉底认为，人能认识自己。人本身有把握真理的能力，人本身具有真理，此为苏格拉底方式。另一方面，在认识自己的过程中，苏格拉底陷入了困境，不知人为何物。

苏格拉底一生致力于认识自己，但最后却不知人性究竟是什么。[54]克尔凯郭尔认为，苏格拉底的认知活动受到了"未识之神"的干预，"可是，那个未知者（Unknown），那个知性在其悖论性的激情当中与之冲撞的东西，那个甚至干扰了人类的自我认识的东西究竟是什么？它就是未知者。但它不会是某个人，就其了解此事以及其他事物而言。那么，就让我们把这未知者称作神，这只是我们给它的一个名字。"[55]换言之，苏格拉底的"未知者"是"未识之神"。未知者不等于不可知者。

如前所述，在苏格拉底方式中，苏格拉底的激情在于回忆，由回忆达至永恒的真理。如果永恒的真理为个体所本有，那么，苏格拉底的"未识之神"

---

52 克尔凯郭尔著，《哲学片断》，王齐译，中国社会科学出版社 2013 年，第 44 页。

53 C. Stephen Evans, *Passionate Reason: making sense of Kierkegaard's Philosophical Fragments*, Indiana University Press, 1992, p.59.

54 克尔凯郭尔著：《哲学片断》，王齐译，北京：中国社会科学出版社，2013 年，第 44 页。

55 克尔凯郭尔著：《哲学片断》，王齐译，北京：中国社会科学出版社，2013 年，第 46 页。*Philosophical Fragments; Johannes Climacus*, by Soren Kierkegaard, Ed. and trans. Howard V. Hong and Edna H. Hong, Princeton University Press, 1985, p.39.

在苏格拉底的认识活动中起到什么作用呢？"未识之神"是一个假设，还是实有其存在？[56]

首先，苏格拉底的未识之神不是主体的投射。对黑格尔的哲学来说，信仰可以用哲学的概念加以转换和替代，然而，这种替代始终只是观念领域的转换，并未进入到个体的实存，从这个角度看，哲学的"上帝"可以脱离实存者，成为主体在观念上的构建或投射。[57]但是苏格拉底的未识之神并不是主体单方面的构建和投射。据郝岚的研究，"这种现代的投射性的主体性概念，对苏格拉底或对一般的古人而言并不陌生。但它只在灵魂的血气或精神饱满这个要素中反映出来，血气这个要素展现自身的地方，不仅在于侵犯、竞争以及诸如此类的东西之中，而且，如柏拉图的《蒂迈欧》清楚表明的那样，也在使现象变得可理解并将秩序加诸现象之上的这一驱动力之中。然而，对苏格拉底来说，哲学根本不是对血气性的秩序意志的表达。毋宁说，哲学是对智慧的爱，而它之所以可能，乃因自我是灵魂，不是主体。人的灵魂既是接受性的，也是投射性的；它在所有事物中独一无二，因为唯有它对事物的整全保持着开放。若仅仅被构想为投射性的主体性，自我就不可能向外在于它自身、超出它自身的东西开放，向超越它的东西开放。投射性的主体性没有为苏格拉底所谓的爱欲（eros）留下余地，这爱欲是一种哲学的欲望，它既滋养着接受性或开放性的原初体验，也受这一原初体验的滋养。"[58]郝岚对现代主体性的批判潜在的预设乃是基于个体的实存。事实上，基督教的人论进入到哲学领域之后，主体依然具有肉体、灵魂和精神（灵性），克尔凯郭尔的个体同样是主体，但是，此主体是一个向超越性领域开放的个体。从具体的实存的角度来看，抽象的思辨并未超出个体的内在性，只是主体的呓语，而没有与超越性的实在建立实存上的关联。[59]苏格拉底的自我向超越性的存在即未识之神开放，从而成为主体（人）与主体（上帝）之间的真实互动。

---

56 克尔凯郭尔的研究者郝岚，对苏格拉底与未识之神做了专题梳理，笔者在此基础上加以阐释。参见，郝岚著：《探究哲学与信仰》，罗晓颖、张文涛译，北京：华夏出版社，2014年。

57 基尔克果著：《恐惧与战栗》，赵翔译，北京：华夏出版社，2014年，第5页。

58 郝岚著：《探究哲学与信仰》，罗晓颖、张文涛译，北京：华夏出版社，2014年，第80页。

59 参见弗兰克著：《个体的不可消逝性》，先刚译，第28页，详见第二章"自我的一般性和个体性"。

第二，苏格拉底与未识之神的关系是欲爱式的。如何理解欲爱（eros，或译爱欲）？希腊的欲爱并不限于人与人的情爱，它还是沟通人与神的中介。郝岚认为，苏格拉底与未识之神的关系是含混的，一方面，未识之神本身是苏格拉底哲学的权威；另一方面，苏格拉底在欲爱中可以认识未识之神。在苏格拉底与未识之神中间，欲爱起到沟通链接的作用，"神激发起爱欲（eros），而正是爱欲为灵魂打开了通向神的门。爱欲这么做，因为它并非仅仅是属人的欲望。毋宁说，他是精灵性的激情或居间的激情，它将人与神以及自我与超越自我者结合起来。爱欲的精灵性结构反映了我们灵魂中超越性真理的内在性，这种内在性使得哲学回忆成为可能。"[60]苏格拉底认为，人由灵魂与肉体构成，灵魂是在先实存，与肉身的结合是灵魂的下坠。哲学的欲爱唤醒了人内在的灵魂，在欲爱中，人回忆到灵魂未曾下坠前的光景，"因此，哲学是这样一种努力，即在神圣的爱欲性疯狂的引导下，回忆超越性的存在和真理，而这一努力之所以可能，仅仅是因为，真理已经以某种形式存在于我们的灵魂中了。"[61]

无知之知源自德尔斐神庙的神谕，精灵（或灵祇）谕示祭祀皮提亚（Pythia），世间没有人比苏格拉底更有智慧。[62]精灵的谕示成为苏格拉底反思自我的机缘。郝岚显明了精灵的权威和苏格拉底反思之间的张力，"这一反思或许有助于解释苏格拉底的不情愿，因为，他的冒险行为看起来不虔敬。然而，假设苏格拉底是想要证明神说了假话，这样有点轻率，因为这个目标预设了在一定程度上他能确定他是谁、能确定神的意思是什么，而苏格拉底显然缺乏这一确定性。更确切地说，在其困惑中，苏格拉底似乎把他与神的关系设想成了一种对话，在这一对话中，对没人比苏格拉底更有智慧这一原初'声言'的反驳，可能会使得神谕的含义得到澄清。"[63]在无知之知中，苏格拉底的困惑与反思表明，在精灵面前，苏格拉底并不以为自己所把握到的真理是确定无疑的。由此可见，苏格拉底的无知之知显明了个体在神灵面前的谦卑。

---

60 郝岚著：《探究哲学与信仰》，罗晓颖、张文涛译，北京：华夏出版社，2014 年，第 68 页。

61 郝岚著：《探究哲学与信仰》，罗晓颖、张文涛译，北京：华夏出版社，2014 年，第 89 页。

62 柏拉图著：《苏格拉底的申辩》，吴飞译，北京：华夏出版社，2007 年。另见郝岚著：《探究哲学与信仰》，罗晓颖、张文涛译，北京：华夏出版社，2014 年，第 71 页。

63 郝岚著：《探究哲学与信仰》，罗晓颖、张文涛译，北京：华夏出版社，2014 年，第 73 页。

郝岚对苏格拉底与未识之神的研究，是为了比较苏格拉底与克尔凯郭尔，在郝岚看来，克尔凯郭尔未能理解到苏格拉底对"未识之神"的信仰（或信念）的维度。[64]郝岚的依据是，在《哲学片断》的第一章，苏格拉底方式与基督教方式完全对立。然而依照克尔凯郭尔著作的整体来看，苏格拉底方式与基督教方式并非简单的对立，而是辩证的关系。笔者认为，苏格拉底的欲爱是对个体对基督教的上帝的激情的类比。[65]换言之，克尔凯郭尔对苏格拉底的欲爱与未识之神的关系是有认知的。苏格拉底"欲爱"通过回忆认识"未识之神"，这在克尔凯郭尔看来，正是"实存"的激情。克尔凯郭尔借苏格拉底批判了思辨哲学，即思辨哲学缺乏欲爱，仅仅把真理当作为理所当然的命题。[66]

克尔凯郭尔对"未知者"的认识是，未知者是一个名字。"就让我们把这不可知者叫做神，这只是我们给它的一个名字。"[67]克尔凯郭尔的研究者埃文斯（C.S.Evans）认为，克尔凯郭尔在这里采用了反讽的方式（反讽意味着彻底的否定性），"因为他的目的是实验的、假设的，他的结论是我们确实没有任何对神圣的理性认识，语言手法的熟练决不会不合法地起作用。"[68]笔者认为，除反讽的意味之外，名字（name）是一个"谁"问题，是有指向性的。这是因为，在《哲学片断》第一章，克尔凯郭尔区分了教师与教导。教师是不可替代的，教导可以为人类理性所普遍认识。[69]与此相对照，名字（name）意味着超出理性之外的存在，是人类的理性所不能化约的，有其积极的含义。然而，正如埃文斯所说，名字（"name"）显示出理性并没有对"未知者"有更多的认识。

---

64 郝岚著：《探究哲学与信仰》，罗晓颖、张文涛译，北京：华夏出版社，2014年，第89页。

65 克尔凯郭尔著：《哲学片断》，王齐译，北京：中国社会科学出版社，2013年，第53页。

66 克尔凯郭尔著：《哲学片断》，王齐译，北京：中国社会科学出版社，2013年，第8-9页。另见《附言》, *Concluding Unscientific Postscript,* by Soren Kierkegaard, Ed. and trans. by Howard V. Hong and Edna H. Hong, Princeton University Press, 1992, pp.206-207.

67 克尔凯郭尔著：《哲学片断》，王齐译，北京：中国社会科学出版社，2013年，第46页。

68 C. Stephen Evans, *Passionate Reason: making sense of Kierkegaard's Philosophical Fragments*, Indiana University Press, 1992, p.64.

69 克尔凯郭尔著：《哲学片断》，王齐译，北京：中国社会科学出版社，2013年，第12-14页。

　　克尔凯郭尔的未识之神显明了理性的边界，在边界处，理性经由激情与未知者碰撞。康德的理性在物自体（上帝）面前是静止的，而克尔凯郭尔的理性在激情的引导下与未知者相遇，"这个未知者究竟是什么？它就是要不断企及的界限，而在运动与静止的规定性相互交替的意义上，它就是差别，绝对的差别，但是这个绝对的差别对人是没有任何标记的。"[70]针对黑格尔的思辨体系，克尔凯郭尔返回到了康德对理性设定的界限上。[71]但克尔凯郭尔并不停留在界限上，他认为，在激情之中，知性达到对上帝的认识，当然，此激情是悖论的。

4.3 主体的理性与非真理

　　克尔凯郭尔认为，理性是有限度的，其边界在于"未识之神"。不止于此，克尔凯郭尔提出主体性即真理，以此反对思辨理性对真理的直接认知。

　　首先，克尔凯郭尔这里的真理是有限定的，不包括数学、物理学等等客观的真理，而是与主体相关的真理。克尔凯郭尔并没有否定理性的正常的逻辑功能。比如，在《哲学片断》，克尔凯郭尔想象地构建了苏格拉底方式和基督教方式，并依"如果……那么……"的逻辑推理展现了两种方式的不同。

　　理性在克尔凯郭尔那里是有限的。这种有限性在德国观念论的源始康德那里同样存在。康德欲为理性划定界限，在《纯粹理性批判》的"第二版序言"中说，"我不得不扬弃知识，以便为信念腾出地盘"。[72]在对克尔凯郭尔的诠释上，若是认为理性自律，可以判断"悖论"，那么克尔凯郭尔便是"非理性主义者"，假如这样的话，康德也要被归为"非理性主义者"了。[73]如此，埃文斯认为，大多研究者都承认理性的界限，误解在于，一部分研究者认为克尔凯郭尔的"绝对的悖论"违反了逻辑矛盾，在澄清克尔凯郭尔并非逻辑矛盾后，问题迎刃而解。

70　*Philosophical Fragments; Johannes Climacus*, by Soren Kierkegaard, Ed. and trans. Howard V. Hong and Edna H. Hong, Princeton University Press, 1985, p.44. 克尔凯郭尔著：《哲学片断》，王齐译，北京：中国社会科学出版社，2013 年，第 51 页。

71　*Kierkegaard's Concept of Existence,* by Geroge Manlantschuk, Marquette University Press, 2003.见 "Kant and idealistic systems"一文。

72　康德著：《纯粹理性批判》（注释本），"第二版前言"，李秋零译，北京：中国人民大学出版社，2011 年，第 21 页。

73　"*Is Kierkegaard an Irrationalist? Reason, Paradox, and Faith*", by C. Stephen Evans, Religious Studies,Vol.25, No.3（Sep.,1989）,p.355.

其次，在宗教真理上，理性的客观性是一种非理性。克尔凯郭尔举了一个精神病人的例子。一个精神病人逃离了医院，为证明自己是正常人，每逢见到正常人，他就说，"地球是圆的"。[74]显然，"地球是圆的"是客观的真理，但是精神病人并没有摆脱精神的疾病。换言之，理性归属于主体，脱离主体的理性，即使说的是自然科学意义上的客观的真理，也不能保证自身就具有真理。克尔凯郭尔认为，一种体系的真理实际上是非真理，"他完全用上了他被吝啬地配给的健全理智中的充足部分喊叫着，结果他进入了一种幸福状态，我们只能称之为高级的疯狂，其症状就是喊叫，痉挛式的喊叫，而喊叫的内容也就是这些词儿：时代、纪元，时代和纪元，纪元和时代，体系。这种幸福的情状是一种非理性的狂喜……"[75]在克尔凯郭尔看来，在思辨理性之下，即使知性有正常的认识事物的功能，但其本身已超越了知性的界限，从而进入到"非理性"之中。由理性进入非理性的原因在于主体自身。

如果理性的逻辑（知性）功能是正常的，而理性进入到非理性是因为主体自身的原因，那么，主体性和真理有什么关系呢？

在传统的真理观中，真理就是思维与存在的同一性。思维与存在的同一性可以有两种解释，一种是经验论的，以存在来符合或判别思想；另一种是观念论的，即以思想来符合或判别存在。[76]克尔凯郭尔认为，思维与存在的同一性的关键在于，如何理解"存在"。经验论和观念论的共同点是，把存在作为抽象的形而上的存在，在此设定下，存在与思维之间的关系可以绕过具体的存在。

但是，对于克尔凯郭尔而言，存在被理解为"经验的存在"，如此，思维与存在的同一性问题，就变成了，真理与"经验的存在"是紧密相关的，"真理被转变成欲求之物"。[77]真理不是客观的、现成的，而是"生成的"；与此同时，对于认知的主体而言，因真理之生成，主体自身也同样在生成之中。

对于黑格尔的哲学而言，思辨体系是对具体实在的抽象。体系的开端是"虚无"，体系在绝对精神的进展中奠定自身。克尔凯郭尔以其人之道还治

---

74 *Concluding Unscientific Postscript,* by Soren Kierkegaard, Ed. and trans. by Howard V. Hong and Edna H. Hong, Princeton University Press, 1992, pp.194-195.

75 克尔凯郭尔著：《哲学片断》，王齐译，北京：中国社会科学出版社，2013 年，第 2 页。

76 *Concluding Unscientific Postscript,* by Soren Kierkegaard, Ed. and trans. by Howard V. Hong and Edna H. Hong, Princeton University Press, 1992, p.189.

77 *Concluding Unscientific Postscript,* by Soren Kierkegaard, Ed. and trans. by Howard V. Hong and Edna H. Hong, Princeton University Press, 1992,p.189.

其人之身，既然对于黑格尔而言，存在是"经验的存在"，那么，体系就面临着起点的问题，一方面，经验的存在是"欲求之物"，在不断的生成之中，如此真理既没有结论，也没有开端，"这样，真理就变成了无法绝对地确定其开端的近似值，因为它没有结论，而这又反过来影响到开端的确定。"[78]另一方面，经验的存在与思维相统一，此真理有开端，那么，此开端并非来自思维，而是来自认知的主体，是主体经由"决断"和"信仰"的德性而形成的开端。[79]克尔凯郭尔显明了思辨体系的矛盾，并指出，黑格尔的抽象虽然是对具体的抽象，但依然未进入到实在之中，或者说，思辨体系的"存在"根本不是"经验的存在"。[80]对克尔凯郭尔而言，黑格尔的抽象虽然是具体的抽象，但具体的抽象来自于抽象的原型，依然是抽象。[81]克尔凯郭尔认为，黑格尔的"思维与存在"的同一性只是同义反复，并未进入到"经验的存在"之中。抽象的存在与思维的同一只适用于上帝。在此，克尔凯郭尔背后的预设是，体系只对上帝而言是存在的，对主体而言，"真理"的体系显示为"生成"。

克尔凯郭尔认为，"经验的存在"与思维的合一不能离开认知主体（克尔凯郭尔的用法是"实存着的精神"）。如此，认知主体将"思维"和"存在"作为两个因素分开了，认知主体的反思显示了两种"思维与存在"的关系，"如果是客观的反思，真理就成了一个对象，某种客观的东西，而思维便向外离开了主体。如果是主体的反思，真理就成了一种占有，一种内在性，一种主体性，思维便越来越深入地探寻主体和他的主体性。"[82]

---

78 *Concluding Unscientific Postscript,* by Soren Kierkegaard, Ed. and trans. by Howard V. Hong and Edna H. Hong, Princeton University Press, 1992, p.189.《附言》的"主体性即真理"一节有部分译文，引文见，熊伟主编：《存在主义哲学资料选辑》（上册），北京：商务印书馆，1997 年，第 14 页。依亨格夫妇译本，笔者将"subjectivity"统一译为"主体性"。

79 *Concluding Unscientific Postscript,* by Soren Kierkegaard, Ed. and trans. by Howard V. Hong and Edna H. Hong, Princeton University Press, 1992, p.189.

80 *Concluding Unscientific Postscript,* by Soren Kierkegaard, Ed. and trans. by Howard V. Hong and Edna H. Hong, Princeton University Press, 1992, p.190.

81 另见张祥龙、王建军在《致死的疾病》中的"中译本导言"，第 3 页。克尔凯郭尔著：《致死的疾病》，张祥龙、王建军译，北京：商务印书馆，2012 年。

82 熊伟主编：《存在主义哲学资料选辑》（上册），北京：商务印书馆，1997 年，第 16 页。*Concluding Unscientific Postscript,* by Soren Kierkegaard, Ed. and trans. by Howard V. Hong and Edna H. Hong, Princeton University Press, 1992,p.192.

在客观的反思之下，"经验的存在"成为"客体"，而主体通过"中介"可以认识此客体。中介是黑格尔思辨哲学的概念，认知主体经由中介达至绝对精神，而绝对精神也就等同于上帝自身。因着中介的存在，认知主体与真理的客体无关。客观的反思归属于认知主体，而认知主体与真理的客体无关，如此，中介因取消了认知主体，而使得客观的反思成为"抽象的我"的反思，而不是实存者的反思，"如果中介原则保持在生存自身中而成为中介原则，即，处于永恒的类之中，而可怜的生存着的个人却被限制在生存的桎梏中，那么中介原则还会有助于生存着的个人吗？"[83]因客观的反思脱离了实存者，所以又回到了抽象的存在于思维的同一性。这里的前提是，思维与存在不能脱离认知主体。

在主体的反思之下，"经验的存在"本身与"主体"息息相关，真理是主体与"经验的存在"的关系。"由于询问者所强调的正是他是一个生存着的个人，看来上述两条途径中特别强调生存的那一条尤可荐之。"[84]克尔凯郭尔在"经验的存在"概念中，已经预设了"个体"的实存，对于生存者而言，思维与存在的关系，转变成主体的主观反思与存在的关系。克尔凯郭尔认为，主观的反思是个体的内向性深化的过程，"主观的反思将注意力内转指向主体，渴望在内在性的强化中把握真理。它以这种方式进行：正如在客观的反思中，客观性成为存在，主体性化为乌有；而在主观的反思中，当主体的主体性达到最后的阶段，客观性变成了消隐的因素。"[85]克尔凯郭尔是在黑格尔的概念之下，指明了黑格尔的矛盾，从而提出自己的观点。

对于克尔凯郭尔和黑格尔，他们共有的前提"思维与经验的存在的同一性"，但是，在此前提下，克尔凯郭尔提出了与黑格尔的客观的反思（思辨理性）完全不同的真理观，即"主体性即真理"、"内向性即真理"。

针对客观性即真理，克尔凯郭尔提出主体性即真理，以此使得理性不能脱离认知者来认识真理本身。不只如此，克尔凯郭尔认为，主体性的深化是

---

83 熊伟主编：《存在主义哲学资料选辑》（上册），北京：商务印书馆，1997 年，第 16 页。*Concluding Unscientific Postscript,* by Soren Kierkegaard, Ed. and trans. by Howard V. Hong and Edna H. Hong, Princeton University Press, 1992, p.192.

84 熊伟主编：《存在主义哲学资料选辑》（上册），北京：商务印书馆，1997 年，第 18 页。*Concluding Unscientific Postscript,* by Soren Kierkegaard, Ed. and trans. by Howard V. Hong and Edna H. Hong, Princeton University Press, 1992, p.193.

85 熊伟主编：《存在主义哲学资料选辑》（上册），北京：商务印书馆，1997 年，第 21 页。*Concluding Unscientific Postscript,* by Soren Kierkegaard, Ed. and trans. by Howard V. Hong and Edna H. Hong, Princeton University Press, 1992, p.196.

非真理，"如此，主体性、内向性是真理。有比之更为内向的表达么？有，条件是关于'主体性，内向性即真理'以如下方式开始，'主体性即非真理'。"[86]此处的"非真理"意味着，主体自身成为真理认识过程的障碍。黑格尔的"主体性即非真理"的意思是，主体性在"扬弃"之前是"非真理"，通过中介，主体性成为客观性的真理。[87]克尔凯郭尔则将此"非真理"归结为主体的自由造成的，并称之为"罪"。因主体之罪是由主体造成的，所以主体性即真理是主体由罪向真理的再度"生成"，此生成来自于主体的激情。

主体性即非真理，以及主体之罪性意味着：

首先，理性不能脱离主体性来对真理进行客观的认识。理性把握真理（即绝对悖论）来自于"疯狂的"激情，"缺乏内在性也是疯癫。客观真理本身决不能确断凡谈及它的人就是神志正常的；相反，它甚至反而显露出他的疯癫来，尽管他说的东西可能完全正确，尤其在客观上是正确的。"[88]换言之，持"客观性即真理"的主体，并不是在知性的限度内来探讨真理，而是出于"以激情去拥抱客观性"。如此，理性与信仰对象的关系已经转化为主体的激情与信仰对象的关系。

第二，理性不能认识基督教的信仰对象。对于苏格拉底而言，真理本身不是悖论，如此，当真理与主体的生存相连时，真理显为"客观的不确定性"。对于基督教而言，真理（永恒-实存）自身就是悖论，（因主体性即非真理，主体不能通过回忆在先实存获得真理，）主体通过对"悖论"的认识而从心获得真理。此"悖论"是时间的永恒化，是永恒的时间化，对人的理性而言就是"荒谬"，"荒谬是什么？荒谬就是——永恒真理在时间中生成，就是上帝进入实存，他曾出生、成长、如此等等，就像任何别的个人一样，与他们毫无

86　*Concluding Unscientific Postscript,* by Soren Kierkegaard, Ed. and trans. by Howard V. Hong and Edna H. Hong, Princeton University Press, 1992, p.207.另见，*Concluding Unscientific Postscript,* by Soren Kierkegaard, Ed. and trans. by Howard V. Hong and Edna H. Hong, Princeton University Press, 1992, pp.209-210.

87　*Concluding Unscientific Postscript,* by Soren Kierkegaard, Ed. and trans. by Howard V. Hong and Edna H. Hong, Princeton University Press, 1992, p.207.关于黑格尔的"主体即非真理"的理解，笔者与梁卫霞的诠释不同，见，"克尔凯郭尔真理观之澄清"，梁卫霞撰，《基督教思想评论》（第四辑），上海人民出版社 2006 年，第 262 页。

88　熊伟主编：《存在主义哲学资料选辑》（上册），北京：商务印书馆，1997 年，第 19 页。*Concluding Unscientific Postscript,* by Soren Kierkegaard, Ed. and trans. by Howard V. Hong and Edna H. Hong, Princeton University Press, 1992, p.194.

区别。"[89]此荒谬对人的理性而言是不可识别的。

综上所述，首先，因主体性即真理，理性属于认知主体，不能成为判定真理的标准。其次，主体性因"罪"处于非真理之中，基督教的认识对象"悖论"是不可以直接认识的，所以，理性不能认识"悖论"。

4.4 小结

克尔凯郭尔把耶稣基督的历史与个体的自由联系在一起。区别于黑格尔的本质的历史（世界历史），克尔凯郭尔认为，历史包含主体的自由，此自由使得历史不至于滑入人的观念的构造，而与现实性相关；历史的现实性是可能性和必然性的统一[90]，如此，克尔凯郭尔把历史限定为"实存历史"，仅仅与主体相关。在把个体自由与历史连接的过程中，克尔凯郭尔意图为耶稣基督的信仰辩护，正因为，道成肉身是上帝的意志的决断，所以道成肉身的历史是个体所无法直接认识的，如此，耶稣基督就不是人的观念的构造。

本质的历史（世界历史）来自于黑格尔的思辨理性对历史的抽象。本质的历史带来了耶稣基督的人性被忽视，因而，面对本质的历史，就必须对理性的范围加以规定。面对黑格尔的思辨理性，克尔凯郭尔认为，理性是有限度的，同时，因理性归属于有罪的人，所以，并不存在客观的认识真理的"理性"。

理性的有限性表现在，首先，传统的关于上帝的存在的证明只是局限在观念性的存在，并不能由此推导出上帝的事实性的存在。其次，关于"神迹"的问题，克尔凯郭尔认为，神迹不能起到像传统的基督教所认为的"证明"的作用，反而因着施行者耶稣基督而成为个体冒犯的可能性。第三，理性的有限性表现在苏格拉底的"无知之知"，理性所能认识的是"未识之神"，克尔凯郭尔肯定了苏格拉底把握"未识之神"的激情。

克尔凯郭尔认为，主体性即真理。他使得理性归属于认识的主体，所以，理性不能从主体抽象出来，从而成为信仰（或启示）的判定者。同时，克尔

---

89 熊伟主编：《存在主义哲学资料选辑》（上册），北京：商务印书馆，1997 年，第 29 页。译文依据亨格译本有所改动。*Concluding Unscientific Postscript,* by Soren Kierkegaard, Ed. and trans. by Howard V. Hong and Edna H. Hong, Princeton University Press, 1992, p.210.

90 克尔凯郭尔著：《致死的疾病》，张祥龙、王建军译，北京：商务印书馆，2012 年，第 43 页。

凯郭尔认为，主体性即非真理，主体的自由造成了自身处于非真理的状态，即罪。正常的理性（或知性）归属于主体，理性因主体之罪性而不能认识真理。

第 5 章　信仰与绝对悖论

　　在克尔凯郭尔看来，基督教的信仰对象耶稣基督不是历史知识的对象，也不是理性（或知性）认识的对象，而是信仰的对象。

　　在《恐惧与战栗》中，克尔凯郭尔写道："一旦他踏上通往信仰的羊肠小道，没有人再会给他忠告，因为无人能理解他的境遇。信仰是奇迹，但它并不将任何人排除在外。因为，将整个人类生活联系在一起的是激情，而信仰，正是一种激情。"[1]、"信仰是人类之中最高的激情。"[2]在克尔凯郭尔看来，信仰归属个体的内向性，在其中，个体与绝对者上帝建立绝对的关系。在绝对性中，伦理的普遍性被悬置，不能作为个体生活的向导。个体的激情进入与绝对者的绝对关系中，在此会面临内在性的深渊，此深渊是双重的，表现为"魔性"与"神性"。激情使得每一个人在绝对者面前都是平等的，个体朝向上帝的信仰本身也就是最高的激情。

　　在《哲学片断》中，克尔凯郭尔提出了个体的永恒幸福的问题，在取消了个体与基督之间的历史距离（或时间距离）之后，克尔凯郭尔认为，永恒幸福是个体面向上帝的激情，此激情是个体意志的朝向，在经历面对基督事件之后的冒犯的可能性之后，个体或者选择信仰，或者选择冒犯。在《附言》中，克尔凯郭尔提出了激情的两种形式，回应的是个体永恒幸福的问题，第一种形式是宗教 A，第二种形式是宗教 B。此处的"宗教"可以理解为"敬虔"。[3]宗教 A 是个体内在性的敬虔，宗教 B 是在耶稣基督面前的敬虔，宗教

1　基尔克果著:《恐惧与战栗》，赵翔译，北京:华夏出版社，2014 年，第 81-82 页。
2　基尔克果著:《恐惧与战栗》，赵翔译，北京:华夏出版社，2014 年，第 162 页。
3　在基督教传统中，"宗教"与"敬虔"紧密相关。比如，加尔文的 *Institutes of the Christian Religion* 中的 "religion" 就可以作"敬虔"来理解。而在施莱尔马赫的

A 是宗教 B 的预备。为解决黑格尔哲学排斥个体激情的做法，克尔凯郭尔突出了个体的激情。同时，克尔凯郭尔认为，个体的激情如果没有突破自身的内在性，始终只是个体的"呓语"，并未建立与超越性的存在的关系。换言之，个体的永恒幸福是个体（主体）与耶稣基督（主体）之间的实存方面的关联。

5.1 宗教 A 的激情

5.1.1 舍弃

个体在宗教 A 的激情表现为舍弃（resignation）、受苦（suffering）、罪责（guilt），受苦是舍弃之深化，罪责是受苦之深化。依照舍弃的对象，舍弃分为两类，一类是对现实世界某一特殊事物的舍弃；一类是对现实世界之总体的无限的舍弃。克尔凯郭尔认为，人是由他者建立的存在，人由有限之物建立的自我一种直接性的自我，人由无限的永恒建构的自我是无限自我。[4]舍弃的无限性（无限舍弃）意味着个体面对永恒，意识到现实世界之总体并不是终极的，应是无限舍弃的对象。[5]自我在无限舍弃的过程中必然经历"绝望"。自我是有限和无限的综合，自我的无限化是远离有限性的过程，因而，个体会经历自我之绝望。

单就"舍弃"而言，个体的激情可以有两个面向：一是审美的面向，指个体无限舍弃有限世界。一个是宗教面向，指个体在自我无限化的过程中，保持同有限世界的联系。在宗教面向中，无限者是个体行动的绝对目的，有限者是个体行动的相对目的。宗教 A 的激情表现为，个体在建立与绝对者的

《论宗教》一书中，宗教与敬虔可以互用。由基督教的传统观之，克尔凯郭尔称自己为"宗教作家"以及"宗教 A"、"宗教 B"中的"宗教"一词，不取比较宗教学中"实定宗教"的意义，而是更多意指"敬虔"。参见孙毅撰，"中译本导言"，加尔文著：《基督教要义》，钱曜诚等译，孙毅、游冠辉修订，北京：三联书店，2010 年，第 10-11 页。施莱尔马赫著：《论宗教》，邓安庆译，北京：人民出版社，2011 年。

4　克尔凯郭尔著：《致死的疾病》，张祥龙、王建军译，北京：商务印书馆，2012 年，第 96 页。

5　克尔凯郭尔著：《致死的疾病》，张祥龙、王建军译，北京：商务印书馆，2012 年，第 165 页。

绝对关系，绝对者是个体的绝对目的，同时，又与相对者建立了相对的关系，有限者（现实世界）是个体的相对目的。

当个体以有限之物为其绝对目的之时，此为自我把有限之物无限化的趋向；当个体以无限者为绝对目的之时，此为自我的无限化过程。对克尔凯郭尔而言，若无限者只是自我构建的对象，则个体始终处在绝望中，而没有永恒幸福。真正的永恒幸福是在上帝面前与绝对的目的建立绝对的关系，与相对建立相对的关系。[6]

克尔凯郭尔认为，绝对目的不在个体的有限性之中，"最高的目的不是某物，因为如此他就相对地对应于某物从而是有限的。但是绝对地意愿有限之物是一个矛盾，因为有限确实终结了，并最终来到不再意愿的某个时间点。"[7]换言之，有限与无限是个体实存中的矛盾，在此矛盾中，个体必须做出舍弃。克尔凯郭尔说到："在直接性中，个体深深地植根于有限之中；个体绝对地朝向绝对的目的，当此舍弃被确信时，万物被改变，根源被斩断。他生活在有限之中，但是他在其中没有自己的生命。如同其他人的生命一样，他的生命有一个人类的实存的多个谓词，但是他在他们之中，就像一个穿着借来的衣服的异乡人一样走来走去。他是一个在有限世界之中的异乡人，但是他并不由穿戴洋装标明与世俗的区别（这是一个矛盾，因为他以世俗的方式规定自身）；他是不可认识者，但他的不可认识在于与每一个人看起来一样。"[8]克尔凯郭尔是一个基督教的思想家，但受到启蒙运动的影响。他的个体既有基督教的超越的一面，同时又是启蒙运动意义上的主体。弗兰克认为，主体的意识存在一个"匿名"结构，"'匿名'的意义在于，此结构之出现的确定性并不依赖于是否必须界定一个'所有者'（其拥有的自我意识现成地已经在这里）。"[9]克尔凯郭尔"个体"可以视为弗兰克所说的"所有者"。借用弗兰克的话，克尔凯郭尔在上述引文中的意思是，个体处于直接性之中，这个直接性是所有主体所共有的，但此直接性只是一个"X"，个体性被隐藏在此"X"

6 *Concluding Unscientific Postscript,* by Soren Kierkegaard, Ed. and trans. by Howard V. Hong and Edna H. Hong, Princeton University Press, 1992,p.407.

7 *Concluding Unscientific Postscript,* by Soren Kierkegaard, Ed. and trans. by Howard V. Hong and Edna H. Hong, Princeton University Press, 1992,p.394.

8 *Concluding Unscientific Postscript,* by Soren Kierkegaard, Ed. and trans. by Howard V. Hong and Edna H. Hong, Princeton University Press, 1992,p.410.

9 参见弗兰克著：《个体的不可消逝性》，先刚译，北京：华夏出版社，2000 年，由弗兰克撰写，"中译本前言"，第 1 页。

之中了。为成为个体，个体必须从直接性中挣脱出来，必须对直接性做出舍弃。[10]克尔凯郭尔的个体与直接性的关系与海德格尔的"此在"与"周围世界"的关系在思维的结构上是一致的。个体如何以无限者为绝对目的，同时又以有限者为相对目的呢？

首先，克尔凯郭尔坚持了宗教的激情与审美的激情（或诗的激情）的区别。在克尔凯郭尔的著作中，永恒幸福、绝对目的和上帝三个词汇虽然出现在不同的语境中，但含义相同。[11]宗教的激情（或实存的激情）指，永恒幸福/绝对目的/上帝不只是个体观念中的对象，它还作用于个体，使个体的实存得到完全的改变。审美激情指，永恒幸福只是在个体的观念中，与个体的实存无关。[12]克尔凯郭尔认为，基督教与个体的永恒幸福紧密相关，审美激情关注的是外在于实存的观念，并不将此观念用于自身。在《恐惧与颤栗》中，克尔凯郭尔说到，"上帝创造了男人和女人，同样也塑成了英雄和诗人——后者也叫演说家，他不具有英雄的才华，他所能做的只是崇拜、热爱，以及从英雄那里汲取欢乐。不过，说到幸福感，他却并不必羡慕英雄；英雄是诗人更理想的自我，后者会庆幸自己不必真的成为英雄。"[13]克尔凯郭尔在此批判的是"基督教世界的异教"。审美者（诗人）的激情不能称之为"激情"，原因是，审美者仅仅停留在观念中，缺乏现实性，并不像英雄那样是现实中的行动者。审美的激情表达为言辞，实存的激情表达为行动，言辞与可能性相关，而行动则与现实性相关，现实性使得实存的激情不至于落入审美的激情。[14]

第二，舍弃是个体的内向性的行动，不以外在性为判别的标准。在克尔凯郭尔的时代，基督教界的信仰者同时是国家的公民，因基督教与世俗社会的趋同合一，从社会层面来看，信仰者并没有外在性的差异。对克尔凯郭尔

10 参见弗兰克著：《个体的不可消逝性》，先刚译，北京：华夏出版社，2000 年，由弗兰克所作的"中译本前言"。克尔凯郭尔的个体同属于哲学的"主体"，可见于弗兰克此书的，第 17 页和第 28 页。

11 David R. Law, "Resignation, Suffering, and Guilt in Kierkegaard's Concluding Unscientific Postscript to ' Philosophical Fragments'", IKC, vol.12.ed.by Robert L. Perkins, Mercer University Press,1997, p.264.

12 *Concluding Unscientific Postscript,* by Soren Kierkegaard, Ed. and trans. by Howard V. Hong and Edna H. Hong, Princeton University Press, 1992,p.387.

13 基尔克果著：《恐惧与战栗》，赵翔译，北京：华夏出版社，2014 年，第 15 页。

14 *Concluding Unscientific Postscript,* by Soren Kierkegaard, Ed. and trans. by Howard V. Hong and Edna H. Hong, Princeton University Press, 1992,p.390.

来说，在基督教界有两种幻相："首先，丹麦的国家教会无可置疑地与现存的社会秩序相认同：基督教和教会都不能从代表一般性和普遍性的现存秩序中取得合法性；其次，历史是神在尘世的道成肉身，现代文化是自基督以来历史的合法继承人。"[15]基督教的世俗化使得个体的宗教性（包括舍弃）无法只是给予外在性的表达，"在某种意义上，以如下方式谈论个体的内在性是有些让人吃惊的，即个体的内在性或在或不在，都没有被外在地直接地识别出来。但是，以这种方式谈论内在也是光荣的——如果内在的话——因为准确地说，这是对内向性的表达。一旦内在性被决定性地、可通约地、外在地表达，我们就有了修道运动。"[16]个体的舍弃从现实世界辨认出来，如同《恐惧与颤栗》中的"税吏"一样，在世俗生活中，他是一个市民，而同时，他又是一个信仰骑士。[17]从历史来看，在早期基督教，个体的激情（包括舍弃）可以从外在表现出来，比如殉道者；在中世纪，个体的内在与外在的一致性的现实表达便是修道运动；而在现代，因着基督教与世俗社会缺乏距离，社会的主流是新教文化，表面上看，基督教界就是基督教，但对克尔凯郭尔而言，基督徒在外在形式上是基督教界的一份子，但内在的信仰却千差万别。个体的内在不能以外在为判别的标准，当然，这并不是说，个体的内在没有现实性的表达。相反，个体的内在性一定有外在的表达，如此，个体才能进入现实性。但是此外在表达对于其他个体而言是不可辨别的。[18]

克尔凯郭尔在对舍弃的探讨中回到了原初的基督教，只有在原初的基督教，个体的激情才以外在性表达出来，这种外在性对当时的犹太文化和希腊罗马文化而言，都是不可通约的。与此同时，克尔凯郭尔对照了中世纪的修远运动与现代哲学。对中世纪的修远制度来说，个体的激情表现为在修道院中的修道，修道在社会中的表现是，修道者受到社会中的普通信仰者的敬重，甚至被视为"圣人"。克尔凯郭尔以同理心来看修道者，"对我来说，这似乎是最为可怕的事情，是对神圣者（the holy）的亵渎，是对与绝对目的的绝对

15　Wilhelm Anz, "Kierkegaard on Death and Dying", Kierkegaard: A critical Reader, ed. by Jonathan Ree and Jane Chamberlain, Wiley-Blackwell, 1998, p.39.

16　*Concluding Unscientific Postscript,* by Soren Kierkegaard, Ed. and trans. by Howard V. Hong and Edna H. Hong, Princeton University Press, 1992, p.407.

17　基尔克果著：《恐惧与战栗》，赵翔译，北京：华夏出版社，2014 年，第 42-44 页。

18　*Concluding Unscientific Postscript,* by Soren Kierkegaard, Ed. and trans. by Howard V. Hong and Edna H. Hong, Princeton University Press, 1992, p.414.

关系的背叛。"[19]克尔凯郭尔认为，在修道院（此为社会层面），神圣者有被非神圣者混淆的危险。

但是，克尔凯郭尔肯定了修道者自身在修道过程中的激情，并认为这是现代哲学所缺乏的。现代哲学视修道为一个疯狂，恰恰反映了基督教世俗化的现象。与此不同，克尔凯郭尔肯定了中世纪的激情，但他认为，此激情不能作为善工来获取恩典，"一个实存着的人，在想要获取在永恒面前才可能存在的平等性上，毫无功绩可言。对于一个实存着的人，激情的决断准确地说是最大化"[20]，"在修道运动中，至少有对绝对目的的激情和敬重。但是修道运动决不能被作为有功绩的事；相反，它必须在上帝面前谦卑，不能不带有一定程度的羞耻感。"[21]换句话说，面对绝对者，舍弃必然带来的是个体激情的"绝望"。一方面，此激情本身是朝向绝对目的的第一步；但另一方面，因着个体在有限与无限之间必然出现的"绝望"，此激情不能作为"功绩"来取代恩典。在克尔凯郭尔看来，信仰是个体与绝对者的关系，个体对有限性的舍弃以及重新回到有限性，这个过程发生在个体的内在性中。当然，回到内在性并不是观念领域的事情，它是对内在性的中断，个体经由此中断建立个体与绝对者的关系。

第三，舍弃并不能经由中介发生，而是在绝对之中经历现实性。克尔凯郭尔关注的是个体的永恒幸福，永恒幸福是个体的绝对目的，也同时是上帝自身。[22]基于创造之初上帝与受造物的分别[23]，克尔凯郭尔认为，绝对目的不能作为相对目的，此差异性是质的区别。就人与上帝的关系而言，上帝与人之间的关系不是直接的相似性，而是绝对的相异性。[24]如果绝对的目的不

---

19 *Concluding Unscientific Postscript,* by Soren Kierkegaard, Ed. and trans. by Howard V. Hong and Edna H. Hong, Princeton University Press, 1992,p.416.

20 *Concluding Unscientific Postscript,* by Soren Kierkegaard, Ed. and trans. by Howard V. Hong and Edna H. Hong, Princeton University Press, 1992,p.413.

21 *Concluding Unscientific Postscript,* by Soren Kierkegaard, Ed. and trans. by Howard V. Hong and Edna H. Hong, Princeton University Press, 1992,p.414.

22 *Concluding Unscientific Postscript,* by Soren Kierkegaard, Ed. and trans. by Howard V. Hong and Edna H. Hong, Princeton University Press, 1992,p.387.另见，David R. Law, "Resignation, Suffering, and Guilt in Kierkegaard's Concluding Unscientific Postscript to ' Philosophical Fragments'", IKC, vol.12. ed. by Robert L. Perkins, Mercer University Press,1997, p.264.

23 克尔凯郭尔著:《十八训导书》，吴琼译，北京：中国工人出版社，1997 年，第 83 页。另见，*Concluding Unscientific Postscript,* by Soren Kierkegaard, Ed. and trans. by Howard V. Hong and Edna H. Hong, Princeton University Press, 1992,pp.246-247.

24 *Concluding Unscientific Postscript,* by Soren Kierkegaard, Ed. and trans. by Howard V. Hong and Edna H. Hong, Princeton University Press, 1992, p.412.

是相对的目的，那么，人朝向永恒就不能通过中介来完成。中介是把绝对与相对混淆之后才表明，人可以在观念中得到永恒幸福，而无需经历生存的决断。[25]

黑格尔的中介是实体（现实世界）到上帝（绝对精神）的通道，但是从个体的实存角度来看，绝对只是个体的观念，在由实体到上帝的过程中，绝对和相对并没有界限，如此，"当它是关于相对的因素的问题时，中介有其意义，（也就是说它们在中介面前都是平等的），但是，它是关于绝对目的（telos）的问题时，中介意味着绝对目的被简化为相对目的。"[26]克尔凯郭尔认为，人是有限和无限的综合，而不是有限和无限的分离（out of）。[27]在有限和无限的分离中，自我的无限化运动才会和有限性脱离，从而只是在存在(being)和观念领域的运动。在有限和无限的综合中，自我并不由有限或无限单方面决定，而是自我在无限化运动中突破了观念，而返归到了个体的实存，这便是生成（becoming）。在《致死的疾病》中，克尔凯郭尔认为，个体的生成是绝望，人在有限和无限之间的构建必然失衡，正是通过绝望，克尔凯郭尔把突破内在性的耶稣基督通过绝对悖论引入到个体的实存中。[28]

舍弃是无限与有限之间的综合，对个体而言，这是一组矛盾。对黑格尔而言，同一律高于矛盾律，中介便是通过对矛盾双方的扬弃从而达至实体到绝对精神的同一。在克尔凯郭尔看来，同一律只是显明了"边界"。克尔凯郭尔分离了体系和实存，体系只适用于上帝，对个体的实存而言是不可能的。[29]"边界"意味着，人与神之间有一个连接点，但这个连接点对个体的实存而言是未知的。克尔凯郭尔认为，对个体的实存而言，矛盾律高于同一律，"同一比起矛盾是低一级的观点，因为矛盾更加具体……与其说同一律取消了矛盾律，不如说矛盾律取消了同一律，或者，正如黑格尔经常说的，让它'回

25　*Concluding Unscientific Postscript,* by Soren Kierkegaard, Ed. and trans. by Howard V. Hong and Edna H. Hong, Princeton University Press, 1992，p.402.

26　*Concluding Unscientific Postscript,* by Soren Kierkegaard, Ed. and trans. by Howard V. Hong and Edna H. Hong, Princeton University Press, 1992, p.400.

27　*Concluding Unscientific Postscript,* by Soren Kierkegaard, Ed. and trans. by Howard V. Hong and Edna H. Hong, Princeton University Press, 1992, p.420

28　克尔凯郭尔著：《致死的疾病》，张祥龙、王建军译，北京：商务印书馆，2012 年，第 34-41 页。

29　*Concluding Unscientific Postscript,* by Soren Kierkegaard, Ed. and trans. by Howard V. Hong and Edna H. Hong, Princeton University Press, 1992,p.109.

到始基'（Ground）"[30]同一律从实存而来，而非向实存而去。对黑格尔来说，始基就是绝对精神的无，只有在对实存的抽象中，作为结果的绝对精神才能回到始基，同一性才会达成。对克尔凯郭尔而言，始基就是实存，实存是由有限到无限的矛盾构成，从而，回到始基就是在对有限的无限舍弃之中，又再度回到有限。

克尔凯郭尔认为，个体在做出无限舍弃的同时，又需在现实性中实现出来，"任务是以如下方式操练与绝对目的的绝对关系，个体尽心竭力达到极致：将自身同时相关于绝对目的和相对目的——不是中和它们，而是将自身绝对地相关于绝对目的，相对地相关于相对目的。后者的关系属于世界，前者的关系属于个体自身，同时，困难在于，把自身绝对地相关于绝对目的，其后在同一时刻，像其他人一样参与此事与彼事。"[31]在此，无限或永恒与现实性相互关联，与此相应的是克尔凯郭尔所用的"瞬间"概念。然而，瞬间是永恒性对时间性的扬弃，在现实性中的表达是"时间充满"，即耶稣基督。个体的现实性同样建立在瞬间的基础上。因为在宗教 A 中，个体只是在内在性中寻求超越性的上帝，所以，个体的舍弃依然是个体的主体的努力，并未与耶稣基督建立实存层面的关系。

第四，从伦理与宗教的角度来看，舍弃意味着悬置伦理。从黑格尔的角度看，悬置伦理是不可能的，伦理属于普遍性，对每一个个体的生命进行规范。如果伦理的普遍性可以悬置，那么伦理便不是最终的目的。如此，黑格尔认为，绝对精神在人类历史中的展开，从而形成国家（伦理），以及最终走向绝对精神本身。如此，伦理有两个表现，一方面，作为绝对精神的一个环节的伦理，此表现为，习俗，习惯，国家等。另一方面，作为绝对精神本身的最终的伦理。无论伦理是两个之中的哪一种，伦理都具有普遍性。"悬置伦理"，此伦理指作为绝对精神的一个环节的伦理，那么，此与绝对精神（客观真理）的普遍性相冲突。[32]对克尔凯郭尔来说，上帝与人之间具有无限的质的差异性，黑格尔的"绝对精神"只是人的观念；如此，习俗、习惯等的伦理是相对的伦理，伦理的普遍性归属于神性，个体无法把握此普遍性。[33]伦理的

30 *Concluding Unscientific Postscript,* by Soren Kierkegaard, Ed. and trans. by Howard V. Hong and Edna H. Hong, Princeton University Press, 1992, p.421.

31 *Concluding Unscientific Postscript,* by Soren Kierkegaard, Ed. and trans. by Howard V. Hong and Edna H. Hong, Princeton University Press, 1992, p.407.

32 基尔克果著：《恐惧与战栗》，赵翔译，北京：华夏出版社，2014 年，第 62-64 页。

33 基尔克果著：《恐惧与战栗》，赵翔译，北京：华夏出版社，2014 年，第 83 页。

普遍性因其不可把握，对个体的内在性而言，舍弃反而成为一个诱惑。在《恐惧与颤栗》中，克尔凯郭尔对《圣经·创世记》中"捆绑以撒"（Akedah,the binding of Isaac）的叙事做了诠释。在克尔凯郭尔看来，亚伯拉罕献子事件是亚伯拉罕对以撒的无限的舍弃，但献子事件与理性的伦理之普遍性相冲突，这使得亚伯拉罕进入到自我与绝对的关系之中。伦理的普遍性与神的启示相冲突，因而伦理对于亚伯拉罕而言是一个诱惑。[34]克尔凯郭尔悬置伦理的普遍性，是个体面对上帝时在理性层面的清醒和谦卑。在悬置伦理之后，克尔凯郭尔使得个体与绝对者建立绝对的关系，并在此关系中转变个体的实存，顺服于至善。[35]

克尔凯郭尔悬置的伦理，是黑格尔的普遍性的伦理，换句话说，黑格尔的普遍性的伦理因仅适用于绝对精神，而对实存没有规定性。除黑格尔的伦理之外，克尔凯郭尔另有一种生存伦理。对黑格尔的伦理来说，善与恶在世界历史中同时出现，对同一个事件来说，既是善的，又是恶的。但对克尔凯郭尔而言，善与恶必定是属于个体的实存，因而面对善恶，个体必须做出选择，为善或为恶。

因上帝的意志是个体所无法知道的，所以，上帝的善对个体而言同样是未知之事。就"存在"而言，上帝的善和意志是统一的，但此仅仅是归属于人的观念里的统一。从"实存"来讲，实存面对的是具体的伦理，"至善"在此具体处境中的不可知，是个体由观念性到现实性的深渊。确定性在观念里是存在的，但在现实性中，个体面对深渊必然有一种不确定性。深渊拉开了观念性与现实性的距离，从而使得个体的实存决断成为可能。

舍弃意味着，个体进行无限性的运动，首先对现实性给予否定，在否定之中，个体面对观念性与现实性之间的深渊。同时，永恒幸福要求个体再度与现实性取得关联，此现实性就变为不确定性。不确定性要求个体在现实性中做出决断，此决断就表现为"冒险"，冒险突破了个体的内在性，从而避免了观念中的"回忆"，而进入到向未来开放的时间性中。[36]

---

34 基尔克果著：《恐惧与战栗》，赵翔译，北京：华夏出版社，2014 年，第 63 页。

35 *Concluding Unscientific Postscript,* by Soren Kierkegaard, Ed. and trans. by Howard V. Hong and Edna H. Hong, Princeton University Press, 1992, p.389.

36 *Concluding Unscientific Postscript,* by Soren Kierkegaard, Ed. and trans. by Howard V. Hong and Edna H. Hong, Princeton University Press, 1992, p.424.

5.1.2 受苦

受苦是个体宗教性的第二个环节，是宗教 A 的激情的深化。舍弃与绝对目的有关；受苦除了具备舍弃的特征外，还与绝对的善有关，绝对的善是绝对目的在个体现实性的表达。可以说，受苦是舍弃在个体身上更具体的体现。

对克尔凯郭尔而言，受苦是承受的，而非主动的，"我们的语言正确地将不受掌控的情绪状态称为心灵的受苦（the suffering of mind），尽管在使用"衷情"（affect）一词时，我们常常想到震惊我们的惊撼大胆，因为这个缘故，我们忘记了"衷情"是一种受苦。诸如，骄傲，违抗等等。"[37]在此，克尔凯郭尔认为，个体的情感受外力影响而不受掌控，这是心灵被动的状态，是受苦。

克尔凯郭尔的研究者埃文斯（C.S.Evans）认为，克尔凯郭尔使用丹麦文的"受苦"（Lidelse）语义含混。该词来自动词"去受苦"（at lide），两个词对应的英文词是"suffering"和"to suffer"，埃文斯认为"受苦"在丹麦文和对应的英文中的含义是接近的，在克尔凯郭尔的语境里，"去受苦（to suffer）不只是意味着感到疼痛；它的主要含义原本是'去使，去允许，去承受或对某物采取消极的关系'"，而受苦的含混性也就表现在，一方面，它指个体情感层面的痛苦；另一方面，个体知道受苦来自于个体与上帝的关系。对于后一种关系，"宗教的受苦是消极地针对上帝的行动，允许上帝指引和掌管自己生命"[38]。无论个体对上帝的反应如何，其行动都是在个体受到上帝的作用之后发生的，具体而言，这个作用是上帝对人的爱。

在受苦的环节，个体如何与绝对的善建立绝对的关系，与相对的善建立相对的关系呢？

---

37 该引文由笔者根据 Hong 译本译出。*Philosophical Fragments; Johannes Climacus*, by Soren Kierkegaard, Ed. and trans. Howard V. Hong and Edna H. Hong, Princeton University Press, 1985, p.49. 王齐译本的译法可见于，克尔凯郭尔著:《哲学片断》，王齐译，北京，中国社会科学出版社，2013 年，第 60 页。克尔凯郭尔对"affect"的理解接近于奥古斯丁的思想。关于"affect"一词的翻译，笔者借用周士良先生在奥古斯丁《忏悔录》中的译法，参见《忏悔录》11:1，周士良译，北京：商务印书馆，1963 年，第 231 页。另见张荣的解读，张荣著:《自由、心灵与时间——奥古斯丁心灵转向问题的文本学研究》,南京:江苏人民出版社,2010 年,第 207-208 页。

38 *Kierkegaard's "fragments" and "postscript": The Religious Philosophy of Johannes Climacus*.by C.S. Evans, Humanities Press, 1983, p.171,

首先，在舍弃阶段，审美的激情与宗教的激情相互对立；在受苦的阶段，此对立表现地更加具体。克尔凯郭尔说到："审美的激情保持自身与实存的距离，或者通过幻相呈现在实存中，而实存的激情把自身沉浸在实存的活动中（existing），用实存着（existing）的意识刺破所有的幻相，经由转化实存的行动变得越来越具体。"[39]在宗教 A 的第二个阶段，审美的直接性表现为幸运与不幸，相应的宗教的激情表现为内在的受苦。个体在受苦的阶段与现实性的关系更加紧密，个体的直接性在此表现为幸运。在审美之中，直接性是无矛盾的，个体内在的激情与外在的现实性是一致的，此一致性就表现为幸运。[40]当个体的内在的激情与外在的现实不相一致之时，此不一致性表现为不幸。但个体在不幸中并未体会到"受苦"，原因在于，不幸只是外在的受苦，并未与绝对的善建立绝对的关系，"如果他并没有从不幸中逃离，最终显明的是，他缺乏自我镇定（self-composure），也就是说，因为他不能理解不幸，所以他绝望了。"[41]

克尔凯郭尔将"不幸"称之为"命运"（fate）。从神正论的角度来看，这个世界存在着自然的恶和共同体的恶，这些都是外在的偶然事件，但是带给个体的却是不幸。个体无法摆脱恶带来的受苦就是"命运"。在《尼各马可伦理学》中，亚里士多德认为"幸福"是至高的，需要德行，但是他并没有排除财产等因素，换言之，对亚里士多德来说，"恶"带来的"不幸"可以摧毁一个人的"幸福"。但是克尔凯郭尔把此"不幸"仅仅限定在"直接性"中，当个体摆脱了外在的直接性之时，受苦就转变为内在的了。[42]内在的受苦与"喜乐"（joy）联系在一起，换言之，个体的永恒幸福最终是"喜乐"，但是所经历的个体激情的过程是"受苦"。[43]

第二，"受苦"是宗教的行动的标志。对克尔凯郭尔而言，矛盾律高于同一律，否定性是肯定性的标志。[44]宗教的行动的否定性表现在，个体舍弃有限

39　*Concluding Unscientific Postscript,* by Soren Kierkegaard, Ed. and trans. by Howard V. Hong and Edna H. Hong, Princeton University Press, 1992, p.432.

40　*Concluding Unscientific Postscript,* by Soren Kierkegaard, Ed. and trans. by Howard V. Hong and Edna H. Hong, Princeton University Press, 1992,pp.433-434.

41　*Concluding Unscientific Postscript,* by Soren Kierkegaard, Ed. and trans. by Howard V. Hong and Edna H. Hong, Princeton University Press, 1992,p.434.

42　*Concluding Unscientific Postscript,* by Soren Kierkegaard, Ed. and trans. by Howard V. Hong and Edna H. Hong, Princeton University Press, 1992, p.475.

43　*Concluding Unscientific Postscript,* by Soren Kierkegaard, Ed. and trans. by Howard V. Hong and Edna H. Hong, Princeton University Press, 1992, p.452.

44　*Concluding Unscientific Postscript,* by Soren Kierkegaard, Ed. and trans. by Howard V. Hong and Edna H. Hong, Princeton University Press, 1992, p.432.

世界，舍弃有限世界的幸运与不幸，如此，受苦便表现为本质的连续性。"幸运"与"不幸"仅仅是个体生命中的偶然事件，而受苦与自我紧密相关，涉及到自我与永恒者的关系，因此表现为本质性的连续性。在舍弃的环节，个体的激情表现为，与绝对的目的（telos，end, goal）建立绝对的关系，同时与相对的目的建立相对的关系。在受苦的阶段，个体的激情更加具体的表现为行动（action），进入与现实性的关联之中，也就是说，受苦是舍弃的具体化。在受苦中，行动转化个体的内在，而非对周遭世界的改变。周遭世界的改变仅仅是外在的，与个体的内在性无关，"非辩证的个体改变了世界，但他依然故我，没有改变。"[45]如果受苦不是宗教的行动的标志，否定性也不是肯定性的标志，那么，在个体与上帝之间必然出现一个"第三者"，这显明，个体与上帝的关系不是绝对的，"直接的关系是审美的，它暗示着，感恩之人并不将自己系于上帝，而是系于他自身关于幸运和不幸的观念……与上帝的关系只有一个证据，就是与上帝自身的关系；其他都是模棱两可的。"[46]换言之，幸运与不幸与自然世界的"恶"有关，是个体生命的偶然事件，个体与上帝的关系表现为不确定性，此不确定性就在于，个体无法从现实世界的"善"与"恶"来判定与上帝的关系。现实世界的"善"与"恶"仅是有限的目的论，而宗教表现为"善"与"恶"之前的意志的决断，即无限的目的论。[47]人的观念始终只是在相对的世界有效，并未建立与绝对者的绝对关系。真正的"受苦"悬置现实世界的"善"与"恶"，从而进入与终极者的终极关系之中。

第三，宗教的受苦表现为灵性的考验（spiritual trial），而非试探（temptation）。克尔凯郭尔认为，"灵性考验的范畴位于宗教的受苦之内，只有在那里，它才能被界定。"[48]灵性的考验表现在，在无限舍弃之后，受苦如果再度与现实性建立关系，就需经历灵性的考验。受苦的激情表现为，当个体与绝对的目的建立绝对的关系，同时又与相对的目的建立相对的关系，在此过程，灵性的考验一直存在，而在绝对的目的被去除，只保留相对的目的之

---

45 *Concluding Unscientific Postscript,* by Soren Kierkegaard, Ed. and trans. by Howard V. Hong and Edna H. Hong, Princeton University Press, 1992, p.433.

46 *Concluding Unscientific Postscript,* by Soren Kierkegaard, Ed. and trans. by Howard V. Hong and Edna H. Hong, Princeton University Press, 1992,p.446.

47 *Concluding Unscientific Postscript,* by Soren Kierkegaard, Ed. and trans. by Howard V. Hong and Edna H. Hong, Princeton University Press, 1992,p.452.

48 *Concluding Unscientific Postscript,* by Soren Kierkegaard, Ed. and trans. by Howard V. Hong and Edna H. Hong, Princeton University Press, 1992, p.458.

时，灵性的考验就停止了，取而代之的是"试探"。克尔凯郭尔说到，"当个体的最大化是与现实性的伦理关系时，试探是他最大的危险。……在试探中，较低的存在想诱惑个体；在灵性的试炼中，较高的存在似乎嫉妒个体，想要使他惧怕退后。"[49]如何理解这里的"较低"与"较高"呢？二者与主体的"位置"（position）相关。主体处在存在的链条之中，相对于最高的存在上帝，个体的自由意志因顺从最高的存在从而使得次一级的存在得以成为虚无（nothing），此为个体对上帝的敬拜（worship），而当个体的自由意志背离了最高的存在，次一级的存在就表现为"偶像"。[50]如此，伦理与现实性紧密相关，灵性的考验是个体顺从神的召唤；试探则表现为当个体朝向"次终极"（被造物）之时，次终极就显为诱惑。

在《忧惧之概念》中，个体首先处于灵魂和肉体的综合下，灵性（spirit，或译精神）只是在场，还未对魂与体进行综合，个体的忧惧表现为一种自由决断的可能性，"质的跳跃在一切模棱两可之外；但是如果一个人通过忧惧（anxiety）而变得有辜，那么，它无疑是无辜的，因为这不是他自己，而是那忧惧，一种外来的力量，抓住了他，一种他所不爱，而是对之感到忧惧(anxiety)的力量；但是他却无疑还是有辜的，因为他在忧惧之中沉沦，在他害怕这忧惧（anxiety）的同时，他也爱着它。"[51]质的跳跃意味着个体的自由成为了一种可以选择善与恶的可能性。而在质的跳跃之前，个体的自由仅仅是"能够"，具有模棱两可的含义。个体通过忧惧（anxiety）之所以既是有罪责的，又是无罪的，原因在于非存在（non-being）。非存在与个体的内在性有关，换言之，虚无（nothing）是脱离了最高的存在的非存在，虚无并不是本体论的存在，而是附

49 *Concluding Unscientific Postscript,* by Soren Kierkegaard, Ed. and trans. by Howard V. Hong and Edna H. Hong, Princeton University Press, 1992,pp.458-459.

50 *Concluding Unscientific Postscript,* by Soren Kierkegaard, Ed. and trans. by Howard V. Hong and Edna H. Hong, Princeton University Press, 1992,pp.246-247.参见奥古斯丁的观点，见克尔凯郭尔著：《哲学片断》，王齐译，北京：中国社会科学出版社，2013 年，第 23 页，脚注第 25 条。

51 克尔凯郭尔著：〈恐惧的概念〉（*The Concept of Anxiety*），(《畏惧与颤栗；恐惧的概念；致死的疾病》，北京：中国社会科学出版社，第 2013 年，第 200 页。为保持译名统一，笔者将 fear 译为"恐惧"，把 anxiety 译为"忧惧"或"不安"。京不特的译本则将 fear 译为"畏惧"，将 anxiety 译为"恐惧"。参见里达·索姆特译本，*The Concept of Anxiety*, by Soren Kierkegaard, Ed. and trans. by R.Thomte in collaboration with A.B.Anderson, Princeton University Press, 1980,p.43.

属于个体的自由，现实性（次终极）本身是值得肯定的。现实世界本身并不是恶的来源，恶的来源在于个体的自由。个体经历了由"非存在"向"存在"的转变。

在《忧惧之概念》中，克尔凯郭尔说到："在现代新哲学之中，人们对于'那不存在着的'的解读根本没有在本质上走得更远，尽管它认为自己是属于基督教的。希腊的哲学和现代哲学有着这样的立场：一切都是围绕着要去使得'非存在'（non-being）存在；因为要使之离开和消失，看起来是如此容易之至。基督教的观点则有着这样的立场：'非存在'（non-being）作为一种'虚无'(nothing)到处存在着，而从这'虚无'之中，各种事物被创造出来：作为外表和空虚，作为罪，作为远离'精神'的'感官性'，作为被'永恒'忘却了的'现世性'；所以这里的关键是要让'非存在'（non-being）消失而让'存在'（being）出现。"[52]克尔凯郭尔研究者卡尔松对此的评论是，"意识到从空无中创世的奇迹，就是意识到人的生活中具有不可忽略的非存在；由这一点出发必然会产生欲望、焦虑（anxiety，或译忧惧）和所有的可能性。"[53]以此来看，个体的忧惧显明了个体在上帝与受造物之间的自由决断（朝向）的可能性，"非存在"成为个体面对上帝与次终极之事的生存决断的可能性。个体的灵性的考验表现在，个体由"非存在"到"存在"的转变是生成，次终极在个体的"非存在"之中表现为"虚无"；试探则表现为，个体由"非存在"到"存在"的生成中，次终极在个体的"非存在"之中成为"偶像"。

5.1.3 罪责

克尔凯郭尔认为，罪责是实存激情的"决定性表达"[54]。与舍弃，受苦相比，罪责是个体激情的继续深化。

---

52 克尔凯郭尔著：〈恐惧的概念〉（*The Concept of Anxiety*），（《畏惧与颤栗；恐惧的概念；致死的疾病》，北京：中国社会科学出版社，第 2013 年，第 276 页。笔者将 non-being 译为"非存在"，将 nothing 译为"虚无"，将 being 译为"存在"。据里达·索姆特译本对部分译文做出修改，*The Concept of Anxiety*, by Soren Kierkegaard, Ed. and trans. by R.Thomte in collaboration with A.B.Anderson, Princeton University Press, 1980,p.83.

53 卡尔松，"基尔克果的可能性与消极性——唐·乔万尼与亚伯拉罕的焦虑"，娄林主编，《基尔克果的苏格拉底》，北京：华夏出版社，2012 年，第 119 页。

54 *Concluding Unscientific Postscript,* by Soren Kierkegaard, Ed. and trans. by Howard V. Hong and Edna H. Hong, Princeton University Press, 1992, p.526.

克尔凯郭尔区分了总体罪责（total guilt）与特殊罪责（particular guilt）。特殊罪责是指个体经验到的缺失，比如，憾事，疏忽，软弱。这与个体在时间性中经历的具体事件有关。[55]总体罪责是，当个体把特殊罪责与永恒幸福连在一起时，"上帝"（绝对）进入到个体意识之中，特殊罪责就上升为总体罪责。面向上帝，个体将特殊罪责上升到总体罪责。克尔凯郭尔认为，"总体罪责的优先性并无经验的规定性，没有数目上的总体，因为一个总体规定性从来不会数量式地产生。总体罪责之生成，乃因个体归并了他的罪责，将其系于永恒幸福，哪怕这罪责只有一次，哪怕这罪责完全微不足道。"[56]在基督教的传统中，抽象的罪意味着，所有的人都犯了罪，而基督则救赎了所有的人。[57]在克尔凯郭尔看来，这些命题只是教义，与个体的实存并无关联。总体罪责并不是观念上的罪责，此总体罪责与个体的实存相关。

总体罪责是特殊罪责与永恒幸福相结合而产生的个体意识。个体在"舍弃"与"受苦"这两个环节，个体经历有限性与无限性的张力（绝对的目的），个体面临相对的善与绝对的善之间的张力（绝对的善）。而在"罪责"意识中，个体与无时间性的永恒者相关（绝对的上帝本身）。在永恒者面前，特殊罪责成为个体实存中的记忆，此记忆中的特殊罪责暴露在永恒的审视之下，从而，使得罪责意识成为实存自身所不可消除的标志。换言之，特殊罪责是偶然的，与个体的永恒幸福无关；而总体罪责是本质的，与个体的永恒幸福相关。

具体来说，总体罪责具有如下特点：

首先，总体罪责是个体对罪责的永恒回忆的意识。克尔凯郭尔认为，个体的内在性并不等同于共同体的外在性。对罪责的永恒回忆不同于对具体罪责的回忆，前者是永恒性的，后者是时间性的。对罪责的永恒回忆是个体持续性的激情，其强度高过于特殊罪责。对罪责的永恒意识在"回忆"之中的"永恒性"在于，过去一次性的特殊罪责会在个体的"记忆"中重复出现，此回忆之"过去"不只终结在时间中的某一点，它会在时间中的未来再度出现。克尔凯郭尔将此称为"忧惧"，在《忧惧的概念》（The Concept of Anxiety）

55　*Concluding Unscientific Postscript,* by Soren Kierkegaard, Ed. and trans. by Howard V. Hong and Edna H. Hong, Princeton University Press, 1992, p.537.

56　*Concluding Unscientific Postscript,* by Soren Kierkegaard, Ed. and trans. by Howard V. Hong and Edna H. Hong, Princeton University Press, 1992,p.529.

57　*Journals and Papers,*(vol.2), Ed. and trans. Howard V. Hong and Edna H. Hong, assisted by GregorMalantschuk. Bloomington and Indianapolis: Indiana University Press, 1967-1978, p.194.第 1531 条。

中，克尔凯郭尔认为，"如果我为一种过去的不幸感到忧惧，那么，这不幸并不存在，因为它已经是过去的了，但是因为它能够被重复，就是说，能够成为将来的。如果我为一种过去过错感到忧惧，那么这是因为我并没有把它作为'过去的'放置在一种对于我的本质性关系之中，并且以某种欺骗的方式阻止它去成为过去的。"[58]卡尔松对此的评论是，"不完满的过去必将在未来重复出现。重复的可能性——也包括使重复成为必要的可能性——表明了位于未来的忧惧源自过去。从过去产生的非存在，同样蔓延到了未来，并表现为对无的焦虑（anxiety，或译忧惧）"。[59]

当个体之实存激情，每一次的永恒回忆意味着经历新的罪责，个体实存（生存自我）对此的无限性的关注使得罪责意识成为个体之永恒性的表达："将罪责的回忆称之为一个锁链，说它从未从囚徒身上移去，你将只是描述了事情的一面，因为一个锁链只与自由迷失的观念紧紧相连，但是罪责之永恒回忆同样是一个重担，它被拖曳着从此地到彼地。"[60]换言之，罪责经由永恒回忆成为个体时间性中的永恒性的事件。

其次，总体罪责与共同体。特殊的罪责的对象是人与人的关系，而总体罪责的对象是人与上帝的关系。当个体将具体罪责上升到总体罪责，此总体罪责是对罪责的永恒回忆的意识，"罪责意识是对系于永恒幸福的实存激情的决定性表达，一旦永恒幸福被移去，罪责意识也本质地淡出，或者它停留在儿童的范畴，仅仅与为儿童的报告卡片打分的层次，或者将成为市民的自我辩护。"[61]对克尔凯郭尔而言，特殊罪责属于基督教市民生活中的道德范畴，表现为对共同体生活造成的危害。如果特殊罪责是对共同体的损害，那么，基督教的救赎就只是自然正义的实现。由此涉及到的问题，谁是自然正义的裁判者？如果只是人的观念中的正义，那么，"相对的正义"就会成为"他

---

58 克尔凯郭尔著：〈恐惧的概念〉（*The Concept of Anxiety*），（畏惧与颤栗；恐惧的概念；致死的疾病），京不特译，北京：中国社会科学出版社，2013年，第284页。据里达·索姆特译本对部分译文做出修改。*The Concept of Anxiety*, by Soren Kierkegaard, Ed. and trans. by R.Thomte in collaboration with A.B.Anderson, Princeton University Press, 1980.p.91.

59 卡尔松撰，"基尔克果的可能性与消极性——唐·乔万尼与亚伯拉罕的焦虑"，娄林主编，《基尔克果的苏格拉底》，北京：华夏出版社，2012年，第120页。

60 *Concluding Unscientific Postscript,* by Soren Kierkegaard, Ed. and trans. by Howard V. Hong and Edna H. Hong, Princeton University Press, 1992,pp.533-534.

61 *Concluding Unscientific Postscript,* by Soren Kierkegaard, Ed. and trans. by Howard V. Hong and Edna H. Hong, Princeton University Press, 1992,p.533.

律"，压制个体的自由。特殊的罪责的补偿在共同体内部即可实现，不需要永恒者。

就具体罪责而言，其解救之道通过共同体的赏罚分明可以实现；对总体罪责而言，因其与永恒幸福相关，无论个体对外在性的补偿有多少，也无法避开总体罪责在永恒者面前的亏缺。对克尔凯郭尔而言，总体罪责高于共同体的秩序。由此，救赎就不能等同于共同体内部的自然正义，它是永恒者对个体的救赎。[62]在此，克尔凯郭尔依然延续了对黑格尔的批判，内在性不等于外在性。换言之，罪责之永恒回忆需要永恒者的临在（或救赎），而审美之罪责意识不需要补偿，仅仅在共同体内部就能实现对罪责的救治。

第三，总体罪责不属于审美范畴。审美范畴的罪责只是特殊罪责，只一次性地与个体相连，个体的处境不同，特殊罪责就不同。因个体实存之"记忆"并不面向永恒者，具体罪责表现为自身或他人经历到的偶然性。如此对个体事件的回忆并不与当下的实存自身相连，而仅仅成为历史之旧事。克尔凯郭尔认为，"幼稚的，相对的罪责意识的突出特点在于，没有理解实存的要求：结合"、"相对的罪责意识被外在于自身的标准所区别。"[63]克尔凯郭尔认为，由特殊罪责向总体罪责的过渡关键在于，个体把特殊罪责与永恒幸福相结合，而不是与偶然性的事物相结合。特殊罪责总是偶然的，当其与永恒幸福相关时，个体在永恒的回忆中使其成为总体罪责（总体罪责是与个体紧密相关的；特殊罪责则是偶然的事件）。当个体与偶然性的次终极的事物相结合时，特殊罪责就分散到具体的处境之中，在此，特殊罪责因与永恒性无关，个体对特殊罪责的遗忘也就发生了。[64]在各种特殊罪责中，遗忘会使得实存有选择地记忆一些事情。由此，"回忆"可以成为个体观念之投射，个体会成为脱离实存的"抽象自我"。"如此，使得生命轻松，自由，如同儿童的生命，因为儿童有许多朝向外在的记忆(memory)，但没有回忆（recollection),最多是瞬间的内向性。"

在摆脱了审美的罪责观念之后，对罪责的永恒回忆表达了实存之极致。在罪责意识中，个体会出现在边界中的决断，或者个体停留在不断地回忆与

---

62 *Concluding Unscientific Postscript,* by Soren Kierkegaard, Ed. and trans. by Howard V. Hong and Edna H. Hong, Princeton University Press, 1992,p.541.

63 *Concluding Unscientific Postscript,* by Soren Kierkegaard, Ed. and trans. by Howard V. Hong and Edna H. Hong, Princeton University Press, 1992, p.531.

64 *Concluding Unscientific Postscript,* by Soren Kierkegaard, Ed. and trans. by Howard V. Hong and Edna H. Hong, Princeton University Press, 1992, p.540.

经历着新的特殊罪责，从而在此绝望中寻求超越性，或者个体以幽默的生存态度对此一笑置之，从而停留在内在性之中，仅仅把对罪责的永恒回忆当作一个命题或教条。[65]

5.2 宗教 B 的激情

5.2.1 绝望与罪

克尔凯郭尔认为，宗教 B 的激情是宗教 A 的激情的深化。克尔凯郭尔把"罪"称之为"绝望的强化"。如此看来，绝望是个体激情在宗教 A 阶段不断深化的结果，同时它是宗教 B 的开始。

1. 何为绝望？

绝望与罪的区别在于标准不同，绝望是"以人为标准的自我的范畴"，而罪是"一个直接面对上帝的自我"。[66]两个范畴的标准不同，但克尔凯郭尔把"罪"称之为"绝望的强化"。应该如何理解呢？首先，绝望"以人为标准"，此"人"应理解为从实存的进路，此进路并非无预设。在克尔凯郭尔对人的定义中，此预设已经显明："人是精神。但什么是精神？精神是自我。但什么是自我？自我是一种自身与自身所发生的关联；自我不是这关系，而是这关系与它自身的关联。人是一个有限与无限、暂时与永恒的综合、自由与必然的综合，简言之，是一个综合体。综合是一种二者之间的关系；以这种方式思考，人就还不是一个自我。在这二者的关系中，这关系是一个第三者，而且是作为一种否定的同一性的第三者；这二者涉及到这关系，并且在这关系中涉及到了这关系。这样，在灵魂的限制条件之下，灵魂和肉体的关系也是一种关系。但如果者关系与自身发生关联，这关系就是肯定性的第三者，这就是自我。"[67]在宗教 A 中，舍弃-受苦-罪责，都是个体激情面对永恒者的表达。当此激情被作为命题时，宗教 A 只是作为个体内在性的表达，个体激情的加深也只是自我内在性的加深，并没有超越性的力量的介入。但是如果宗

---

65 *Kierkegaard's "Fragments" and "Postscript" :The Religious Philosophy of Johannes Climacus,* by C.S.Evans, Humanities Press, 1983, pp.201-205.

66 克尔凯郭尔著:《致死的疾病》，张祥龙、王建军译，北京：商务印书馆，2012 年，第 96 页。

67 克尔凯郭尔著:《致死的疾病》，张祥龙、王建军译，北京：商务印书馆，2012 年，第 13-14 页。

教 A 并不作为命题，而是在宗教 B 的辩证的规定之下，那么在舍弃-受苦-罪责意识中，个体已经历到"绝望"的意识。换言之，绝望与罪是个体在不同的角度（哲学与神学）对人与上帝关系的实质所做的描述。

克尔凯郭尔在个体之中已经预设了，人是由肉体、灵魂、精神三个部分构成，单单肉体和灵魂的综合尚不能达至精神，精神是对肉体和灵魂的综合，如此，人才成为自我。在此定义下，人由两种方式成为自我，或者自我构建自我（I-I），或者自我并不完满，需要他者来建构。

克尔凯郭尔区分了自然人的死亡与基督教的死亡。对自然人而言，死亡是身体的死亡；对基督徒而言，死亡是精神的死亡，克尔凯郭尔将此精神的死亡称之为"绝望"。在此区分下，克尔凯郭尔推出绝望需要他者来建构，"如果一个人是自身建立的，那么，只能有一种绝望形式：不要是自身或要取消自身，但不可能存在这种绝望形式，即在绝望中要是或要成为自身。这第二种形式特别是指对于（自身）关系的完全依赖状况的表达，是对自身不能达到或者不能存在于宁静的和依止于自身的状态的表达；（要达到这种状态）只能通过使自身与那建立了整个关系的力量的关联而达到自身的关联。"[68]自然人的绝望只是审美的，只是灵魂与肉体的综合，对其最恐怖的事情就是身体的死亡；对于基督徒而言，人的绝望在于意识到人由超越者建构自身，对其罪恐怖的事情莫过于灵性的死亡，即脱离了超越者而进行自我建构。换言之，对于自然人，只有一种形式的绝望；对于基督徒，绝望是基督徒身上的如影随形的疾病，成为自我必须经过绝望。

从自我意识的角度而言，绝望有如下形式：

首先是，"无知于绝望的绝望"。克尔凯郭尔在此区分了异教和基督教的异教，异教的"人"论是由肉体和灵魂构成，在朝向基督教的"人论"是值得肯定的；而基督教的异教是对"精神"的无知，根本上是"无精神的"。[69]克尔凯郭尔把黑格尔派的哲学归在此形式下，"一个思想家建立起一座巨大的建筑、一个体系、一个包容着全部存在、世界历史等等的体系。然而，如果考虑到他的个人生活，那么令我们诧异的可怕而可笑的发现是，他自己却不亲自住在这座巨大的圆顶宫中，而是住在宫殿旁边的小棚子里，或在一个狗舍里，或最好也

68　克尔凯郭尔著：《致死的疾病》，张祥龙、王建军译，北京：商务印书馆，2012 年，第 14 页。

69　克尔凯郭尔著：《致死的疾病》，张祥龙、王建军译，北京：商务印书馆，2012 年，第 56-57 页。

就是住在看门人的住所里。"[70]对于思辨体系而言，观念的真理已经包含了现实的真理，自然，个体的精神性的绝望不在体系中占有一席之地，在思辨者意识到绝望之前，思辨者已经在观念中预先经历了绝望。从这个角度看，思辨者对个体精神的绝望是一种无知。然而，依照基督教的人论，人是由超越性的力量构建起来的。思辨者可以在自身的观念里达成了"自我"，因而，事实上，思辨者无需他者（即上帝）来建构自我，此为个体的"无精神性"[71]。

其次是，"对于世俗的绝望或对于世俗事物的绝望"[72]。在此形式，个体与现实性建立真实的关系。克尔凯郭尔将此形式分为两个部分，一个是自我的直接性，一个是自我的反思的直接性。自我的直接性与某一个世俗事物相关；而反思的直接性是与世俗事物的总体相关。两者的关系是，"当想象中的自我对这世界以无限的热情绝望时，它的无限热情将个别的事物或某个事物改变成了作为一个整体的世界，即整体的范畴从本质上属于了绝望的人。"[73]对前者而言，自我只是在"心理"层面上的，如同主体意识的"X"，自我意识并未在此"X"中有任何内容，此自我与"他人"没有分别，"当直接性绝望时，它甚至没有足够的自我去让它希望或梦想自己已经成为了它实际上并未成为的人。直接性的人以另一种形式帮助他自己：他希望成为别人。"[74]（该自我可类比于海德格尔的"常人"。）对于后者而言，自我已意识到一个对"总体"的绝望，但自我并未进而达至对整个直接性的放弃，"在一定程度上他已把自己同外在性的东西分离开，因为他有一个模糊的观念，在自我中甚至可能有某种永恒的东西。虽然如此，他的努力是徒劳的，他遇到的困难要求整个地破除直接性，而他没有对这做过自我反思或道德反思。"[75]相较于直接性

---

70 克尔凯郭尔著：《致死的疾病》，张祥龙、王建军译，北京：商务印书馆，2012年，第52-53页。

71 克尔凯郭尔著：《致死的疾病》，张祥龙、王建军译，北京：商务印书馆，2012年，第55页。

72 克尔凯郭尔著：《致死的疾病》，张祥龙、王建军译，北京：商务印书馆，2012年，第60页。

73 克尔凯郭尔著：《致死的疾病》，张祥龙、王建军译，北京：商务印书馆，2012年，第72页。

74 克尔凯郭尔著：《致死的疾病》，张祥龙、王建军译，北京：商务印书馆，2012年，第63页。

75 克尔凯郭尔著：《致死的疾病》，张祥龙、王建军译，北京：商务印书馆，2012年，第65页。

的自我，反思的自我是自我意识的主动性活动。[76]

第三是，"关于永恒的绝望或对其自身的绝望"[77]。此处的永恒的绝望等同于对于世俗的绝望。[78]自我反思的直接性已触及到"总体"范畴，从总体范畴再进一步，自我完全破除直接性，从而成为抽象自我，"这抽象自我与被外物完全遮盖的直接性自我相比，是无限自我的第一种形式和这样一个全过程的推动力，在此过程中，一个自我对它的实际自我连同其全部难处和长处完全负责。"[79]在自我的无限化过程中，自我经历到关于永恒的绝望，这同时是自我意识强化和形成的过程。[80]在此形式下，自我已意识到世俗事物（直接性）不能规定自我，但是自我依然把次终极之物放在终极的位置上，从而对永恒绝望。[81]当个体对世俗绝望时，绝望来自于外部；当个体对永恒事物绝望时，绝望就来自于自我，"当自我对它的绝望绝望时，这新的绝望来自于自我，作为相反的压力（反作用）直接或间接地来自于自我。"[82]这里，第一个"绝望"是对世俗的事物绝望，第二个"绝望"是个体在"对世俗的绝望"中，并未由绝望转向"信仰"，而是继续沉陷在"对世俗的绝望"的绝望之中。

第四是，"在绝望中要成为自身：违抗"。不同于前面三种绝望的形式，"违抗"是自我的无限化运动的极致，在明知自我是被给予的之后，自我不愿意成为这样的自我。违抗是自我意识的极致，与此同时，它又是离真实的自我最远的一种意识形式，"它实际上是凭借永恒之助而来的绝望，在某种意义上

76　克尔凯郭尔著：《致死的疾病》，张祥龙、王建军译，北京：商务印书馆，2012 年，第 64 页。

77　克尔凯郭尔著：《致死的疾病》，张祥龙、王建军译，北京：商务印书馆，2012 年，第 73 页。

78　克尔凯郭尔著：《致死的疾病》，张祥龙、王建军译，北京：商务印书馆，2012 年，第 73 页。

79　克尔凯郭尔著：《致死的疾病》，张祥龙、王建军译，北京：商务印书馆，2012 年，第 66 页。

80　克尔凯郭尔著：《致死的疾病》，张祥龙、王建军译，北京：商务印书馆，2012 年，第 33-34 页。

81　克尔凯郭尔著：《致死的疾病》，张祥龙、王建军译，北京：商务印书馆，2012 年，第 73 页。

82　克尔凯郭尔著：《致死的疾病》，张祥龙、王建军译，北京：商务印书馆，2012 年，第 74 页。

它就非常接近真理了。正因为它处于非常接近真理的地步，它就是无限遥远的。通向信仰的绝望也是由于永恒之助而产生的，由于永恒的帮助，自我有勇气失去它自身以便赢得它自身。但是，在这里它不愿以失去它自身而愿以要成为它自身为开端。"[83]同"关于永恒的绝望"相类似，违抗在"永恒"面前并未转向信仰，而是模仿永恒的行动，在虚无中构造自身。[84]在违抗中，有两种形式的自我，一种是"行动的自我"，一种是"被行动造成的自我"。对于前者，自我想象地构建自身，从而使得自我成为"非我"，"非我"源自于自我远离了被给予的自我，此种形式的绝望在于，"自我在任何瞬间都不是稳定的或永恒稳定的。自我的形式像行使约束的力量一样行使着一种松弛的力量。它任何时候都能很随意地全部再从头开始，并且不管一个观念被追寻了多久，全部行动总还是处于一种假设之中。"[85]换言之，行动的自我始终在想象地构建自身，并未进入真正的现实性之中。对于后者，在想象地构建自我的过程中，自我碰到了阻力以致不能成为具体的自我，自我在此阻力中，并未求助于"信仰"，而是与永恒者相抗衡，以自我的现实存在否定永恒者的"善"，"与其寻求帮助，他宁可（如果必要的话）带着全部地狱的痛苦成为它自身。"[86]换言之，对违抗的自我而言，神的正义是不存在的。违抗是绝望的最高形式，也是自我的无限化的极致。在违抗中，个体与外在世界隔绝，完全在内在性中构建自我。

---

83 克尔凯郭尔著：《致死的疾病》，张祥龙、王建军译，北京：商务印书馆，2012 年，第 81 页。

84 依据如下，克尔凯郭尔说："他还要借助于否定性自我的无限形式——以这种方式，他成为他自身。换句话说，他想要开始得比别人略早一些，不是出于一个现成的开端或有一个开始点，而是（如《圣经·创世纪》所讲）'在开始的过程中'或'起初'，他不想去装扮他自己的自我，不想看到作为他的任务而给予他的自我——他本人要靠存在的无限形式构成他的自我。"（《致死的疾病》，第 82 页）"成为一个被想象构造成的神以至于陷入绝望的地步。"（《致死的疾病》，第 83 页）克尔凯郭尔著：《致死的疾病》，张祥龙、王建军译，北京：商务印书馆，2012 年。

85 克尔凯郭尔著：《致死的疾病》，张祥龙、王建军译，北京：商务印书馆，2012 年，第 83-84 页。

86 克尔凯郭尔著：《致死的疾病》，张祥龙、王建军译，北京：商务印书馆，2012 年，第 86 页。

2. 何为罪？

绝望是在哲学的视角之下的精神现象；而罪则是在宗教（基督教）的视角之下的精神现象，与道成肉身相关（道成肉身对个体是突破内在性性的关键），用克尔凯郭尔的术语"人类自我"和"神学自我"的表述是，绝望可以理解为"人类自我"与无时间性的永恒的关系；罪可以理解为"神学自我"与有时间性的永恒（耶稣基督）的关系。[87]当然，这里的哲学的视角并不是"无神论"，它是有神论，只是，神是"未识之神"（Unknown）。

克尔凯郭尔说到："罪意味着：在上帝面前或具有上帝的概念，在绝望中不要是其自身，或在绝望中要是其自身。因此罪就是强化了的软弱或强化了的违抗：罪就是绝望的强化。这里的重点在于'在上帝面前'，或具有上帝的概念。正是上帝的概念辩证地、伦理地和宗教地使得罪成为律师们所谓的'加重了的'绝望。"[88]绝望是（神学）自我的无限化过程的极致，此极致造成自我无法恢复到具体的自我，而仅仅成为抽象的无限的自我。罪是绝望的强化，这表现为，在基督教的上帝面前，绝望被强化，以至于成为神与人的关系的断裂，即"罪"。类比与软弱的绝望和违抗，罪的两种表现形式是"在上帝面前和在绝望之中要是自己，或在上帝面前和在绝望之中不要是自己"。[89]

在宗教 A 中，罪责意识是个体激情的最深层次。而此罪责意识在"上帝"面前被加强了，"正是在上帝面前生存的意识使得人类的罪责（guilt）变成了真罪（sin）。"[90]这个过程是辩证的，原因在于，个体的罪责意识在基督教的"上帝"面前被强化了，以致成为个体生存内在性的中断（自身意识的中断）。克尔凯郭尔认为，在违抗之中，自我意识在人类的意识中是最强的，而在罪之中，自我意识在上帝面前被增强了，这个自我意识是个体的"无限自我"意

---

87 克尔凯郭尔著：《致死的疾病》，张祥龙、王建军译，北京：商务印书馆，2012 年，第 96 页。

88 克尔凯郭尔著：《致死的疾病》，张祥龙、王建军译，北京：商务印书馆，2012 年，第 93 页。

89 克尔凯郭尔著：《致死的疾病》，张祥龙、王建军译，北京：商务印书馆，2012 年，第 99 页。

90 克尔凯郭尔著：《致死的疾病》，张祥龙、王建军译，北京：商务印书馆，2012 年，第 98 页。译文有改动。Guilt 译为"罪责"。参见，*The Sickness Unto Death*, by Soren Kierkegaard, Ed. and trans. Howard V. Hong and Edna H. Hong, Princeton University Press, 1980, p.80.

识，因上帝是自我的创造者，此无限自我与具体自我发生了断裂，即为"罪"。由此可见，"自我"的无限化抵达的是个临界点，此临界点表现为"中断"。

罪的具体含义是：首先，罪突破了个体的内在性，是对内在性的中断。中断意味着，在个体的罪责意识中，个体与永恒幸福取决于时间中的另一个不可通约的"点"（即耶稣基督），克尔凯郭尔说到："在宗教 A 中，永恒无处不在却为实存的现实性（actuality）所隐藏；在悖论宗教中，永恒在场于特定的点，这是内在性的中断。"[91]

其次，自我的无限化的结果是"绝望"，对应于宗教 A 的个体的激情是"罪责意识"，个体的"罪责意识"在上帝面前成为"罪"的意识，克尔凯郭尔说到，"在罪责意识的总体性中，实存在内在性（immanence）中尽可能强地维护自身，但是罪的意识是一个中断（break）。……这就是道成肉身（god in time）出现的结果，它阻止个体向后地系于永恒，自此他现在向前移动，通过系于道成肉身，以成为时间中的永恒。"[92]由此可见，由罪责意识向罪的意识过渡的关键点在于道成肉身。

第三，罪的意识与冒犯的可能性。"罪之意识"意味着，实存激情因着耶稣基督而在自身发生了生成，"现在这预示着，借助于生成，他成为了一个罪人"[93]。罪之意识意味着当下的个体已然是一个罪人。罪之意识与罪责意识之不同点在于，罪责意识是主体内在性的变化，主体的内在性并未发生改变。罪的意识意味着主体自身经历了一次变化，即"罪人"。换言之，个体在罪的意识中，发现了自身面向上帝的"非存在"（non-being）。克尔凯郭尔把个体由"非存在"向"存在"的转变称之为"重生"。在面对基督而出现的"非存在"中，个体经历了面向基督的冒犯的可能性，"基督本人指出，冒犯的可能性就在那里，而且必须在那里。因为，如果它被认为不存在的话，如果它不是基督教的一个永恒的和本质的组成部分的话，那么，从人的角度来看来，基督关心和一再以警告来反对这种冒犯（而不是去掉这种冒犯）就是无意义的了。"[94]因基督的道成肉身是上帝的意志和爱的表现，是不可认识者，当个

---

91 *Concluding Unscientific Postscript,* by Soren Kierkegaard, Ed. and trans. by Howard V. Hong and Edna H. Hong, Princeton University Press, 1992,p.571.

92 *Concluding Unscientific Postscript,* by Soren Kierkegaard, Ed. and trans. by Howard V. Hong and Edna H. Hong, Princeton University Press, 1992, p.583-584.

93 *Concluding Unscientific Postscript,* by Soren Kierkegaard, Ed. and trans. by Howard V. Hong and Edna H. Hong, Princeton University Press, 1992, p.583.

94 克尔凯郭尔著:《致死的疾病》，张祥龙、王建军译，北京：商务印书馆，2012 年，第 102 页。

体面对基督事件时，道成肉身对个体而言就是"冒犯的可能性"，经由此可能性，个体再做出冒犯或信仰的决断。

第四，罪的对立面是信仰，而非德性。基督教的原罪是启蒙运动的思想家合力攻击的目标。[95]在启蒙运动的思想家看来，人是有理性的，追求的是德性，正是在罪与德性的对立中，基督教的原罪受到猛烈的抨击。[96]而在克尔凯郭尔看来，原罪的对立面是信仰，而非德性，"这一点常被人忽视，即罪的反面绝非美德（virtue）。在某种程度上，这（即认为罪的反面是美德的看法）是一个异教的观念。它仅仅满足于人的标准，而根本不知道罪是什么，不知道所有的罪都是在上帝面前的罪。不！罪的反面是信仰，……这罪与信的对照是真正基督教的，它以基督教的方式重塑了所有伦理的概念并给予它们一个新维度。"[97]在克尔凯郭尔看来，把罪具体化为道德的过失的观点，其源头是希腊的异教思想。克尔凯郭尔把罪引入到"在上帝面前"或"在基督面前"，从而，使得罪成为与信仰相互对应的概念。克尔凯郭尔的论点把基督教的教义从启蒙的批判中解救出来了。

第五，罪是一种立场（position，或译姿态）。在思辨哲学看来，罪是一种可以被扬弃的否定性，比如，软弱、欲望、有限、无知等等，如此，罪只是逻辑领域中的一个过渡。在克尔凯郭尔看来，逻辑性与现实性是不相容的[98]，所以，思辨哲学的罪只是观念领域的事情。正是取消了神与人之间的"罪"，人可以经由观念的"中介"达至对绝对精神的认识。克尔凯郭尔评论到："在这种抽象的中介中，去主张（posit，或译去设定）在实际上无别于取消，但以这种方式去看待实际性则近于发疯。"[99]在克尔凯郭尔看来，思辨哲学关于罪

---

95 卡西尔著：《启蒙哲学》，顾伟铭等译，济南：山东人民出版社，2007 年，第 2 版，第 131 页。

96 可参考，维塞尔著：《莱辛思想再释》，贺志刚译，北京：华夏出版社，2002 年，"第二章，E.理性与基督教的批判"一节。

97 克尔凯郭尔著：《致死的疾病》，张祥龙、王建军译，北京：商务印书馆，2012 年，第 100-101 页。笔者将"非基督教"更正为"异教"，参见 *The Sickness Unto Death*, by Soren Kierkegaard, Ed. and trans. Howard V. Hong and Edna H. Hong, Princeton University Press, 1980,p.83

98 克尔凯郭尔认为，逻辑性与现实性是不相容的。参见，〈恐惧的概念〉(*The Concept of Anxiety*)，《畏惧与颤栗；恐惧的概念；致死的疾病》，京不特译，北京：中国社会科学出版社，2013 年，第 150-151 页。

99 克尔凯郭尔著：《致死的疾病》，张祥龙、王建军译，北京：商务印书馆，2012 年，第 119 页。

的看法最后导向的结果是"泛神论"。[100]

为回应思辨的教义学关于罪的看法，克尔凯郭尔回到了正统基督教的教义学。克尔凯郭尔认为，罪超越人的理性，"罪就只能被相信而不能被理解，它要么被相信，要么就会使人愤慨或被冒犯。"[101]；罪是一个在上帝面前的肯定的因素（以针对黑格尔的"否定）[102]；罪是悖论，其悖论性表现为，在持罪是一种主张的看法的同时，基督教的救赎又在基督里把罪带来的神与人之间的差异性给取消掉了。[103]换言之，个体面对上帝的内在性的中断，由此中断处，个体通过信仰取消了罪。

第六，罪的源头是个体的意志的背离。苏格拉底认为，罪是无知，人们没有行出德性，原因是，人们对德性的无知，如果知道了，人就不会犯错误。但对克尔凯郭尔而言，苏格拉底关于罪的定义缺少意志的因素，预先设定了理智的"绝对命令"。[104]换句话说，对苏格拉底而言，理智能够直接认识真理。克尔凯郭尔区分了原本的无知和从出的无知，原本的无知适用于古希腊的具有反讽能力的无知，（反讽是一种主体的彻底的否定性）。从出的无知是指，个体知道真理，但是，个体不愿意顺从真理，"这无知是一种至今还不能知道任何真理的状态呢，还是一种结果、一种从出的无知呢？如果是后一种情况，那么从根本上说来，罪就不在无知之中，而必定存在于人要遮掩他的知的企图中。"[105]由此可见，知识与意志之间存在着一种冲突，个体即使知道真理，但意愿依然有选择的可能性，可以选择背离，或者选择顺从真理。

第七，罪的持续性意味着冒犯。克尔凯郭尔把冒犯与心理学的"嫉妒"（envy）联系在一起，嫉妒是因自我不甘心比别人在某方面弱而生的心理情绪，

---

100 克尔凯郭尔著：《致死的疾病》，张祥龙、王建军译，北京：商务印书馆，2012 年，第 117 页和第 118 页。

101 克尔凯郭尔著：《致死的疾病》，张祥龙、王建军译，北京：商务印书馆，2012 年，第 120 页。

102 克尔凯郭尔著：《致死的疾病》，张祥龙、王建军译，北京：商务印书馆，2012 年，第 121 页。

103 克尔凯郭尔著：《致死的疾病》，张祥龙、王建军译，北京：商务印书馆，2012 年，第 122 页。*The Sickness Unto Death*, by Soren Kierkegaard, Ed. and trans. Howard V. Hong and Edna H. Hong, Princeton University Press, 1980,p.100.

104 克尔凯郭尔著：《致死的疾病》，张祥龙、王建军译，北京：商务印书馆，2012 年，第 109 页。

105 克尔凯郭尔著：《致死的疾病》，张祥龙、王建军译，北京：商务印书馆，2012 年，第 107 页。

冒犯与嫉妒的类比在于，"冒犯是不幸的尊崇或赞美。因此它涉及妒忌，但这是一种个人自己对自己的妒忌，因而是更高级的不幸。自然人所处的无慈悲状态不允许他接受上帝为他准备的超常者；所以他被冒犯了。……尊崇是幸福的自身放弃，妒忌是不幸福的自身肯定。……人与人之间的尊崇与妒忌在涉及上帝与人的关系时就成为崇敬与冒犯。"[106]冒犯是自我对永恒者的拒绝。冒犯的类型有三种，第一种是不作决定的冒犯。基督对个体是冒犯的可能性，但个体无视基督的存在，克尔凯郭尔所说的"对于其罪产生绝望之罪"可以归在不做决定的冒犯之中。第二种是冒犯的否定形式，即个体知道基督的存在，但这个自我不愿失去自我而感到被冒犯了。"关于宽恕罪的绝望之罪"，可以归在此形式下。第三种是冒犯的积极形式，即把基督解释为历史人物（道德教师）或神话人物（幻影论），并不认为耶稣基督是神人二性的合一，如此，第三种形式的冒犯是"罪的最高强化"。[107]

只有当个体与基督事件相连时，罪的意识才会出现。由此可以看出，基督教的罪不是启蒙道德意义上的"罪责"，也不是生存激情中的"罪责"意识。克尔凯郭尔在日记中提到："个体经由罪责（guilt）成为无精神的（spiritless），个体的根基在于群众（mass），归属于群众。但是拯救于是到来，也就是说，（个体）对基督的第二次选择。"[108]这意味着，罪的对立面不再是人与人层面的相对差异，而是人与上帝之间的绝对差异。克尔凯郭尔的理论预设乃是，人的基本结构与意向是成为个体，而个体经过罪责之后成为众人，即人与人之间已无差异性。当基督到来时，个体再度成为个体。

5.2.2 信仰的被动性：冒犯的可能性

克尔凯郭尔认为，知性为绝对悖论所冒犯，绝对悖论对知性首先是一种冒犯的可能性。

克尔凯郭尔把冒犯分为承受的（suffering）冒犯和行动的（active）冒犯，但两者又是相互转化的，"承受的冒犯同样是行动的，它不会让自己被毁灭（因

106　克尔凯郭尔著:《致死的疾病》，张祥龙、王建军译，北京：商务印书馆，2012 年，第 104-105 页。

107　克尔凯郭尔著:《致死的疾病》，张祥龙、王建军译，北京：商务印书馆，2012 年，第 158-161 页。

108　*Journals and Papers*.(vol.2). Ed. and trans. Howard V. Hong and Edna H. Hong, assisted by GregorMalantschuk. Bloomington and Indianapolis: Indiana University Press, 1967-1978, p.195, 第 1531 条.

为冒犯从来就是活动，而不是事件）；行动的冒犯总是虚弱的，它无法从十字架上脱身，也无法拔去那支射伤它的箭。"[109]承受的冒犯不是历史事件，可以成为个体之外的客观的事实，它是个体的自由对绝对悖论的反应，从个体自由的角度看，承受的冒犯是行动的。行动的冒犯是虚弱的，因为个体的自由无法摆脱此"冒犯"，此冒犯并非知性的主观投射，而是绝对悖论对个体自由的作用，从绝对悖论来讲，个体的自由无法摆脱冒犯，因而，冒犯是虚弱的。

克尔凯郭尔认为，"所有的冒犯在最深层都是承受的（suffering）"[110]克尔凯郭尔的研究者埃文斯（C.S. Evans）认为，丹麦文的"lidende"（suffering）并不单只个体的心灵感受，它来自于动词"at lide"（to let or allow），强调被动性。[111]就此而言，克尔凯郭尔认为，承受的冒犯优先于行动的冒犯[112]，尽管承受的冒犯中有积极，而行动的冒犯有承受。

绝对悖论对个体而言，是冒犯的可能性。基督教的道成肉身是上帝绝对意志的表达，在历史中对个体的知性而言是"不可识别的"的"奴仆"。个体的知性无法认识绝对悖论，从这个角度看，绝对悖论对所有个体而言是一个冒犯的可能性。换言之，个体的信仰同样经历过冒犯的可能性。

在个体经历冒犯的可能性之后，个体的知性与绝对悖论的关系表现为冒犯或信仰。首先，绝对悖论优先于冒犯，冒犯是随悖论而生成的。[113]冒犯在最深层次是承受的（suffering），这意味着，冒犯不是知性构造出来的，而是与作为实在的悖论的相遇。[114]克尔凯郭尔说到："如果冒犯是生成的，我们就会再次

109 克尔凯郭尔著：《哲学片断》，王齐译，北京：中国社会科学出版社，2013年，第61页。

110 克尔凯郭尔著：《哲学片断》，王齐译，北京：中国社会科学出版社，2013年，第60页。

111 *Passionate Reason: making sense of Kierkegaard's Philosophical Fragments*, by C.Stephen Evans, Indiana University Press, 1992,pp.82-83.

112 克尔凯郭尔著：《哲学片断》，王齐译，北京：中国社会科学出版社，2013年，第62页，"从心理学的角度出发，冒犯在更主动或更被动的规定之内有着众多细微的差别，详述这差别不是此处思考的兴趣。"

113 克尔凯郭尔著：《哲学片断》，王齐译，北京：中国社会科学出版社，2013年，第62页。英译本参见 *Philosophical Fragments; Johannes Climacus*, by Soren Kierkegaard, Ed. and trans. Howard V. Hong and Edna H. Hong, Princeton University Press, 1985, p.51.

114 克尔凯郭尔著：《哲学片断》，王齐译，北京：中国社会科学出版社，2013年，第62页。

与瞬间相遇，这瞬间是一切的中心……坚持这一点却意义重大，也就是说，所有冒犯的本性是对瞬间的误解，因为冒犯是对悖论的冒犯，而悖论又是瞬间。"[115]在《致死的疾病》中，克尔凯郭尔认为，最深的冒犯是对基督的拒绝。

其次，信仰克服冒犯。个体的信仰是知性的激情。在苏格拉底的知性与"未识之神"的关系上，欲爱起到连接的作用。但对克尔凯郭尔而言，个体的激情本身是悖论，"在一定程度上，理智在很多地方与这悖论相反对，不过在另一方面，理智在其悖论性的激情之下又渴望着自身的毁灭。但是，理智的毁灭恰恰是悖论所希求的，如此一来，它们之间又达成了相互理解，只是这理解只存在于激情迸发的瞬间。"[116]知性对悖论的冒犯是"承受的"，此承受同样是"主动的"，即个体的冒犯是个体自由对基督的拒绝。克尔凯郭尔指出了与冒犯相对的，另一种知性与悖论的关系，这种关系便是"信仰"，在信仰之中，知性与悖论相互理解了。在信仰之中，"冒犯"成为对"信仰"的辩护，"悖论剥夺了冒犯的生计，把它变成了一桩没有利益的营生，它不会因自己的麻烦而收取任何报酬。这一切如此奇特，就像一个竞争对手于漫不经心之中没有攻击作者反而为他辩护一样。……冒犯倒有一个好处，它使差别更为清晰地显明了出来"[117]在信仰之中，绝对悖论对知性而言只是冒犯的可能性，此时，"冒犯"是对信仰的辩护。

克尔凯郭尔的研究者埃文斯认为，冒犯与信仰是个体对绝对悖论的意志决断，故而，冒犯与信仰是不相容的。[118]笔者认为，冒犯的确是对悖论的拒绝，不是信仰；但是，埃文斯并未考虑到，在信仰中，知性对悖论的冒犯仅仅作为一种可能性，从而起到为信仰辩护的作用。换言之，信仰并不仅仅是个体的生存决断，个体的意志首先经历了遭遇绝对悖论而生的冒犯的可能性，而后，才有知性与悖论的和解。

---

115 克尔凯郭尔著:《哲学片断》，王齐译，北京：中国社会科学出版社，2013 年，第 62 页。

116 克尔凯郭尔著:《哲学片断》，王齐译，北京：中国社会科学出版社，2013 年，第 53 页。据亨格夫妇译本对译文做出修改。*Philosophical Fragments; Johannes Climacus*, by Soren Kierkegaard, Ed. and trans. Howard V. Hong and Edna H. Hong, Princeton University Press, 1985, p.47.

117 克尔凯郭尔著:《哲学片断》，王齐译，北京：中国社会科学出版社，2013 年，第 64 页。

118 *Passionate Reason: making sense of Kierkegaard's Philosophical Fragments*, by C.Stephen Evans，Indiana University Press, 1992, p.80.

对个体而言，绝对悖论是一种冒犯的可能性，个体面临绝对悖论，其信仰是在此冒犯的可能性之后的生存决断，换言之，信仰并非个体的幻想，而是个体与上帝（实在）的遭遇之后方有的，由此看来，信仰是个体的被动性。费尔巴哈认为，"上帝是人的观念的投射"，他把信仰仅仅视为人的主动性的观念的构造。克尔凯郭尔持信仰为被动性的观念，此观念使得克尔凯郭尔免于费尔巴哈的批判。

5.2.3 信仰的主动性：重复与跳跃

克尔凯郭尔认为，个体的激情的三个环节：舍弃-受苦-罪责，三个环节的共同特点是个体在有限和无限之间进行综合，从而使得个体既在一个无限化的过程，同时又仅仅与现实性保持联系。当个体的激情被置于"上帝"面前（或基督）时，个体的激情被极化，即成为"罪的意识"。罪的具体内涵是绝望。

与此同时，在宗教 B 中，上帝作为新的教师，赋予门徒以条件，并自身成为了条件。在此条件下，个体是"新的创造"，因其经由"非存在"到"存在"，也可以借用蒂里希的话，称之为"新存在"。当然，对克尔凯郭尔而言，这里的前提是，个体已然存在。克尔凯郭尔认为，信仰使得个体与基督取得和解。就信仰的主体而言，信仰有两个方面的表现：一个是个体（主体）的主动性，即对现实性的重复和朝向信仰的跳跃。另一个表现是，信仰的被动性，即信仰是个体在冒犯的可能性中，脱离冒犯转向信仰。

1. 重复

"重复"的概念主要来自《重复》一书。《重复》以康斯坦丁·康斯坦丁努斯（"Constantin Constantius"）为书的笔名。康斯坦丁努斯是一个观察者，书中年轻人是生活在现实性中的个体。康斯坦丁努斯是一个老年人，在理念上，他引导年轻人向高处攀升；年轻人没有依观察者的理念走。这表明，年轻人所处的生活位置高于老年人。在此，年轻人的内向性高于老年人的理念或知识。在《附言》中，克尔凯郭尔表明，内向性高于理念本身。关于《重复》这部作品，克尔凯郭尔评论到："它不是说教，远不是这样，它正是我所期望的，因为依我的观点，时代的不幸在于，它已经知道得太多，以致于忘记了生存和何为内向性。"[119]

---

119 *Concluding Unscientific Postscript,* by Soren Kierkegaard, Ed. and trans. by Howard V. Hong and Edna H. Hong, Princeton University Press, 1992, pp.262-263.

克尔凯郭尔认为重复有两种类型，一种是希腊哲学的重复；一种是基督教的重复。在《日记》中，克尔凯郭尔说到，"重复无处不重来。（1）当我将要行动，我的行动已经存在于我的意识、存在于概念和思想之中，（否则的话，我就在无思想的行动），这就等于说，我没有行动。（2）因此，当我将要行动，我预设了我处在原初的整体的状态。现在罪的问题来了，第二次重复的问题，因为我必须再次回到自我。（3）真正的悖论，借此我成为个体，因为如果我仍在罪中，被理解为普遍性，这就只有 no.2 的重复。"[120]

第一种重复是希腊哲学的。比如，苏格拉底认为，没有反思的生活不是真实的生活，同时，他强调知与行的合一。第二种的重复(包括 no.2 与 no.3)是基督教式的：罪是中断，罪打破了原初自我的纯真状态，自我的一致性本身被中断了，重复的特点在于，异化或疏离的自我如何返归于原初的自我。在苏格拉底的重复中，个体的内在性并不存在断裂，而在基督教方式中，个体的内在性为罪所中断。在列举了苏格拉底的重复与基督教的重复后，克尔凯郭尔认为，作为个体，罪打破了原初的整体状态，即个体的行动不再是思维与存在（具体自我）的合一。重复的悖论表现为，一方面，个体与原初的整体状态相疏离。因原初的整体状态来自上帝，故而，个体的现实性与上帝的永恒性相分离。另一方面，重复是回到原初自我的行动。如此，个体之实存（存在）与思维相同一。由此看来，重复是个体在罪中重新回到现实性的行动。

苏格拉底的重复的特点是"回忆"。对苏格拉底而言，时间性是个体获得永恒性的机缘，此为希腊哲学绵延的时间观，"瞬间"在此时间观中表现为均质的时间。在希腊的时间观下，希腊强调知行合一，时间性本身就是永恒性，个体当下的"瞬间"体会到的"永恒"来自于个体的"在先实存"，即在人的时间性之外预先实存，以此来看，重复只是对"在先实存"的回忆。[121]

基督教的重复与个体的实存相关，是个体的永恒性和现实性的结合。其特点是：重复具有双重性，"重复是形而上学的兴趣，也是形而上学因之陷入

---

120 *Journals and Papers.*（ *vol.3* ）, Ed. and trans. Howard V. Hong and Edna H. Hong, assisted by GregorMalantschuk. Bloomington and Indianapolis: Indiana University Press, 1967-1978,p.763.第 3793 条。

121 克尔凯郭尔著：《哲学片断》，王齐译，北京：中国社会科学出版社，2013 年，第 8-9 页。

不幸的兴趣。"[122]重复是形而上学的兴趣，这意味着，重复与主体、自由、意识等形而上学概念相关，自然是形而上学的兴趣。重复是形而上学的不幸，这意味着，重复有时间性的维度。重复总是生存中的重复，而形而上学关注的是理论。克尔凯郭尔认为，形而上学的不幸表现为，实存的冲突并不是靠观念中的重复来解决。主体对"形而上学"或"无限"有天然的追求，与此同时他又知自身之有限。在实存的境遇中，他总是带着激情试图对"无限"有认识。就《重复》一书而言，形而上学的重复对年轻人而言，并不是一个确实的帮助，最终年轻人没有选择观察者的"反讽"，而求助于《圣经》中的"约伯"，就此而言，年轻人的激情会冲破纯粹的理性思考。[123]

克尔凯郭尔的"重复"主要针对的是现代哲学。"(对现代哲学而言)，重复是一个决定性的表述，其意义正如回忆在希腊人们那里所据有的意义。正如希腊人们以这样的方式弄明白了'认识是一种回忆'，现代哲学也将以同样的方式认识到，全部的生活是一种重复。"[124]现代哲学与古希腊哲学相同的地方在于，"回忆"与"重复"预设了一个"在先实存"。在现代哲学，克尔凯郭尔举了莱布尼茨的例子，"在现代哲学家中唯一的一个对此有点预感的人是莱布尼茨"。[125]莱布尼茨的哲学的前提是，"前定的和谐"，在前定的和谐之下，每个单子是自身完满的存在，此单子内部经历着由潜在到现实的实现，而单子与单子之间的关系则是独立的，可用"机缘"一词来表达。换言之，"重复"是单子在前定和谐之下将自身内部的潜在因素实现出来。

克尔凯郭尔认为，个体外在性的重复是不可能的。这主要是因为：

首先，重复与观念（或理念）相冲突。《重复》的作者是康斯坦丁，为克尔凯郭尔的笔名。康斯坦丁对年轻人遇到的生存困境，从观念上给予了建议。但是，年轻人并未采纳此建议，这表明，重复是个体生存的激情，此激情不

122 基尔克郭尔著：《重复》，京不特译，东方出版社，2011 年，第 25 页。据亨格夫妇译本对译文进行修正。*Repetition*, Ed. and trans. Howard V. Hong and Edna H. Hong, Princeton University Press, 1983,p149.

123 研究者穆尼认为，"'重复'明确地与一组其他的形而上学概念相关，(诸如，自由，意识，运动)；康斯坦丁把重复作为形而上学兴趣的特征，好像它是理论加冕的目标。但是这个例子并不明确，他也说道，重复带来形而上学的不幸。" E. Mooney, Repetition：getting the world back, 汉内和马里诺编，《克尔凯郭尔》(影印版)，三联书店 2006 年，第 292 页。

124 基尔克郭尔著：《重复》，京不特译，东方出版社，2011 年，第 3 页。

125 基尔克郭尔著：《重复》，京不特译，东方出版社，2011 年，页 3.

一定顺从观念的引导。[126]

其次，重复受到个体有限性的制约。从观念的角度来看，个体在自我的无限化的过程中，可以达到思维与存在的同一性，康斯坦丁说："我的存在是透明性，如同大海深沉的底部，如同黑夜自足的沉默，如同正午独日般的宁静"[127]。但是，此观念的同一性不具有持续性，"在前面我说了，一点钟整我达到了最佳状态，我隐约感觉到那最高境界的东西，这时突然有某种东西在我的一只眼睛里开始骚扰我，到底那是一根睫毛，一颗纤维团，还是一些灰尘，我吃不准，但是我知道，我在这同一瞬间里几乎是坠进了绝望的深渊"[128]。康斯坦丁这里"某种东西"对"我"的骚扰，可以理解为生存者自身之"生存"本身，生存者自身与存在使得无限化的极致返归于自身之时，经历了无限性与有限性的鸿沟，即，"深渊"。

第三，重复对实存者而言是一种不可能性。克尔凯郭尔区分了外在性的重复与精神世界的重复。克尔凯郭尔认为，外在性的重复对个体而言是一种不可能性，而个体的精神上的重复则是可能的。观察者康斯坦丁去柏林旅行，有意重复第一次的旅行，然而，结果显示是不可能的。如同赫拉克利特所说，人不能两次踏进同一条河流，外在的重复是不可能的

在约伯的例子中，约伯损失了一切，又重新得回了一切。但是，克尔凯郭尔对此的解释是，"重复"是一种人的不可能性，约伯与亚伯拉罕的不同点在于，亚伯拉罕得回了以撒（代表现实性），但约伯的孩子们毕竟死去了。康斯坦丁（克尔凯郭尔）说到，"生命不像死亡那样善于捕捉，因为生活不具备死亡所具备的说服力。"[129]"死亡"意味着尘世生活突然的中断，对此，约伯的得回意味着，重复只是"内在性"的重复，现实性因"死亡"而成为不可能的。换句话说，约伯的重复是现实性的结果，而非无限自我与现实性的结合。重复意味着，由无限自我到现实性的具体自我之间出现了"中断"，即个体因"死亡"无法达至现实性。

第四，重复是一场考验，是个体独对上帝的考验。这种考验的意义是，个体在内在心灵中预先经历了一场灵与肉的争战，"事实上，约伯的重要意义

126 *Concluding Unscientific Postscript,* by Soren Kierkegaard, Ed. and trans. by Howard V. Hong and Edna H. Hong, Princeton University Press, 1992, p.263.

127 基尔克郭尔著：《重复》，京不特译，东方出版社，2011 年，第 53 页。

128 基尔克郭尔著：《重复》，京不特译，东方出版社，2011 年，第 54 页。

129 基尔克郭尔著：《重复》，京不特译，东方出版社，2011 年，第 57 页。

在于：对于信仰的边界之争，在他身上得以进行，那种由激情的各种狂野好斗的力量构成的巨大暴动在这里展现了出来。"[130]重复的超越性是一种"他者"的可能性，这种他者对现实性/理性的不可能性意味是，"在上帝那里的可能性。"这种绝对他者对个体而言是一场考验。对约伯而言，孩子的生命一去不返，加倍地偿还已不是死去的孩子。就此而言，克尔凯郭尔返归到"永恒的重复"。"只有孩子们是约伯所没有双倍地得到的，因为一个人的生命是无法以这样一种方式来被加倍的。在这里，只有精神之重复是可能的，尽管它在现世之中永远也无法像在永恒之中那么完美——永恒中的重复是真正的重复。"[131]克尔凯郭尔所说的"永恒的重复是真正的重复"意味着，个体的激情在人的不可能性中体会到来自上帝的可能性。但是，可能性依然不是现实性。个体在现实性之前，预先在头脑中经历了可能性，故而，重复是在现实性还未有结果（确定性）之前，在观念里体会到的不可能性，可能性仅仅属于超越个体的上帝。

重复在个体的激情中的表达，与广义的科学的客观性相区别。重复的可能性在于上帝，对人而言，"重复"是一个荒诞。它的荒诞在于，重复与科学的客观性相冲突，重复是个体内在心灵的体验，这是科学所把握不到的。"科学论述并解说生活以及生活中人与上帝的关系。那么现在，哪一种科学有着这样的性质：它为一种被定性为'考验'的关系留出了空间，从无限的角度看，这'考验'根本不存在，但却只对于一个个体人是存在的。"[132]科学的客观性指向外部世界，但科学观察个体的内在性的运作，作为内在性范畴的"考验"，"是绝对超越的，并且将人置于一种与上帝的纯粹个人的对立关系之中，在这样的一种关系中，他无法让自己满足于任何第二手的解释。"[133]换句话说，重复单单与个体的内在性有关，并在此内在性中，重复显示，现实性的重复是不可能的，真正的重复是永恒性的重复。换言之，重复表明了，在个体进入到现实性之前，个体在观念中经历了人的不可能性和在上帝面前的可能性。尽管如此，重复没有与现实性相关。尽管重复是个体朝向信仰的行动，但这种行动仅仅是个体内在性的活动，因而，重复是个体信仰的"消极情绪"。[134]

130 基尔克郭尔著：《重复》，京不特译，东方出版社，2011年，第92页。

131 基尔克郭尔著：《重复》，京不特译，东方出版社，2011年，第104页。

132 基尔克郭尔著：《重复》，京不特译，东方出版社，2011年，第91页。

133 基尔克郭尔著：《重复》，京不特译，东方出版社，2011年，第93页。

134 克尔凯郭尔著：〈恐惧的概念〉(The concept of Anxiety)，《畏惧与颤栗；恐惧的概念；致死的疾病》，京不特译，北京：中国社会科学出版社，2013年，第157页。

2. 跳跃

与重复不同，朝向信仰的跳跃是个体的"积极情绪"，个体在朝向信仰的跳跃中，回到现实性之中。

"跳跃"同样是思辨哲学的一个概念，但仅仅作为绝对观念内部的跳跃，并不与个体的实存相关。在对思想史的梳理中，克尔凯郭尔认为，笛卡尔的"我思故我在"中的"我思"并不是原本的，而是从出的。在《日记》中，克尔凯郭尔评论到，"通过唤醒人的自由高于思想，在一个沉思中，笛卡尔自己解释了错误（error）的可能性。尽管如此，笛卡尔解说了思想，不是作为自由，而是作为绝对。显然，这是老费希特的立场——不是我思故我在，而是我行动故我在，因为'我思'是从出的并与'我行动'相一致，或者自由的意识是在行动之中，那就不该被读作'我思故我在'，或者自由是从出的意识。"[135]克尔凯郭尔发现思维与存在同一中的困难，在于人的"自由"，人的意志的抉择本身若没有超越者的临在，就始终是自我的无限化的过程，而无限化的过程的缺失在于，无法返归于有限的自我。

在一则日记中，克尔凯郭尔写道："对我的跳跃理论，对辩证的转变与激情的转变之间的差异，这将是一项重要的考察。在最后的分析中，我所称之为激情的转变，亚里士多德则称之为省略三段论（enthymeme）。或许如此。多么不寻常，因为我现在正头一次读着亚里士多德《修辞学》中的省略三段论。"[136]据法里亚（M.J. Ferria）的研究，亚里士多德三段论的前提是人们的日常生活。[137]在与亚里士多德的比照当中，克尔凯郭尔"跳跃"理论的前提是实存本身。由此来看，克尔凯郭尔并不在逻辑意义上针对黑格尔，而是在逻辑性和现实性的差异中使得跳跃与个体相关。[138]

135　*Journals and Papers*,（vol.3），Ed. and trans. Howard V. Hong and Edna H. Hong, assisted by GregorMalantschuk. Bloomington and Indianapolis: Indiana University Press, 1967-1978,p.15.(第 2338 条.)

136　*Journals and Papers*,（vol.3）Ed. and trans. Howard V. Hong and Edna H. Hong, assisted by GregorMalantschuk. Bloomington and Indianapolis: Indiana University Press, 1967-1978,p.20,（第 2353 条）。

137　Faith and the Kierkegaardian leap, by M.J. Ferreira, 载于,《克尔凯郭尔》(影印版), 汉内、马里诺主编，三联书店，2006 年，p.222.

138　克尔凯郭尔认为，逻辑性与现实性是不相容的。〈恐惧的概念〉（*The Concept of Anxiety*），《畏惧与颤栗；恐惧的概念；致死的疾病》，京不特译，北京：中国社会科学出版社，2013 年，第 150-151 页。

克尔凯郭尔认为，个体是无限和有限的综合，而综合的过程是激情充满的过程。在《致死的疾病》中，克尔凯郭尔说到，"成为自身是成为具体者，但成为具体者既不是成为有限，也不是成为无限，因为去成为的具体者的确是一个综合。"[139] 在自我的无限化的过程中，激情（pathos，或译悲悯）历经舍弃-受苦-罪责三个环节，辩证则将激情（pathos）推向极致，成为新的激情（pathos），即罪的意识。而激情（pathos）的辩证则在于，个体并不停留在审美的激情中，而是使得激情在上帝赋予的条件下（此为辩证的关键）进入到宗教的领域之中。如此看来，因为上帝赋予的条件在于道成肉身（耶稣基督），所以，在审美激情向耶稣基督的跳跃中，是一种不确定性，此不确定性意味着，个体单单在观念之中无法进入到宗教 B 的激情。亨格夫妇认为，"在对实存问题的透彻考察中，克尔凯郭尔发现不能在思想或在实存中进行持续的运动。思想和实存遭遇到确定的界限，下个阶段或下个领域没有'跳跃'是不可能企及的。"[140] 换言之，由审美到伦理-宗教必须经由跳跃来进行。故此，两者之间不是"境界"的差别，而是领域之间质的相异性，进入伦理阶段需要个体的跳跃。[141]

克尔凯郭尔认为，跳跃是自我的无限化的过程，并在无限化的过程中回复到自身。在无限化的过程中，克尔凯郭尔区分了想象（imagination）和幻想（fantasy）。对于想象而言，想象是主体回复到主体的中介，"想象是无限化过程的中介，但他却不像其余者（比如感觉，认识，意愿）那样是一种能力"。[142] 如果想象仅仅是主体的一种能力，那么，想象始终居于内在性之中。对克尔凯郭尔而言，想象是中介，意味着个体对无限与有限的综合经由想象而完成。与想象相对，幻想仅仅是主体观念的投射，并未进入到现实性之中，"幻想引导进入无限状态，而这种引导的方式，使他离开自身，并因此而使他无

---

139 克尔凯郭尔著：《致死的疾病》，张祥龙、王建军译，北京：商务印书馆，2012 年，第 34 页。

140 *Journals and Papers*,(vol.3), Ed. and trans. Howard V. Hong and Edna H. Hong, assisted by GregorMalantschuk. Bloomington and Indianapolis: Indiana University Press, 1967-1978, p.794. note on leap.

141 *Journals and Papers*,(vol.1), Ed. and trans. Howard V. Hong and Edna H. Hong, assisted by GregorMalantschuk. Bloomington and Indianapolis: Indiana University Press, 1967-1978, p.158.第 385 条。

142 克尔凯郭尔著：《致死的疾病》，张祥龙、王建军译，北京：商务印书馆，2012 年，第 35 页。

法回到自身之中。"[143]如此，幻想同样是自我的无限化过程，但幻想无法成为具体的自我。[144]

对于幻想而言，个体的无限化过程意味着"可能性"，然而此可能性缺乏必然性。想象在于，个体的无限化过程是一种"可能性"，同时，因着信仰能克服罪带来的疏离，所以，个体能够在信仰中回复到具体的自我，从而在信仰中经历到可能性向现实性的实现。克尔凯郭尔认为，"当哲学家们把必然性解释为可能性和现实性的统一时，他们是错的——不，现实性是可能性和必然性的统一。"[145]必然性仅仅是观念之中的转换，而现实性则是个体由观念进入到现实，即由观念中的可能性（在上帝面前，一切都可能）进入到必然性（在上帝面前，才能成为真正的自我）。具体自我与现实性的关系在于，在信仰中，上帝的爱与现实世界可以通约，即伦理的最高目的在信仰中成为现实的。如此看来，信仰是最高的激情。在《哲学片断》中，克尔凯郭尔认为，"生成的变化就是从'可能性'到'现实性'的转换。"[146]如此，个体通过想象在无限化的过程中回复到具体自我的过程，便是生成。

克尔凯郭尔认为，对当下的生存的规定性就在"由生到死的过程"，这个由生到死的过程即时间性（或译暂时性，与永恒相对）。克尔凯郭尔说到，"死亡是最明显的跳跃"[147]在克尔凯郭尔的思想中，死亡表现为两种，一种是身体的死亡，即时间性的终结；另一种是精神的死亡，是当下发生的，即绝望。而死亡是显明了绝望本身。一般而言，绝望就是跳跃。绝望是个体意识到无限与有限的综合，但这一综合并不能由个体自身来完成，需要超越性的力量的参与。由此，绝望是自我的边界点，只有当自我意识到无限自身的永恒化倾向是不可能的，才能在瞬间中做出朝向永恒的跳跃。就此，时间性本身并不脱离永恒性而存在，个体的跳跃并不单独在永恒性中进行，但需要永恒性；

---

143 克尔凯郭尔著：《致死的疾病》，张祥龙、王建军译，北京：商务印书馆，2012 年，第 36 页。

144 克尔凯郭尔认为，"成为自身是成为具体者，但成为具体者既不是成为有限，也不是成为无限，因为去成为的具体者的确是一个综合"。克尔凯郭尔著：《致死的疾病》，张祥龙、王建军译，北京：商务印书馆，2012 年，第 34 页。

145 克尔凯郭尔著：《致死的疾病》，张祥龙、王建军译，北京：商务印书馆，2012 年，第 43 页。

146 克尔凯郭尔著：《哲学片断》，王齐译，北京：中国社会科学出版社，2013 年，第 89 页。

147 基尔克果著：《恐惧与战栗》，赵翔译，北京：华夏出版社，2014 年，第 74 页。

同时，在永恒性对时间性的扬弃中，自我经历到了瞬间，并在绝望的瞬间做出跳跃。由此看来，个体跳跃的基点在于主体自身的绝望，在此瞬间中，个体面向了永恒者。换言之，绝望是个体的生存状态，是在上帝面前的"罪"的意识。跳跃在于，在此瞬间中，个体经历了由非存在向存在的主体自身的转变，即"重生"。

克尔凯郭尔认为，跳跃是激情充满的过程，是主体经历的由"非存在"向"存在"的转变，此转变意味着个体由"非真理"向"真理"的转变，此"真理"便是个体在上帝面前成为自我。克尔凯郭尔说，如同自然人已然存在，"基督徒"以"实存"的基点去思考"非存在"到"存在"的转变，只不过，相比于自然人，"基督徒"[148]的自我与自由紧密相连，"自由就是自己能够决定自身"[149]自由的自我造就了自己的不自由状态。这个是重生者在瞬间中发现的生存者的精神实况。对于重生者（或基督徒）而言，自由产生了"不自由"，即"罪"，并在瞬间中，罪经"上帝"而克服，重新成为自由。为此，克尔凯郭尔引用了亚里士多德的《尼各马可伦理学》的一段话，"堕落者与有德者对其道德状况并无任何力量，但是在开始的时候，他的确有力量成为这样或那样，就像一个人在把石头扔出去之前有力量控制石头，而把石头扔出去之后就不行了。"[150]人的自由是时间中的决断，这种决断不同于观念中的自由，观念中的"自由"与"不自由"的辩证法（比如黑格尔的主奴辩证法）并不对生存者自身有影响，但时间性中的"自由"构造了"自我"，自我在"重生者"那里经由非存在达至存在，经由不自由达至自由。对于重生者，非存在到存在的转变是激情充满的过程。

由此来看，重复和跳跃体现了个体信仰的主动性，在重复和朝向信仰的跳跃中，个体在信仰中成为真实的自我，突破自我的内在性，进入到与上帝和世界的现实性之中。这个现实性包括上帝和世界。因上帝的爱与世界相通，故而，个体突破内在性之后，同样与真实的现实世界建立关系。

---

148 "自然人"与"基督徒"的对比出自《哲学片断》。相比较自然人的出生，基督徒是重生者。克尔凯郭尔著：《哲学片断》，王齐译，北京：中国社会科学出版社，2013年，见"第一章，思想方案"。

149 克尔凯郭尔著：《哲学片断》，王齐译，北京：中国社会科学出版社，2013年，第14页。

150 克尔凯郭尔著：《哲学片断》，王齐译，北京：中国社会科学出版社，2013年，第15页。

5.3 宗教 A 与宗教 B 的关系

宗教 A 与宗教 B 共同指向个体的永恒幸福的问题，"为了澄清该问题（永恒幸福），我首先讨论了激情充满，进而讨论了辩证，但是我要求读者不断地回忆，困难最终在于结合二者；生存着的人处在绝对的激情之中，为激情所充满，借助他的实存，他表达了系于永恒幸福的满满激情现在必须系于辩证的决断。"[151] 由此可以看出，宗教 A 与宗教 B 都归属于个体的实存，直接针对的是忽视个体激情的思辨哲学。[152]

但就宗教 A 而言呢，它具有双重性，一方面，宗教 A 可以下降至柏拉图和思辨哲学的命题式的客观性真理，从而不再有实存的激情。另一方面，宗教 A 可以成为宗教 B 的跳板。宗教 B 除具有宗教 A 的特点外，还与宗教 A 具有质的不同，"辩证存在于如下方式中，个体被认为以适当的激情将自身系于永恒幸福，此永恒幸福自身被另外的规定性辩证地造成，此规定性反过来作为激励因素（incitement）把激情带向极致。"[153] 宗教 B 不同于宗教 A 的地方在于"另外的规定性"，此另外的规定性是指绝对悖论，即，通过道成肉身，耶稣基督作为绝对的他者进入到宗教 A 中，从而辩证地把宗教 A 推向极致。

宗教 A 之激情上升或下降，其相应的生存态度或动力取决于反讽和幽默。反讽是审美与伦理（绝对的目的）之间的生存态度，而幽默则是伦理（绝对的目的）与宗教之间的生存态度。审美是个体与现世之事物（客体）之直接认同（直接性）。反讽是主体自身发现外在与内在的不和谐。当反讽转向外在，暴露外在的矛盾时为喜剧，而当反讽转向自我时，会发现自我本身是一个矛盾。克尔凯郭尔借用柏拉图《斐德若》中的苏格拉底阐明了这一点。在认识自我的问题上，苏格拉底以反讽的方式转向自我，"理智隐约感觉到的悖谬（paradox）反过来又作用于人及其自我认识，结果原先相信已经认识了自己的人现在却不再肯定地知道，他是一个比泰风更奇怪的复杂动物呢，还是他

---

151 *Concluding Unscientific Postscript,* by Soren Kierkegaard, Ed. and trans. by Howard V. Hong and Edna H. Hong, Princeton University Press, 1992, p.386.

152 在思辨哲学的领域，激情是"普通，简单的激情"，可以被忽视掉，例如，在黑格尔处理亚伯拉罕的献子事件中，亚伯拉罕的爱的激情被视为一种情绪，有碍于伦理的实现。黑格尔是在现实性中发现绝对观念（或理性）的因素，并以此来规范个体的伦理生活。

153 *Concluding Unscientific Postscript,* by Soren Kierkegaard, Ed. and trans. by Howard V. Hong and Edna H. Hong, Princeton University Press, 1992, p.385.

的存在当中分有某种温和的、神性的部分"¹⁵⁴。苏格拉底不知自己是人还是动物，此时，反讽与悲剧相连，进入到生存伦理之中。在生存伦理与宗教之间，幽默类比与反讽，发现内在之自我无法摆脱矛盾时，进入到宗教，而当其自身可以找到出路时，于是，生存伦理便下降进入到直接性的伦理之中。

克尔凯郭尔用"反讽"和"幽默"连接审美的直接性、生存伦理和宗教。对此，"审美——伦理——宗教"应有如下理解：

首先，克尔凯郭尔的伦理具有双重含义。黑格尔的直接性的伦理在克尔凯郭尔的"审美——伦理——宗教"三领域中对应的是"审美"。克尔凯郭尔认为，黑格尔的伦理是绝对观念在人类历史中的体现，直接呈现的是习俗与广义的国家（或共同体），此伦理在现世的表达是基督教世界，与个体无关。在指明黑格尔的伦理忽视个体实存之后，克尔凯郭尔提出生存伦理，即绝对的善对个体而言是绝对的目的。在生存伦理中，共同体是人之自然性的表达，是人类之建制，此共同体是个体天然所处的世界。在此绝对的善之下，个体与共同体建立相对的关系。如此，共同体对个体的"伦理"规定取决于绝对的善，有超越共同体的更高的善，如此，因绝对的善在现世不是直接的呈现，所以，个体悬置了"生存伦理"中的绝对的善。个体悬置伦理的意味是，在现实性面前，绝对的善显示为不可认识的"深渊"。如此，在个体的内在性之中，个体面临的是审美与宗教之间的决断。

第二，在悬置伦理之后，克尔凯郭尔的"审美——伦理——宗教"的三阶段便转化为，（1）"审美——（反讽）——伦理（生存伦理的绝对的善；）"和（2）"审美（把绝对的善作为相对的善）——（幽默）——伦理-宗教"。因绝对的善也就是上帝自身，所以，（1）的"伦理"也就是（2）的"伦理-宗教"。宗教A的激情是个体面对"审美"与"伦理-宗教"的生存决断。（2）和（1）是类比的关系。

第三，在（1）中，个体借助反讽由审美进入生存伦理。反讽者要成为伦理者，其条件是，反讽者自身把自我同无限关联起来。克尔凯郭尔举苏格拉底为例，对苏格拉底而言，反讽只是伪装，苏格拉底的自我与无限的绝对要求相关。¹⁵⁵克尔凯郭尔认为，"反讽是伦理激情和文化的合一（unity），此激

154 克尔凯郭尔著：《哲学片断》，王齐译，北京：中国社会科学出版社，2013年，第46页。

155 *Concluding Unscientific Postscript,* by Soren Kierkegaard, Ed. and trans. by Howard V. Hong and Edna H. Hong, Princeton University Press, 1992, p.503.

情在内在性中无限地强调自我与伦理要求的关系，此文化在外在性之中无限地从人格之我中抽象出来，人格之我被作为有限性，被包容进诸有限性和诸特殊性之中。"[156]个体是无限与有限的综合。"文化"是个体的无限化的抽象过程，此抽象使得个体成为"抽象自我"。"伦理"则要求个体成为现实性的具体的自我。在此有两种可能性：1. 反讽者是审美者。在此，反讽者仅仅是观察者，"如果观察者设想反讽者是伦理者，那么观察者被愚弄了，因为反讽只是一种可能性。"[157]。反讽者容易成为观察者，只是置身事外，与他人无涉，以反讽的方式发现他人的矛盾，从未进入到具体自我的现实性之中。2. 反讽者是伦理者。为了使自我与内向性相关，反讽者以反讽作为自己的伪装："为了不被有限性打扰，不被此世一切的相对性打扰，伦理者把喜剧放在自身与世界之间，借此确信自己并未通过对伦理激情的天真误解而成为喜剧的。"[158]换言之，审美者在外在世界发现喜剧，看到他人与周遭世界的矛盾，伦理者在内在世界发现悲剧[159]，看到自身与周遭世界的矛盾，"尽管如此，伦理者足够反讽地充分意识到，绝对地吸引自身的事物，并不绝对地吸引他人。[160]

　　第四，类比于（1）"审美-反讽-伦理"，在（2）中，个体借助"幽默"由审美（"直接性伦理"）进入"伦理-宗教"。幽默者要成为宗教者，其条件是，幽默者把灵性的成熟（spiritual maturity）和绝对的宗教激情(absolute religious passion)结合起来。[161]灵性的成熟意味着，幽默者从外在性返回到内在性之中，从而与绝对者建立关系。此处有两种可能性：1. 幽默者是审美者（此处幽默的作用与反讽相同，都未把自我与绝对者相关）。当幽默者在个体的内在性中发现其他个体与绝对者的矛盾时，幽默者的"灵性的成熟"会成为"骄傲"[162]，

156 *Concluding Unscientific Postscript,* by Soren Kierkegaard, Ed. and trans. by Howard V. Hong and Edna H. Hong, Princeton University Press, 1992, p.503.

157 *Concluding Unscientific Postscript,* by Soren Kierkegaard, Ed. and trans. by Howard V. Hong and Edna H. Hong, Princeton University Press, 1992, p.505.

158 *Concluding Unscientific Postscript,* by Soren Kierkegaard, Ed. and trans. by Howard V. Hong and Edna H. Hong, Princeton University Press, 1992, p.504.

159 "悲剧是受苦的矛盾，喜剧是无痛苦的矛盾" *Concluding Unscientific Postscript,* by Soren Kierkegaard, Ed. and trans. by Howard V. Hong and Edna H. Hong, Princeton University Press, 1992,p.514.

160 *Concluding Unscientific Postscript,* by Soren Kierkegaard, Ed. and trans. by Howard V. Hong and Edna H. Hong, Princeton University Press, 1992, p.505.

161 *Concluding Unscientific Postscript,* by Soren Kierkegaard, Ed. and trans. by Howard V. Hong and Edna H. Hong, Princeton University Press, 1992, p.506.

162 *Concluding Unscientific Postscript,* by Soren Kierkegaard, Ed. and trans. by Howard V. Hong and Edna H. Hong, Princeton University Press, 1992, p.509.

这表现在，幽默者将上帝与次终极之事相结合，从而使得"次终极之事"成为幽默者和上帝之间的第三个因素，具体表现为，幽默者在对次终极之事的无限舍弃中，并未借信仰返回到"次终极之事"，由此造成，幽默者仅仅有"灵性的成熟"（无限地返回到内在性），但并未在内在性中与上帝建立关系，把灵性的成熟作为信仰的确定性。修道生活显明了修道者与世俗的差别，此差别是诱惑，使得个体易于将"灵性的成熟"作为"善工"。2. 幽默者是宗教者。此处，对"幽默者"而言，"绝对的目的"是不确定性，在斩断了与目的论的关系之后，幽默者不会把自我与他人作对比，"相对的宗教性是外在性，而不是宗教性。"[163]幽默者借助"绝对的激情"返回到个体的内在性中，同时在外在性中与他人没有分别。在绝对的激情中，只有幽默者与绝对者的关系，外在性不能作为第三者来判定幽默者的宗教激情。如此，在幽默者把个体的灵性成熟（宗教 A）提升为对宗教者的绝对激情（宗教 B）。

综上所述，宗教 A 和宗教 B 共同属于个体的激情。两者的关系是辩证的：一方面，宗教 A 是宗教 B 的起点，没有宗教 A 就没有宗教 B；另一方面，宗教 B 是对宗教 A 的扬弃，绝对地相异于宗教 A，此关键点在于，宗教 B 与耶稣基督相关，从而加强了宗教 A。在宗教 B 中，个体的"罪"的意识以及信仰都是以耶稣基督为"条件"的，缺此条件，则仅仅是宗教 A。这意味着，宗教 A 反映的是人之为人的基本（人性），宗教 B 并不剥除人之为人的人性，但在人性中，有一个绝对相异于个体的他者出现。换言之，宗教 B 是对宗教 A 的扬弃，既保留又提升，此扬弃的最终依据在于绝对悖论。当然，宗教 A 不能单独存在，单独存在的"宗教 A"依然只是人的内在性，并没有进入与绝对者的绝对关系之中，缺乏宗教 B，宗教 A 的个体依然处在"审美"之中。

5.4 小结

在历史与信仰的关系上，在否定了经由历史知识和理性来认识作为绝对悖论的耶稣基督之后，克尔凯郭尔认为，个体经由信仰（激情）可以认识绝对悖论，这个激情表现为宗教 A 和宗教 B 的激情。

宗教 A 和宗教 B 的激情直接针对的是对耶稣基督的客观的认识，从这个角度看，宗教 A 附属于宗教 B。从激情的整体来看，个体的激情表现为，舍

---

163 *Concluding Unscientific Postscript*, by Soren Kierkegaard, Ed. and trans. by Howard V. Hong and Edna H. Hong, Princeton University Press, 1992, p.508.

弃、受苦、罪责和罪的意识几个环节。个体的激情在追求无限化的过程中，力图同时与有限性建立关系，但结果却是有限与无限的失衡，即绝望。在宗教 B 的"绝对悖论"（耶稣基督）面前，绝望继续深化为"罪"的意识。就此来看，克尔凯郭尔的激情取消了人与神之间的直接性关系，同时，显明了上帝与人之间有着无限的质的差异性。

与"罪"的意识相关，克尔凯郭尔认为，耶稣基督作为他者突破个体的内在性，从而，成为个体的冒犯的可能性。经历冒犯的可能性之后，个体通过信仰认识绝对悖论，这表现为，个体经历到回到现实性的不可能性的"重复"，此为个体信仰的消极情绪；个体在朝向信仰的跳跃中，重新回到现实性，此为"朝向信仰的跳跃"，这表现为个体信仰的积极情绪。

第 6 章　结　语

6.1 历史、理性与耶稣基督

克尔凯郭尔提出绝对悖论的思想，意在解决历史与信仰关系中的难题。这个难题起源于启蒙运动的认识论。启蒙运动的认识论在历史真理与理性真理之间做了区分，并认为，理性真理高于历史真理。启蒙运动的认识论被克尔凯郭尔概括为"客观性问题"，这表现为："客观地理解，真理意味着：（1）历史的真理。（2）哲学的真理。以历史的真理视之，真理必须经由对各种报告等的批判考量奠定，一句话，以历史真理通常被奠定的方式。至于哲学的真理，探寻转向历史的给定的、证实的教义与永恒真理的关系的问题。"[1] 在克尔凯郭尔的时代，部分启蒙思想家把启蒙运动的认识论用到基督教的信仰对象上，对基督教产生了巨大的冲击。历史真理可以被视为历史评断学对耶稣生平的探究，理性真理可以被视为理性所形成的真理观。

就历史真理与耶稣基督的关系而言，道成肉身是一个绝对的悖论，不随历史的进展而改变。在历史的进展中，人们可以通过回忆保留宗教的教义，从而形成宗教的礼仪和传统，就如特洛尔奇（Ernst Troeltsch）所言："这种仪规既是现身说法和潜移默化的手段，也是一种经典的形态，它首先必须培养人们对于宗教祖师、先知和英雄的回忆。不论宗教仪规如何利用它同时代的各种力量，它总是与自身的历史基础及其体现保持密切的联系。"[2] 但在克尔凯

1　*Concluding Unscientific Postscript,* by Soren Kierkegaard, Ed. and trans. by Howard V. Hong and Edna H. Hong, Princeton University Press, 1992,p.21.

2　特洛尔奇著：《基督教理论与现代》，朱雁冰等译，香港：汉语基督教文化研究所，1998 年，第 267 页。

郭尔看来，个体的人与宗教传统不具有优先地位，尽管宗教传统可以发挥文化上的功用，但不过是个体的人与耶稣基督建立关系的机缘。而且克尔凯郭尔认为在历史的进展中，绝对的悖论（耶稣基督）只存在于人们的记忆中，于是，悖论不再为悖论，而是被时代的文化装点一番，这恰恰是个人不能成为个体的原因。克尔凯郭尔要回到原始的基督教中去，因为唯有亲临"绝对的悖论"，个体的人才真正意识到信仰的不确定性，才能在不确定的深渊作出"朝向信仰的跳跃"。[3]

就理性真理与耶稣基督的关系而言，克尔凯郭尔认为人的理性并不是自足的，不足以认识作为绝对悖论的耶稣基督。"绝对的悖论"对个体而言具有两重性，消极的一面显示出耶稣基督超出人的理性的认识之外，积极的一面指，耶稣基督是上帝进入到人类的历史之中以实现对人的救赎，因为唯有道成肉身，人才可以有条件知道罪的意识。罪的意识意味着，人的理性并非自足，自身不具有认识耶稣基督的条件。如此来看，启蒙运动的认识论区分并不适用于基督教的信仰对象。换句话说，在耶稣基督面前，理性真理并不高于历史真理。克尔凯郭尔通过把耶稣基督作为绝对的悖论来解决启蒙运动的认识论带来的难题。

6.2 信仰与耶稣基督

克尔凯郭尔通过信仰的激情来认识绝对悖论的思想，对德国观念论的人与上帝关系的认识论难题提出了解答。在德国观念论内部，人之有限与上帝之无限的关系是一个认识论上的难题。对于康德而言，康德设定了有限与无限的异质性，有限与无限之间有一个明确的界限。但是，如果有限与无限的差异性事先由理性来设定，而理性处在有限与无限的两侧，那么，有限与无限的明确的界限最终又被消解掉了。对于黑格尔而言，黑格尔同样首先设定

---

3 克尔凯郭尔在日记中有如下话语："路德的错误在于他返回得不够，在于没有使我们充分地与基督同时。" Jacques Colette, *Kierkegaard: The difficulty of Being Christian*, Notre Dame: University of Notre Dame Press, 1968, p244-245. 另外，洛维特有如下总结，"基尔克果认为，必须通过'吸收'和'同时代化'来重新熟悉原始基督教，从而'抛弃 1800 年的时间'，抛弃横亘在我们和原始基督教之间的时间，就好像'根本没有过这段时间'。"参见，洛维特撰：《基尔克果与尼采——对虚无主义的哲学和神学克服》，载于，洛维特，沃格林等著：《墙上的书写——尼采与基督教》，田立年、吴增定等译，华夏出版社 2004 年版，第 90 页。

了有限与无限的差异性。但他认为，理性可以取消有限与无限的界限，具体的方式是，理性通过中介由有限达至无限，如此，有限和无限的最初差异性同样被消解掉了。[4]针对有限与无限之间的难题，克尔凯郭尔的解决方式是，他把有限和无限的两极内化到个体之中，有限和无限不再是个体之有限与上帝之无限的外在关系，而是个体本身是由有限和无限构成。从思想史来看，一方面，克尔凯郭尔回到了康德所设定的有限与无限的异质性上，用克尔凯郭尔自己的话说是"上帝与人之间的无限的质的差异性"。另一方面，克尔凯郭尔通过信仰的激情来突破理性自身形成的内在性，从而使得个体自身与作为绝对悖论的耶稣基督相遇。克尔凯郭尔置身于德国观念论传统的内部，但他通过信仰的激情走出了观念的内在性。后来的实存主义哲学继承了克尔凯郭尔对个体的激情的强调，并在此基础上开辟了不同于德国观念论的思想园地。

不止于此，克尔凯郭尔的信仰的激情在根深层次上指向了耶稣基督的历史与基督教的关系问题。对克尔凯郭尔而言，耶稣基督是唯一的历史现象。如此，一千八百多年（由基督至克尔凯郭尔所处的时代）的教会历史被集中到耶稣基督的历史性上了。克尔凯郭尔把耶稣基督称为"时间充满"，是永恒性对时间性的中断所形成的瞬间。个体的信仰激情表现在，个体把永恒幸福建立在此唯一的历史事件上。通过信仰的激情，克尔凯郭尔突出了个体与耶稣基督的实存方面的关联。在传统的基督教思想中，基督论探讨的是耶稣基督的神性与人性如何在一个身位中连接的问题。克尔凯郭尔从实存的视角突出了个体如何跨越历史的距离来认识既具有神性又具有人性的耶稣基督。克尔凯郭尔给出的答案是，直接与耶稣基督处在同时代是不可能的。信仰的激情跨越历史的距离在个体的内向性中实现与耶稣基督的同时代。

思想家蒂里希对克尔凯郭尔做出了批评，他说道："他（指克尔凯郭尔）的说明要求你跳过两千年，到公元三十年去解决的你的问题是完全不实在的，因为没有人可以这样做。可以假定，理智的跳跃，或者情感的理智的跳跃是你的整个自我所决定的，是以两千年的教会和文化历史为条件的。"[5]蒂里希对

4　威廉·德斯蒙德撰，"序言"，刘哲著：《黑格尔辩证-思辨的真无限概念：在康德与费希特哲学视域中的黑格尔〈逻辑学〉》，北京：北京大学出版社 2009 年。

5　蒂利希著：《基督教思想史》，尹大贻译，香港：汉语基督教文化研究所有限公司，2004 年，第二版，第 591 页。

耶稣基督的解释是，耶稣基督作为"时间充满"（Kairos,或译，凯逻斯），并不是对尘世生活的中断，相反，尘世生活同样蕴涵着上帝普遍的启示，它为耶稣基督的出现准备了条件。如此，人可以通过教会历史和文化传统认识耶稣基督。如果历史是上帝的普遍启示，历史成为认识耶稣基督的渠道，那么，人可以通过历史来认识上帝的作工，从而认识耶稣基督是谁。与蒂里希不同，克尔凯郭尔通过绝对悖论否定了人可以通过历史来认识耶稣基督，从而强调了耶稣基督是谁的问题的优先性。

由此来看，克尔凯郭尔把耶稣基督的"时间充满"（凯逻斯）解释为，永恒性对时间性的中断，突出了基督与尘世历史的紧张关系。而蒂里希则强调上帝的普遍启示，此普遍启示并不脱离尘世历史。

在更深的层次上，克尔凯郭尔在"中断"中突出了个体的独特性。如果上帝的启示在普遍历史中可以找到，那么，普遍历史可以成为个体信仰的依据，进而，个体的信仰就可以在认识活动中认识上帝的启示。这样的话，个体就显得无足轻重。与普遍历史相反，克尔凯郭尔突出了耶稣基督的"永恒性"对"时间性"的中断。这意味着，个体的信仰需要耶稣基督。个体经历到理性认识活动的不可能性。通过此不可能性，克尔凯郭尔突破了单纯的认识活动，使个体与作为他者的耶稣基督相遇。

克尔凯郭尔的绝对悖论观念使得个体的信仰本身成为悖论性的。信仰的激情的极致是把客观的绝对悖论（主体）纳入到个体（主体）的内在性中，当内在性被绝对悖论中断后，个体的信仰不会落入主体性的幻相之中。克尔凯郭尔关于信仰激情的观点有两方面的作用。一方面，克尔凯郭尔对信仰的激情的强调是对施莱尔马赫开创的现代神学的继承，继承的地方在于对主体性信仰的强调。施莱尔马赫神学的重心由基督教的客观的上帝启示转向主体的信仰上。他说道："任何关于上帝的声明要对我们发生作用，要在我们内心发生作用，都只能就上帝对我们的关系来表述上帝；这并非一种低于人类水平的对上帝的无知，而是在与上帝的关系中人类的局限性之本质。"[6]克尔凯郭尔突出信仰的激情本身是延续了施莱尔马赫关于信仰学说的说法。另一方面，克尔凯郭尔强调信仰的激情的悖论性，这又是对克尔凯郭尔同时代的部分思想家的信仰学说的批判。在把绝对悖论内化到自身之中的过程中，克尔凯郭

6　转引自，利文斯顿著：《现代基督教思想》（上、下），何光沪译，赛宁校，成都：四川人民出版社，1999 年（第二版），第 214 页。

尔突出了个体的"罪"的意识，从而显明了神与人之间的质的相异性。施莱尔马赫认为，人与神并无质的相异性，上帝意识是人类意识的构成部分，他说道："假如在所考察的任何特定时刻，上帝构成了我们的自我意识的组成部分，可是这种对上帝的意识未能渗入其中另外的活跃因素……那么，罪与对罪的意识就同时发生了，而且，感官的自我意识由于满足而感到愉快，但更高的自我意识则由于上帝意识的无力而感到痛苦。"[7]在取消了神与人之间的质的差异性之后，个体对罪的意识的克服就可以通过自我对上帝意识的认识而实现。克尔凯郭尔通过信仰的悖论性批判了个体在观念的内部来实现对罪的克服。个体的自我意识在信仰中经历到自我意识的突破，上帝作为异质性的他者进入到个体的内在性之中。由此，克尔凯郭尔通过信仰的激情拉开了个体与上帝之间的无限的质的相异性，从而对施莱尔马赫等的现代神学取消此异质性的做法做出了批判。

---

7 转引自，利文斯顿著：《现代基督教思想》（上、下），何光沪译，赛宁校，成都：四川人民出版社，1999 年（第二版），第 216 页。

参考文献

一、克尔凯郭尔的著作（中英译本）

中文文献：

1. 克尔凯郭尔（Kierkegaard），又被译为，祁克果、齐克果、基尔克果、基尔凯郭尔等。

2. 齐克果著：《齐克果日记》，孟祥森译，水牛出版社，1967 年。

3. 齐克果著：《作为一个作者我的作品之观点》，孟祥森译，台湾：水牛出版社，1968 年。

4. 齐克果著：《忧惧之概念》，孟祥森译，台湾：商务印书馆，1969 年。

5. 祁克果著：《祁克果的人生哲学》，谢秉德译，香港：基督教文艺出版社 1990 年第四版。

6. 祁克果著：《祁克果语录》（四卷），陈俊辉编译，台北：扬智文化，1993 年。

7. 克尔凯郭尔著：《恐惧与颤栗》，刘继译，贵州：贵州人民出版社，1994 年。

8. 克尔凯郭尔著：《恐惧与颤栗》，一谌、肖聿译，北京：华夏出版社，1999 年。

9. 基尔克果著：《恐惧与战栗》，赵翔译，北京：华夏出版社，2014 年。

10. 基尔克果著：《论怀疑者》，陆兴华译，香港：汉语基督教文化研究所，1995 年。

11. 克尔凯郭尔著：《十八训导书》，吴琼译，北京：中国工人出版社，1997 年。

12. 齐克果著：《爱在流行——一个基督徒的谈话省思》，林宏涛译，台湾：商周出版，城邦文化发行，2000 年。

13. 克尔凯郭尔著：《基督徒的激情》，鲁路译，冯文光校，北京：中央编译出版社，2001 年。

14. 克尔凯戈尔著：《克尔凯戈尔日记选》，彼得·罗德编，晏可佳、姚蓓琴译，上海：上海社会科学院出版社，2002 年。

15. 克尔凯郭尔著：《百合·飞鸟·女演员》，京不特译，北京：华夏出版社，2004 年。

16. 克尔凯郭尔著：《论反讽概念——以苏格拉底为主线》，汤晨溪译，北京：中国社会科学出版社，2005 年。

17. 祈克果著：《勇气与谦卑——祈克果谈作基督徒》，林梓凤译，台北：校园书房出版社，2006 年。

18. 基尔克果著：《或此或彼》（上、下），阎嘉译，北京：华夏出版社，2007 年。

19. 基尔凯郭尔著：《重复》，京不特译，北京：东方出版社，2011 年。

20. 克尔凯郭尔著：《哲学片段》，翁绍军译，北京：商务印书馆，2012 年。

21. 克尔凯郭尔著：《哲学片断》，王齐译，北京：中国社会科学出版社，2013 年。

22. 克尔凯郭尔著：《致死的疾病》，张祥龙、王建军译，北京：商务印书馆，2012 年。

23. 克尔凯郭尔著：《畏惧与颤栗；恐惧的概念；致死的疾病》，京不特译，北京：中国社会科学出版社，2013 年。

英文文献：

1. *Journals and Papers,* (7 vols.) Ed. and trans. Howard V. Hong and Edna H. Hong, assisted by Gregor Malantschuk. Bloomington and Indianapolis: Indiana University Press, 1967-1978.

2. *The Concept of Irony,*(2 vols.)by Soren Kierkegaard, Ed. and trans. Howard V. Hong and Edna H. Hong, Princeton University Press, 1989.

3. *Either/Or* , (2 vols.) by Soren Kierkegaard, Ed. and trans. Howard V. Hong and Edna H. Hong, Princeton University Press, 1987.

4. *Eighteen Upbuilding Discourses,* by Soren Kierkegaard, Ed. and trans. by Howard V. Hong and Edna H. Hong, Princeton University Press, 1998.

5. *Fear and Trembling; Repetition,* by Soren Kierkegaard, Ed. and trans. Howard V. Hong and Edna H. Hong, Princeton University Press, 1983.

6. *Fear and Trembling,* by Soren Kierkegaard, Trans. Alastair Hannay, Harmondsworth: Penguin Press,1985.

7. *Philosophical Fragments; Johannes Climacus,* by Soren Kierkegaard, Ed. and trans. Howard V. Hong and Edna H. Hong, Princeton University Press, 1985.

8. *Repetition and Philosophical crumbs,* by Soren Kierkegaard, tans. M.G. Piety, Oxford: Oxford University Press, 2009.

9. *The Concept of Anxiety,* by Soren Kierkegaard, Ed. and trans. by R.Thomte in collaboration with A.B.Anderson, Princeton University Press, 1980.

10. *Concluding Unscientific Postscript,*(2 vols.) by Soren Kierkegaard, Ed. and trans. Howard V. Hong and Edna H. Hong, Princeton University Press, 1992.

11. *Concluding Unscientific Postscript,* by Soren Kierkegaard, Ed. and trans.Alastair Hannay, Cambridge University Press, 2009.

12. *The Sickness Unto Death,* by Soren Kierkegaard, Ed. and trans. Howard V. Hong and Edna H. Hong, Princeton University Press, 1980.

13. *Practice in Christianity,* by Soren Kierkegaard, Ed. and trans. by Howard V. Hong and Edna H. Hong, Princeton University Press, 1991.

14. *The Point of View,* by Soren Kierkegaard, Ed. and trans. by Howard V. Hong and Edna H. Hong, Princeton University Press, 1998.

二、克尔凯郭尔的研究著作（中英文文献）

（一）中文文献

（A 表示思想史方面的相关文献；B 表示有关克尔凯郭尔的研究文献；C 表示文章、论文、辞典）：

A. 思想史方面的相关文献

1. 《圣经》（和合本），由中国基督教三自爱国运动委员会、中国基督教协会出版发行，南京爱德印刷有限公司承印，2006 年印刷。

2. 韩客尔(Carl Henry)著：《神·启示·权威Ⅱ》，康来昌译，台湾：中华福音神学院出版社，1982 年。

3. 布尔特曼等著：《生存神学与末世论》，李哲汇、朱雁冰等译，上海：上海三联书店，1995 年。

4. 帕利坎著：《历代耶稣形象——及其在文化史上的地位》，杨德友译，香港：汉语基督教文化研究所，1995 年。

5. 特洛尔奇著：《基督教理论与现代》，刘小枫编，朱雁冰等译，香港：汉语基督教文化研究所，1998 年。

6. 麦葛福著：《基督教神学手册》，刘良淑、王瑞琦译，台湾：校园书房出版社，1998 年。

7. 麦葛福著：《基督教原典菁华》，杨长慧译，台湾：校园书房出版社，1998 年。

8. 利文斯顿著：《现代基督教思想——从启蒙运动到第二届梵蒂冈公会议》（上、下），何光沪译，赛宁校，成都：四川人民出版社，1999 年（第二版）。

9. 帕利坎著：《基督教传统——大公传统的形成》，翁绍军译，陈佐人校，上海：华东师范大学出版社，2009 年。

10. 《基督教思想史》，蒂利希著，尹大贻译，香港：汉语基督教文化研究所有限公司 2004 年（第二版）。

11. 福特（David F. Ford）编：《现代神学家：二十世纪基督教神学导论》，董江阳、陈佐人译，香港：汉语基督教文化研究所有限公司，2005 年。

12. 巴特著：《罗马书释义》，魏育青译，上海：华东师范大学出版社，2005 年。

13. 潘能伯格著：《神学与哲学——从它们共同的历史看它们的关系》，李秋零译，香港：汉语基督教文化研究所有限公司，2006 年。

14. 洛维特著：《从黑格尔到尼采——19 世纪思维中的革命性决裂》，李秋零译，北京：三联书店，2006 年。

15. 莱辛著：《历史与启示——莱辛神学文选》，朱雁冰译，北京：华夏出版社，2006 年。

16. 朋霍费尔著：《第一亚当与第二亚当》，朱雁冰、王彤译，北京：华夏出版社，2007 年。

B. 有关克尔凯郭尔的研究文献

1. 华尔泰·劳锐（Walter Lowrie）著：《齐克果一生的故事》，孟祥森译，译林出版社（并未标明出版日期）。

2. 威廉·哈本（William Hubben）著：《人类命运四骑士——陀斯妥也夫斯基、齐克果、尼采与卡夫卡》，杨耐冬译，台湾：水牛出版社，1972 年（第三版）。

3. 陈俊辉著：《祁克果与现代人生》，台湾：黎明文化事业股份有限公司，1987 年。

4. 陈俊辉著：《祁克果》，台湾：东大图书股份有限公司，1989 年。

5. 杨大春著：《沉沦与拯救——克尔凯戈尔的精神哲学研究》，北京：人民出版社，1995 年。

6. 杨庆球著：《成圣与自由——王阳明与西方基督教思想的比较》，香港：建道神学院，1996 年（参见，"第二部分自由与敬虔：祁克果与王阳明主体性的研究"）。

7. 王平著：《生的抉择——克尔凯戈尔的哲学思想研究》，北京：商务印书馆，2000 年。

8. 王齐著，《走向绝望的深渊——克尔凯郭尔的美学生活境界》，北京：中国社会科学出版社，2000 年。

9. 陈俊辉著：《祁克果存在诠释学》，师大书苑有限公司，2002 年。

10. 孙毅著：《个体的人——祁克果的基督教生存论思想》，北京：中国社会科学出版社，2004 年。

11. 谢文郁著：《自由与生存：西方思想史上的自由观追踪》，张秀华、王天民译，上海：上海人民出版社，2007 年。

12. 阿多诺著：《克尔凯郭尔：审美对象的建构》，李理译，北京：人民出版社，2008 年。

13. 汝信著：《看哪，克尔凯郭尔这个人》，开封：河南大学出版社，2008 年。

14. 娄林主编：《基尔克果与苏格拉底》，北京：华夏出版社，2012 年。

15. 郝岚著：《探究哲学与信仰》，罗晓颖、张文涛译，北京：华夏出版社，2014 年。

C. 文章、论文、辞典

1. "论基尔克果复调叙述文体的哲学意义"，孙毅撰，《道风汉语神学学刊》，第八期，刘小枫主编，香港：汉语基督教文化研究所，1998 年。

2. "生存的个体——克尔凯郭尔寻求信仰的思想路程"，谢志斌撰，《基督的尘世面容》（道风基督教文化评论，第十七期），张贤勇主编，香港：汉语基督教文化研究所有限公司，2002 年。

3. "论克尔凯郭尔'绝对悖论'的观念"，孙毅撰，见《宗教研究》（2003 年号，总第一期），方立天主编，北京：中国人民大学出版社，2004 年。

4. "基尔克果与尼采——对虚无主义的哲学和神学克服"，洛维特撰，见《墙上的书写——尼采与基督教》，洛维特，沃格林等著，田立年，吴增定等译，北京：华夏出版社，2004 年。

5. "理性与信仰：克尔凯郭尔神学悖论中的启示和意义"，梁卫霞撰，《兰州学刊》，2004 年，第 5 期。

6. 博士论文梁卫霞，"'基督教界'的'助产术'"复旦大学 2005，收入中国博士学位论文全文数据库。

7. "《恐惧与颤栗》'引言'章义析"，赵翔撰；"基尔克果的无限弃绝与信仰"，李匹特撰，赵翔译，两篇文章收入《维柯与古今之争》，刘小枫、陈少明主编，北京：华夏出版社，2008 年。

8. "从基督论看植根于历史的救赎"，江丕盛撰，见《历史的启示与转向》，赵林、杨熙楠主编，桂林：广西师范大学出版社，2008 年。

9. 辞典：

（1）《当代神学辞典》（上、下），中文版主编：杨牧谷，中文版校订：陈济民、康来昌，（英文版主编：S. B. Ferguson, D. F. Wright，英文版校订：J. I. Packer），校园书房出版社，1997 年。

（2）《西方哲学英汉对照辞典》，尼古拉斯·布宁、余纪元编著，北京：人民出版社，2001 年。

（二）英文文献（A 表示论著；B 表示文章；C 表示其他论著和辞典）：

A. Books on Kierkegaard

1. Cappelorn, Deuser and Stewart. 2004 *Kierkegaard Studies yearbook*, Walter de Gruyter.

2. Cappelorn and Deuser. 2005 *Kierkegaard Studies yearbook*, Walter de Gruyter.

3. Colette, Jacques. 1968 *Kierkegaard: The difficulty of Being Christian*, University of Notre Dame Press.

4. Collins, James. 1953 *The Mind of Kierkegaard*, Henry Regnery Company.

5. Connell, George B. and Evans, C. Stephen. 1992 *Foundations of Kierkegaard's Vision of Community: Religion, Ethics, and Politics in Kierkegaard*, Humanities Press.

6. Conway, Daniel W. 2002 *Soren Kierkegaard: Critical Assessments of Leading Philosophers,* Vol.1-4, Routledge London and New York.

7. Crites, Stephen. 1972 *In the Twilight of Christendom: Hegel vs. Kierkegaard on Faith and History*, American Academy of Religion.

8. Dunning, Stephen N. 1985 *Kierkegaard's Dialectic of Inwardness: A Structural Analysis of the Theory of Stages*, Princeton University Press.

9. Dupre, Louis. 1963 *Kierkegaard As Theologian: The Dialectic of Christian Existence*, Sheed and Ward.

10. Emmanuel, Steven M. 1996 *Kierkegaard and the Concept of Revelation,* State University of New York.

11. Evans, C. Stephen. 1983 *Kierkegaard's "Fragments" and "Postscript": The Religious Philosophy of Johannes Climacus.* Humanities Press Internationa.

12. Evans, C. Stephen. 1992 *Passionate Reason: Making sense of Kierkegaard's Philosophical Fragments*, Indiana University Press.

13. Evans, C. Stephen. 1998 *Faith beyond Reason: A kierkegaardian Account*, Wm. B. Eerdmans Publishing Company.

14. Ferreira, M.Jamie. 1991 *Transforming Vision: Imagination and Will in Kierkegaardian Faith*, Oxford: Clarendon Press.

15. Hannay, Alastair. 1991 *Kierkegaard,* London and New York: Routledge and Kegan Paul.

16. Hannay, Alastair and Marino, Gordon D. 1998 *The Cambridge Companion to Kierkegaard,* Cambridge University Press.（与《克尔凯郭尔》，汉内，马里诺编，三联书店 2006 年版是相同的版本）

17. Law, David R. 1993 *Kierkegaard as Negative Theologian*, Clarendon Press.

18. Merce, David E. 2001 *Kierkegaard's Living-Room: Faith and History in Philosophical Fragments*, McGill-Queen's University Press.

19. Neil, Stephen and Tom, Wright. 1988 *The Interpretation of New Testament, (1861-1986)*,Oxford University Press, second edition.

20. Pattison, George. 2005 *The Philosophy of Kierkegaard*, Acumen Publishing Limited .

21. Perkins, Robert ed. 1997 International Kierkegaard Commentary: Concluding Unscientific Postscript, vol.12. Mercer University Press.

22. Perkins, Robert ed. 1998 International Kierkegaard Commentary: Philosophical Fragments, vol.7. Mercer University Press.

23. Pojman, Louis P. 1984 *The Logic of Subjectivity: Kierkegaard's Philosophy of Religion,* University of Alabama Press.

24. Stewart, Jon. 2003 *Kierkegaard's Relations to Hegel Reconsidered,* Cambridge University Press.

25. Taylor, Mark C. 1975 *Kierkegaard's Pseudonymous Authorship: A Study of Time and the Self,* Princeton University Press.

26. Watkin, Julia. 1997 *Kierkegaard,* Geoffrey Chapman,.

27. Watkin, Julia. 2001 *Historical Dictionary of Kierkegaard's Philosophy*, The Scarecrow Press.

28. Westphal, Merold. 1996 *Becoming A Self: A reading of Kierkegaard's Concluding Unscientific* Postscript, Purdue University Press.

B. Articles on Kierkegaard

1. Ferreira ,M.J. *The Faith/History Problem, and Kierkegaard's A Priori 'Proof'*, Religious Studies 23,pp. 337-345. （见于 Cambridge Journals Online 全文电子期刊）

2. Harrison ,Victoria S. *Kierkegaard's Philosophical Fragments: A Clarification*, Religious Studies 33,pp. 455-472. (见于 Cambridge Journals Online 全文电子期刊)

3. Levine, Michael P. *Why the incarnation is a superfluous detail for Kierkegaard*, Religious Studies 18, pp. 171-175.(见于 Cambridge Journals Online 全文电子期刊)

4. Pojman ,Louis P. *Kierkegaard on Faith and History*, International Journal for Philosophy of Religion, Vol.13, No. 2 (1982）,pp. 57-68. (见于 Cambridge Journals Online 全文电子期刊)

5. Rae, Murray A. *Kierkegaard and the Historians*, International Journal for Philosophy of Religion, Vol. 37, No. 2 (Apr. 1995), pp.87-102.(JSTOR 西文过刊全文库)

6. Whittaker, J. H. *Kierkegaard on History and Faith*, Scottish Journal of Theology, Vol. 40, Issue 03(1987),pp. 379-397. (见于 Cambridge Journals Online 全文电子期刊)

7. Wisdo, David. *Kierkegaard on Belief, Faith, and Explanation*, International Journal for Philosophy of Religion, Vol.21, No. 2 (1987),pp. 95-114.(JSTOR 西文过刊全文库)

C. Others and Dictionary

1. Tillich, Paul.*A History of Christian Thought: From Its Judaic and Hellenistic Origins to Existentialism*, Ed. by Braaten Carl E., New York: Simon and Schuster

2. *Harper's Bible dictionary*.Includes index. (1st ed.). Harper & Row: San Francisc 1985.（见 Libronix Digital Library System, 在"My Library"中, 输入"Dictionary", 查找此辞典）

附录：克尔凯郭尔的同时性思想研究[*]

摘要：

同时性是克尔凯郭尔思想的重要概念，它将个体的实存和基督事件紧密地关联在一起。首先，克尔凯郭尔的同时性思想直指历史与信仰的关系问题；其次，直接的同时性和直接的非同时性皆不能达至本真的同时性；第三，本真的同时性取决上帝生成的瞬间，并在个体信仰的激情中完成。最后，本文从基督教思想史的角度对其同时性思想进行了评价。

关键词：同时性；历史；信仰

克尔凯郭尔（Kierkegaard）是丹麦的哲学家、神学家，其思想源出于德国观念论，对二十世纪的哲学和神学产生了广泛而深远的影响。其思想的核心关注在于如何成为一个个体的人，这必然关涉个体的人与基督教的信仰对象的关系。基督教的信仰对象是耶稣基督，具体体现为基督事件，即按照基督教信仰，耶稣基督是上帝进入到人类的历史中，体现为一个具体的个体。

"同时性"（samtidighed）是克尔凯郭尔思想中非常重要的一环，也是西方思想史的重要概念。[1]利奥·斯坦（Leo Stan）简要概括了该词在丹麦文中的

---

* 本文与本书的主题相关，独立成文。因不能作为本书的一个章节，故单列附录于此。

1 尼古拉斯·布宁和余纪元编著的《西方哲学英汉对照辞典》收录了"同时性"（contemporaneity）的词条，并将其归属于克尔凯郭尔的思想，只是没有延伸至思想史的其他思想家，诸如伽达默尔、朋霍费尔。该辞典将"contemporaneity"翻译为"当代性"，不甚准确。尼古拉斯·布宁、余纪元编著：《西方哲学英汉对照辞典》，北京：人民出版社，2001年，第193页。

日常含义，这个日常含义有两个，其一指"按时间顺序排列的事件、人物或客体的共时性或共在性"，其二"表明属于特定时期的（或大或小的）人类共同体"[2]。在"同时性"的日常理解的基础上，克尔凯郭尔还赋予了这个词特定的含义，将其与基督教的信仰对象紧密地联系在一起，"对克尔凯郭尔来说，同时性是一个极其重要的概念，涉及到个体如何与基督相关联。"[3]

同时性的思想并非克尔凯郭尔的发明，而是源自于原初基督教叙事的内在张力。基督教思想家艾柏林认为，"耶稣基督这个名字本身体现着基本的对极性，……从历史上来看，包含在他的名字之中的这一对极的事实提出了一个问题，这个问题是整个《新约》的关键性问题，即耶稣在其同时代人中活动所充当的宣示者，如何成了使所有时代的人们都成为其同时代人的被宣示者。"[4]与《新约》的内在张力相一致，克尔凯郭尔的同时性思想相系于基督教思想的基督论问题。但是，不同于同时代的基督新教（路德宗）经院哲学[5]，

---

2 Leo Stan, "Contemporaneity", *Kierkegaard's Concepts, Tome II: Classicism to Enthusiasm*, Ed. by Steven M. Emmanuel, William McDonald and Jon Stewart, Farnham and Burlington: Ashgate Publishing Company, 1983, p.61. 利奥·斯坦列了两个丹麦文语词，"samtid"和"samtidighed"。在丹麦文中，"samtid"意为"我们的时间"、"那个时代"，"samtidig"为形容词，意为"同时代的"、"共时的"，有时也可作副词用，表示"同时的"、"共时的"，"samtidighed"为"samtidig"的名词化。*Danish Dictionary*, Ed. by Anna Garde, London: Routledge,1995. 帕特里克·斯托克斯（Patrick Stokes）认为，丹麦文的"同时性"（Samtidighed）的字面义是"same-time-ness"，在不同的语境中可以翻译为"simultaneity"和"contemporaneity"。*The Naked Self: Kierkegaard and Personal Identity*, by Patrick Stokes, Oxford: Oxford University Press, 2015, p.47. 伽达默尔明确区分了"simultaneity"和"contemporaneity"，鉴于此，本文以"同时性"来译丹麦文的Samtidighed，以"共时性"译"simultaneity"（Simultaneität），以"同时性"译"contemporaneity"（Gleichzeitigkeit）。译名的对应除参考克尔凯郭尔专家对Samtid的词义解释外，主要是在思想史的视域中根据克尔凯郭尔同时性思想的内在理路来确定。

3 *Historical Dictionary of Kierkegaard's Philosophy*, by Julia Watkin, Lanham, Maryland: The Scarecrow Press, 2001, p.56. 克尔凯郭尔的生存论和基督论紧密相关, 参见 *Concluding Unscientific Postscript*, vol.1,by Soren Kierkegaard, Ed. and trans. by Howard V. Hong and Edna H. Hong, Princeton University Press, 1992,p.369.

4 艾柏林著：《神学研究:一种百科全书式的定位》，李秋零译，香港：汉语基督教文化研究所，1999年，第26页。

5 蒂利希著：《基督教思想史》，尹大贻译，香港：汉语基督教文化研究所，2004年第二版，第403-409页。

他将人们日常时间领会的"过去"引入"同时性"之中，如此，耶稣基督的历史性和永恒性的关系问题便浮出水面。克尔凯郭尔的同时性思想直指启蒙运动带来的历史与信仰的关系问题，是启蒙运动与基督教双向关系的具体体现。

在克尔凯郭尔的作品中，《哲学片断》、《最后的非科学性的附言》（简称《附言》）和《基督教的励练》是涉及克尔凯郭尔同时性思想的关键文本。[6]除此而外，克尔凯郭尔在《日记》和《笔记》中多处记录同时性思想。《哲学片断》和《附言》的笔名为约翰·克利马科斯《基督教的励练》的笔名为"安提-克利马科斯"。就二者的关系而言，可以作如下概括，克利马科斯是以一个非信仰者的视角进行理解活动，而安提-克利马科斯则是以一个信仰者的视角进行理解活动，二者有层次之别[7]。本文基于克尔凯郭尔作品的整体立意和内在理路，以历史与信仰的关系为问题意识，对其同时性思想进行分析和探讨，并从基督教思想史的角度突显其思想意义。[8]

一、历史与信仰的关系

在基督教的传统中，基督事件以"神人二性"的教义固定下来，历史性

---

6 利奥·斯坦认为，相比于《附言》，《哲学片断》更为重要。笔者认同利奥·斯坦的观点，同时，笔者并不将《哲学片断》和《附言》分离开来。克尔凯郭尔在 1846-1847 年的《笔记》中写到，"在与此（悖论、瞬间、辩证的同时性等）相关的所有辩证的问题方面，我必须提到一个笔名，约翰尼斯·克利马科斯，提及他的两本书《哲学片断》与《附言》。参见，"Supplement"(From final copy of Adler), *Philosophical Fragments; Johannes Climacus*, by Soren Kierkegaard, Ed. and trans. Howard V. Hong and Edna H. Hong, Princeton University Press, 1985, p225.

7 *Kierkegaard: Letters and Documents*, by Soren Kierkegaard, trans. by Henrik Rosenmeier, Princeton, New Jersey: Princeton University Press, 1978, pp.298-299.

8 国内研究克尔凯郭尔"同时性"思想的研究还比较有限，台湾学者李丽娟曾发表"祁克果的'同时性'、'瞬间'概念论诠释与神学"一文，是目前唯一一篇见于期刊的文章，参见《台湾神学论刊》，2012 年第 35 期。英语学界今年的研究文献有斯托克斯（P.Stokes），主要侧重在哲学层面的阐发，并未触及"历史与信仰"的关系问题。另有从基督论角度的阐释者，如大卫·劳（David L. Law），穆锐·雷（ Murray Rae），前者从否定神学的进路切入"同时性"的思想，后者并非专文论述，间及同时性思想，仅涉及《基督教的励练》一书。, *Kierkegaard as negative theologian*, by David L. Law, Oxford: Clarendon Press, 1993; Murray A.Rae, "The Forgetfulness of Historical-Talkative Remembrance in Kierkegaard's Practice in Christianity", *International Kierkegaard Commentary: Practice in Christianity*, Ed. by Robert L. Perkins, Mercer University Press, 2004。

（事实真理）与永恒性（理性真理）的关系并未显明出来。但是，在启蒙运动认识论的审视下，基督事件成为思想的疑难，一方面，基督事件发生在人类的历史中，因而具有历史性，是历史的真理；另一方面，对基督教的信仰群体而言，这一事件关乎个体的"永恒幸福"，具有永恒性，是永恒的真理。依启蒙运动的认识论，如果理性真理高与事实真理（或历史真理），两者又相互分离，那么，基督事件不可能既是历史的真理，又是永恒的真理。

在 1842-1843 年的一则《日记》中，克尔凯郭尔写到："基督教是历史的真理，那么，它如何成为绝对的呢？"[9] 克尔凯郭尔在思想史的视域对该问题进行了反思。他认为，莱布尼茨的哲学绕过了这个问题，而莱辛则是以往思想家中唯一处理该问题的思想家。[10]从基督教思想史的角度来看，克尔凯郭尔的评论所言不虚。

受莱辛思想的激发，克尔凯郭尔明确提出了"历史与信仰"的关系问题。在笔名作品《哲学片断》的扉页中，克尔凯郭尔以反问的方式回到了莱辛的问题，"一个历史的起点能提供一种永恒意识吗？这样一个起点怎么可能不止只有历史的兴趣？永恒幸福能依赖历史知识吗？"[11]对照《哲学片断》的手稿扉页，可知克尔凯郭尔乃是从个体的实存角度切入该问题，这不同于启蒙运动思想家的认识论旨趣。[12]

为解决历史与信仰的关系问题，克尔凯郭尔提出了"同时性"的思想观念。在对同时性概念的建构的过程中，克尔凯郭尔反复运用了苏格拉底方式和基督教方式的对照。两种方式构成了一个形式上的逻辑规则。克尔凯郭尔认同亚里士多德的矛盾律，"矛盾律被取消，这一命题建基于矛盾律，因为不

---

9 *Philosophical Fragments; Johannes Climacus,*by Soren Kierkegaard, Ed. and trans. Howard V. Hong and Edna H. Hong, Princeton University Press, 1985, p.181.

10 *Philosophical Fragments; Johannes Climacus*, by Soren Kierkegaard, ed. and trans. by Howard V. Hong and Edna H. Hong, Princeton University Press, 1985, pp.181-183.

11 基尔克果著：《哲学片断》，翁绍军译，香港道风山基督教丛林，1994 年。《哲学片断》是克尔凯郭尔的笔名作品，笔名为约翰尼斯·克利马科斯。亨格夫妇的"克尔凯郭尔著作集"是英语学界通用的译本。本文采用亨格夫妇的译本，并以史温森（David Swenson）译本和派蒂（M.G. Piety）译本作参考。部分引文直接据亨格夫妇英译本译出，以下不作说明。

12 *Philosophical Fragments; Johannes Climacus*, by Soren Kierkegaard, ed. and trans. by Howard V. Hong and Edna H. Hong, Princeton University Press, 1985,p.177.另见 *Concluding Unscientific Postscript,* vol.1,by Soren Kierkegaard, Ed. and trans. by Howard V. Hong and Edna H. Hong, Princeton University Press, 1992,pp.369-370.

然的话，相反的命题同样真实，即矛盾律不能被取消。"[13]以矛盾律为基础，克尔凯郭尔认为，如果同时性属于基督教方式，则同时性不能属于苏格拉底方式，反之亦然。

苏格拉底方式和基督教方式属于克尔凯郭尔（克利马科斯）的思想构建。在启蒙运动认识论的背景下，克尔凯郭尔（克利马科斯）以苏格拉底方式为参照，力图构建出一种与苏格拉底方式截然不同的另一种方式。[14]这个非苏格拉底方式指基督教方式。在1835年的一则《日记》中，克尔凯郭尔将浮士德作为"怀疑的人格化"[15]（doubt personified）。与此相仿，克尔凯郭尔将苏格拉底作为"回忆（recollection）的人格化"，将耶稣基督作为"瞬间(moment)的人格化"。[16]具体而言，克尔凯郭尔以"真理"问题为"想象的建构"展开的起点，"真理能够被学习么？"[17]对苏格拉底方式而言，真理通过回忆的方式获得。以"回忆"为核心，克尔凯郭尔进一步得出以下结论，真理内在于人的自身之中，为人所本有；作为教师的苏格拉底是人类思想的"助产师"，

13 *Philosophical Fragments; Johannes Climacus*, by Soren Kierkegaard, ed. and trans. by Howard V. Hong and Edna H. Hong, Princeton University Press, 1985, pp.108-109.

14 关于两种方式的解析，可以参考，Merold Westphal, *Kierkegaard's Concept of Faith*, Cambridge: Wm. B. Eerdmans Publishing Co.2014,pp.123-134.C.Stephen Evans, Passionate Reason: Making sense of Philosophical Fragments, Indiana University Press, 1992," chapter 3, Constructing an Alternative to the Socratic View of 'The Truth'".

15 "Historical Introduction", *Philosophical Fragments; Johannes Climacus*, by Soren Kierkegaard, ed. and trans. by Howard V. Hong and Edna H. Hong, Princeton University Press, 1985,p.xii.

16 这是笔者对《哲学片断》第二章"思想构建"的诠释，并非克尔凯郭尔的原话。瞬间和耶稣基督道成肉身紧密相连，这只是瞬间(moment)的含意之一。"瞬间"的丹麦文为"Ojeblikket"，为方便读者理解，史文森（Swenson）依其语境将"Ojeblikket"分别译为"Moment"、"moment"、"*Moment*"。依维多利亚·哈里森（Victoria Harrison）的看法，"Moment"和道成肉身的意思联系在一起，"moment"则表示主体拥有真理或皈依的方面，而"*Moment*"则是两者关系的综合。从逻辑关系上讲，与道成肉身相关的瞬间在前，而与主体相关的瞬间依前者成立。从个体对道成肉身的理解来看，个体只有在皈依之时才可明白道成肉身的意义。这两者的关系紧密联系在一起，不可分割。参见，Soren Kierkegaard, Philosophical Fragments or A Fragment of Philosophy ,trans. by David F. Swenson, new introduction and commentary by Niels Thulstrup, translation revised and commentary translated by Howard V. Hong, Princeton, New Jersey: Princeton University Press, 1962.Victoria S. Harrison ,"Kierkegaard's Philosophical Fragments: A Clarification", Religious Studies,33, pp. 455-472.

17 *Philosophical Fragments; Johannes Climacus*, by Soren Kierkegaard, ed. and trans. by Howard V. Hong and Edna H. Hong, Princeton University Press, 1985, p.9.

他本人并不重要，只是学生获得真理的机缘（occasion）；在无知到知的过程中，个人获得真理的瞬间是一个时间中的起点，但是，这一起点是"偶然的"，是"一个消逝的点"。[18]不同于苏格拉底方式，基督教方式赋予"瞬间"无比重要的地位，"如果处境不同，那么时间中的瞬间必定具有决定性的意义，我在任何时刻都不能忘记它，既不在时间中，也不在永恒中，因为，原先并不实存的永恒在那个瞬间生成了。"[19]以"瞬间"为核心，克尔凯郭尔进一步推出如下结论，个体不能依照"回忆"获得真理，相反，个体在回忆中发现自身处在非真理中[20]；克尔凯郭尔以生存论的方式将个体的"非真理"的状态称为"罪"[21]，并将其原因归之于个体的自由意志[22]；与作为教师的苏格拉底相对，"新的教师"不只是个体获得真理的机缘（尽管这个机缘比不可少），而且还赋予个体获得真理的"条件"；个体由非真理到真理的过程被称为"重生"。

克尔凯郭尔的基督教方式并不取决于苏格拉底方式。克尔凯郭尔认为，"这个思考方案显然超脱了苏格拉底的框架，这在方案中是随处可见的。至于它是否因此就比苏格拉底的想法更真实则是一个完全不同的问题，思考方案不可能同时再去解答这个问题，因为在这个方案里已经设想了一个新的官能：信仰；新的前提：罪的意识；一个新的决断：瞬间；和一个新的教师：时间中的上帝。"[23]由此看来，在想象的构建伊始，克尔凯郭尔的基督教方式已经预先设定好了。但是，这个设定又并非人的主观行为，他的基督教方式与基督教《新约》的叙事有着紧密的联系。韦斯特法尔（M. Westphal）对此评论道，"句句显明，克里马科斯是在'借用'，而非演绎。"[24]

---

18 *Philosophical Fragments; Johannes Climacus*, by Soren Kierkegaard, ed. and trans. by Howard V. Hong and Edna H. Hong, Princeton University Press, 1985, p.11、p.13

19 *Philosophical Fragments; Johannes Climacus*, by Soren Kierkegaard, ed. and trans. by Howard V. Hong and Edna H. Hong, Princeton University Press, 1985, p.13.

20 *Philosophical Fragments; Johannes Climacus*, by Soren Kierkegaard, ed. and trans. by Howard V. Hong and Edna H. Hong, Princeton University Press, 1985, p.14.

21 *Philosophical Fragments; Johannes Climacus*, by Soren Kierkegaard, ed. and trans. by Howard V. Hong and Edna H. Hong, Princeton University Press, 1985, p.15.

22 *Philosophical Fragments; Johannes Climacus*, by Soren Kierkegaard, ed. and trans. by Howard V. Hong and Edna H. Hong, Princeton University Press, 1985, p.15.

23 基尔克果著：《哲学片断》，翁绍军译，香港道风山基督教丛林，1994 年，第 157 页。译文有改动。据亨格夫妇译本修改，*Philosophical Fragments; Johannes Climacus*, by Soren Kierkegaard, ed. and trans. by Howard V. Hong and Edna H. Hong, Princeton University Press, 1985, p.111。

24 *Kierkegaard's Concept of Faith*, by Merold Westphal, Cambridge: Wm. B. Eerdmans Publishing Co, 2014, p.134.

二、直接的同时性与直接的非同时性

直接的同时性（immediate contemporaneity）意指在直接的意义上个体与历史的耶稣（或耶稣基督）处于同一时代。直接的非同时性（immediate noncontemporaneity）意指在直接的意义上个体不与历史的耶稣（或耶稣基督）处于同一时代。历史的耶稣对西方的文化产生了深远的影响，它成为人们划分历史阶段的一个重要标志。若依历史的时序划分，个体可区分为两类，与历史的耶稣同时代者和与历史的耶稣非同时代者（noncontemporary）；基督的弟子亦可区分为两类，与耶稣基督同时代的弟子和再传弟子（与耶稣基督非同时代的弟子）。[25]若从直接性的角度而言，直接的同时性要比直接的非同时性具有优势，这主要表现在同时代者对耶稣有确定性的认识，"直接的感知和直接的认知不作欺骗。"[26]。确定性的认识属于启蒙运动认识论的范畴，包括事实真理和理性真理。就直接的非同时性而言，第一代再传弟子要比最近一代再传弟子具有优势，"这一代（相对地）具有更接近直接确定性的优势，也具有接近人们关于往事信息的优势，它们的可靠性能在其他方式中被证实。"[27]相比于直接的同时性，直接的非同时性带出了历史评断学（historical criticism）的研究方法，历史真理的问题由此显现。历史真理是事实真理在历史维度的展开，是关于事实真理的历史知识。由此可以看出，在直接性的意义上，同时性直接相系于启蒙运动的认识论问题。

克尔凯郭尔有限度地接受了启蒙运动的认识论，后者认为存在理性真理和事实真理之别。克尔凯郭尔以两个"例子"表明了理性真理和事实真理的区分。就事实真理而言，同时代者可以尽可能地靠近事实，"假设有这么一位主的同时代者，他为了能陪伴那位教师，甚至将睡眠减至最少的时间，他就像鲨鱼周围的小鱼，须臾不离地陪伴着教师，如果他由一百个密探在其麾下，处处监视这教师，他每夜与他们商谈，所以他掌握了那个教师的全部档案，甚至连教师最琐屑的细节也不放过，他知道教师每天每时每刻到过那里，说过什么话，出于他的热诚，使他把那怕最微不足道的细节也看作是重要的……

---

25 克尔凯郭尔这里沿用了苏格拉底方式的"弟子"的意义，并不直接用于宗教意义的"门徒"，以与同时代的黑格尔派的教义学保持距离。

26 *Philosophical Fragments; Johannes Climacus*, by Soren Kierkegaard, ed. and trans. by Howard V. Hong and Edna H. Hong, Princeton University Press, 1985,p.81

27 *Philosophical Fragments; Johannes Climacus*, by Soren Kierkegaard, ed. and trans. by Howard V. Hong and Edna H. Hong, Princeton University Press, 1985,p.91

倘若有人以历史（之信息）的不可靠指控他，那么他会洗他的手，但也仅此而已。"[28]在该例子中，此人的信息属于事实的真理。克尔凯郭尔化用彼拉多以洗手表明自己清白的典故，以说明事实的真理是真理，并非不可靠。就理性真理而言，同时代者可借由事实的真理发现自身的内在真理，"如果另有一位主的同时代者，他只关心教师不时提出的教导（teaching），假设他对教师亲口所说的每一句训导的话看得比自己每天的食粮更珍贵，假设另外还有一百个人帮他去听清教师所说的每一个音节，确保点滴不漏，假设他煞费苦心地跟他们商议，以求获得对教师训导的最可靠的看法——他也许因此就是弟子了吧？完全不是，恰恰除了柏拉图，任何人都不是苏格拉底的弟子。"[29]。例子二的同时代者关注的是"教导"，而非"教师"本人。[30]理性真理（教导）高于事实真理（教师），事实真理只是理性真理的一个机缘（occasion）。

克尔凯郭尔继而突破了启蒙运动认识论的界限。他认为，就基督事件而论，理性真理与事实真理虽存在分别，但不是高下之别，二者都不能达至启示真理。克尔凯郭尔以绝对的悖论称呼基督事件，"上帝已以人的样式生存，出生，成长，这一命题当然是严格意义的悖论，绝对的悖论。"[31]依据基督教的《新约》叙事，上帝以自上而下的方式成为了奴仆的样式。克尔凯郭尔认为，道成肉身（或基督事件）是上帝的意志基于圣爱采取的行动，因为上帝的意志不取决于个体，不为需求所限，所以，在奴仆的样式下，上帝对个体而言是不可识别者。克尔凯郭尔认为，基督事件包含着生成，但是这个生成超出了直接的确定性。就作为主体的人而言，理性真理和事实真理的确定性归属于知识领域，但这种确定性却被"怀疑"的激情转化为一种不确定性，"怀

---

28 基尔克果著：《哲学片断》，翁绍军译，香港道风山基督教丛林，1994 年，第 94 页。译文有改动。据亨格夫妇译本修改，*Philosophical Fragments; Johannes Climacus*, by Soren Kierkegaard, ed. and trans. by Howard V. Hong and Edna H. Hong, Princeton University Press, 1985,pp.59-60.另见 *Repetition and Philosophical crumbs*, by Soren Kierkegaard, trans. by M. G. Piety, Oxford University Press, 2009,p.129.

29 基尔克果著：《哲学片断》，翁绍军译，香港道风山基督教丛林，1994 年，第 94 页。译文有改动。据亨格夫妇译本修改，*Philosophical Fragments; Johannes Climacus*, by Soren Kierkegaard, ed. and trans. by Howard V. Hong and Edna H. Hong, Princeton University Press, 1985,p.60.

30 假设二的理性真理观是苏格拉底式的真理观。

31 *Concluding Unscientific Postscript*, vol.1,by Soren Kierkegaard, Ed. and trans. by Howard V. Hong and Edna H. Hong, Princeton University Press, 1992,p.217.

疑是对想超出直接感知和直接知识的任何结论的一种抗议。"[32]因理性真理和事实真理只是一个直接的确定性，属于知识的领域，这种认识并不能企及基督事件的"生成"。

在同时代者与非同时代者之间，因为"生成"超越了直接的确定性，所以，直接的同时性之优势不再存在。就直接性而言，同时代者的报告对非同时代者是"直接的现在"，都属于直接的确定性，同时代者与不同时代者并无不同。但是"现在"的历史层面表现为"生成"。就基督事件而言，上帝的"生成"取决于上帝的绝对自由，这个生成对个体而言是一种不确定性，亦即，个体不能通过主体的认知活动认识上帝的生成，个体与基督的关系处在不确定性中。克尔凯郭尔认为，"在直接的意义上，无人能与历史的事实同时代。但是，因为它包含了生成，所以它是信仰的对象。此处无关乎真理问题，而是同意上帝的已然生成。"[33]直接的确定性在生成的不确定性中被取消，直接的同时性之优势不复存在。

在取消了直接的同时性之优势后，克尔凯郭尔进一步讨论了直接的非同时性。在直接的非同时性中，第一代再传弟子并不比最近一代的再传弟子具有优势。大卫·劳（David L.Law）将直接的同时性与非同时性分开，并提出如下询问，"如果同时代者并不比非同时代者具有优势，是否非同时代者或许也比同时代者占有了优势呢？"[34]事实上，在直接的确定性层面，同时代者与非同时代者已被置于同一层面上，并不存在非同时代者比同时代者占优势的问题。在直接的非同时性中，克尔凯郭尔将启蒙运动的认识论推进到了基督教的历史领域。

克尔凯郭尔区分了三种事实：简单的历史事实、永恒的事实和绝对的事实。启蒙运动的认识论在事实的真理和理性的真理之间做了区分，而"简单的历史事实"与"永恒的事实"之区分延续了启蒙运动认识论的区分。永恒的事实与绝对的事实之区分则来自苏格拉底方式和基督教方式的对照。首先，简单的历史事实属于直接的确定性，也在历史评断学的考察之下。因直接的

---

32 基尔克果著：《哲学片断》，翁绍军译，香港道风山基督教丛林，1994 年，第 123 页。译文有改动。据亨格夫妇译本修改，*Philosophical Fragments; Johannes Climacus*,by Soren Kierkegaard, Ed. and trans. Howard V. Hong and Edna H. Hong, Princeton University Press, 1985,p.84.

33 *Philosophical Fragments; Johannes Climacus*,by Soren Kierkegaard, Ed. and trans. Howard V. Hong and Edna H. Hong, Princeton University Press, 1985,p.87.

34 *Kierkegaard as negative theologian*, by David L.Law, Oxford: Clarendon Press, 1993,p.194.

确定性之不可能，故，第一代再传弟子并不比最近一代再传弟子具有优势。这延续了关于直接的同时性之优势的讨论。就历史的评断而言，克尔凯郭尔认为，"每一个历史的事实只是一个相对的事实，因此，由相对的强力、时间来决定同时性之人们的相对命运，这是完全合宜的。它不能比之更多，只有幼稚和愚蠢通过夸大使之成为绝对。"[35]克尔凯郭尔承认历史评断学的积极作用，但对其界限有清楚的认识。历史评断学采用的方法是"类比"，它前提是"人论"，它所能达到的最大果效是近似，这并不能使个体的永恒幸福建立在其上。[36]

其次，永恒的事实意味着普遍性之表达并不合宜，是语言的不当运用。[37]在苏格拉底方式下，永恒的事实可以接近每一个人，但是事实和永恒是不相称的，事实只是人认识真理的一个机缘。若依洛维特对历史哲学的定义，"历史哲学这一术语表示以一个原则为导线，系统地解释世界历史，借助于这一原则，历史的事件和序列获得了关联，并且与一种终极意义联系起来"[38]，则"永恒的事实"属于历史哲学领域。克尔凯郭尔接近于布克哈特的历史哲学观。对布克哈特来说，"历史"和"哲学"并不相容，"因为历史将各种观察并列，所以是非哲学的，而哲学将各种观察隶属于某一原则，所以是非历史的。"[39]

第三，绝对的事实是"历史的永恒化"和"永恒的历史化"所形成的悖论。依启蒙运动的认识论，理性真理所认识的"永恒的事实"之永恒，与历史真理（或事实真理）所认识的"历史的事实"之历史，两者是不兼容的。但是，克尔凯郭尔的绝对事实既是"历史的事实"，又是"永恒的事实"，"实际上，历史的方面是应当强调的，但不应当把它绝对地说成是个人的决定性因素，……但也不应当取消历史的方面，否则的话，我们就只有一个永恒的事实。"[40] 在"绝对的事实"面前，第一代再传弟子和最近一

---

35 *Philosophical Fragments; Johannes Climacus,*by Soren Kierkegaard, Ed. and trans. Howard V. Hong and Edna H. Hong, Princeton University Press, 1985,p.99.

36 *Concluding Unscientific Postscript,* vol.1,by Soren Kierkegaard, Ed. and trans. by Howard V. Hong and Edna H. Hong, Princeton University Press, 1992,p.23.

37 *Philosophical Fragments; Johannes Climacus,* by Soren Kierkegaard, Ed. and trans. Howard V. Hong and Edna H. Hong, Princeton University Press, 1985,p.99.

38 洛维特著：《世界历史与救赎历史》，李秋零、田薇译，香港：汉语基督教文化研究所，1997年，第4页。

39 转引自，莫尔特曼著：《盼望神学》，香港：汉语基督教文化研究所，2007年，第251页。

40 基尔克果著，翁绍军译：《哲学片断》，香港：道风山基督教丛林，1994年，第143页。

代再传弟子并无分别，"根本没有再传弟子。第一代和最近一代本质上是同样的，除了后者把同时代者的报告作为机缘，而同时代者在直接的同时性中有此机缘"[41]。

因着基督事件是绝对的悖论，耶稣基督是"不可识别者"，所以，同时代者与非同时代者的差别被取消；因着基督事件是绝对的事实，第一代再传弟子和最近的再传弟子被放在了平等的地位上。克尔凯郭尔设立了"同时代者"与"非同时代者"、"第一代再传弟子"与"第二代再传弟子"的差别，又在"绝对的悖论"和"绝对的事实"中取消了差别。在这个过程中，直接的同时性与直接的非同时性之优势被取消。

但是，直接的同时性并未被否定。直接的同时性成为个体进入启示真理的机缘[42]，尽管它不是个体获得信仰的条件，却是基督教方式所不可缺少的[43]。克尔凯郭尔认为，"它（直接的同时性）成了与主同时代的人（作为没有真理的人）从上帝那里接受条件并且现在带着信仰之眼去看待荣耀的机缘。"[44]不仅如此，直接的同时性显明了市民基督教与原初基督教的差异，"与主同时的一代人应当真正深切地感受和经历到包含在这一悖论的趋向实存之中的痛苦，……包含在上帝让自己活在人的生命之中的痛苦。但事物的新秩序必定会逐渐成功地排除一切障碍，而快乐的一代最终将会到来，他们在欢乐的歌声中去收获第一代人含着泪水所播种的果实。"[45]对原初基督教而言，信仰是一种苦难，市民基督教却为之装点上了白色的"蔷薇"[46]。

---

41 基尔克果著，翁绍军译：《哲学片断》，香港：道风山基督教丛林，1994 年，第 148 页。*Philosophical Fragments; Johannes Climacus,*by Soren Kierkegaard, Ed. and trans. Howard V. Hong and Edna H. Hong, Princeton University Press, 1985,pp.104-105.

42 *Philosophical Fragments; Johannes Climacus,*by Soren Kierkegaard, Ed. and trans. Howard V. Hong and Edna H. Hong, Princeton University Press, 1985,p.14, p.69.

43 *Philosophical Fragments; Johannes Climacus,*by Soren Kierkegaard, Ed. and trans. Howard V. Hong and Edna H. Hong, Princeton University Press, 1985, p.70.

44 基尔克果著：《哲学片断》，翁绍军译，香港道风山基督教丛林，1994 年，第 106 页。译文有改动，据亨格夫妇译本修改。*Philosophical Fragments; Johannes Climacus,*by Soren Kierkegaard, Ed. and trans. Howard V. Hong and Edna H. Hong, Princeton University Press, 1985,p.70.

45 基尔克果著：《哲学片断》，翁绍军译，香港道风山基督教丛林，1994 年，第 152 页。

46 黑格尔称理性是"当代的十字架中的蔷薇"。转引自《从黑格尔到尼采——19 世纪思维中的革命性决裂》，洛维特著，李秋零译，三联书店 2006 年版，第 21 页。

三、本真的同时性

在绝对悖论之下，个体不可能通过直接的同时性达至本真的同时性，也不能通过直接的非同时性达至本真的同时性。克尔凯郭尔认为，个体必须独自面对基督事件，本真的同时性只有在信仰中方可达到。在《基督教的励练》中，克尔凯郭尔认为，"同时性是信仰的条件，更明快地定义，它是信仰。"[47]

在本真的同时性中，克尔凯郭尔突显了个体与基督的时间距离。这个时间距离可用世界历史作解释，也可用救赎历史作解释。克尔凯郭尔严格分离了世界历史和救赎历史，前者只是主体构建的世俗历史，后者则是基于道成肉身事件的神圣历史。在《基督教的励练》中，克尔凯郭尔认为，"一个人能从历史中认识基督么？不能。为什么呢？因为一个人对基督一无所知；他是悖论，信仰的对象，单为信仰而生。但是，所有的历史沟通是知识的沟通；结果一个人从历史中不能认识基督。"[48]不同于客观的世界历史，克尔凯郭尔将个体的实存带入到对"基督事件"的理解中，因"瞬间"的悖论特征，当下的个体与"基督事件"之间客观的时间距离在本真的同时性中被跨越了。基督教思想家保罗·蒂利希认为，克尔凯郭尔忽视了历史评断学，取消了个体与基督之间的时间距离，"他（指克尔凯郭尔）说只涉及到一件事，即在公元三十年，上帝遣基督来拯救我们。我不需要更多的神学了。我不需要历史批判主义（historical criticism）的结论。知道这一件事就足够了。"[49]事实上，就克尔凯郭尔而言，正是在"瞬间"之中，客观的时间距离才显示出来。克尔凯郭尔的目标并不是要否定个体与基督之间的时间距离[50]，而是突出个体与基督在"瞬间"中的相遇，即"本真的同时性"。

克尔凯郭尔认为，永恒的幸福不能系于直接的同时性，而是要求个体在时间性的瞬间做出决断。克尔凯郭尔指出了个体实存的困境，"现在基督教上场，设定了断裂：或者永恒幸福，或者永恒不幸，并且在时间中作决断。……

---

47 *Practice in Christianity*, by Soren Kierkegaard, Ed. and trans. by Howard V. Hong and Edna H. Hong, Princeton University Press, 1992,p.9

48 *Practice in Christianity*, Soren Kierkegaard, Ed. and trans. by Howard V. Hong and Edna H. Hong, Princeton University Press, 1991, p.25.

49 蒂利希著：《基督教思想史》，尹大贻译，香港：汉语基督教文化研究所，2004年第二版，第590-591页。*A History of Christian Thought*, by Paul Tillich, Simon and Schuster Inc.,1968, p.471.此处的"historical criticism"可译作"历史评断学"。

50 李丽娟撰："祁克果的'同时性'、'瞬间'概念论诠释与神学"，《台湾神学论刊》，2012年第35期，第132页。

基督教的悖论的基础在于，它不断地运用时间以及与永恒相系的历史。"[51]本真的同时性是个体面向基督事件的信仰决断。如果从时间性的角度来看，个体的"瞬间"是时间的"现在"；相较于个体，上帝生成的瞬间是时间性的"过去"；本真的时间性却是个体与基督在信仰"瞬间"中的相遇，如此，信仰的"瞬间"、个体生成的当下瞬间以及上帝生成的瞬间是什么关系呢？

若以苏格拉底的方式观之，则时间中的任何一个点都是均质的，均可以成为唤醒个体内在真理的机缘；若每一个时间点或瞬间都会消逝在过去，则相对于永恒，时间并不存在，"瞬间被隐藏在永恒中，为其所同化了"[52]。苏格拉底式的时间观是"永恒的现在"的时间观。[53]克尔凯郭尔认为，对"永恒的现在"的时间观而言，即使有过去、现在和未来的区分，也是对表象时间进行的空间化，即"空间化的瞬间"。

克尔凯郭尔认为，只有在永恒对时间的扬弃中，时间性才真正存在。在这一点上，克尔凯郭尔继承了奥古斯丁的时间观。从创造论出发，奥古斯丁认为，时间属于被造物，因而不具有永恒性；相对于永恒者，时间性才突显出来。[54]据张荣的研究，奥古斯丁的时间可以被视为"永恒的一瞬"。[55]在奥古斯丁的基础上，克尔凯郭尔进一步将时间和基督事件关联在一起。这一瞬间既是时间性的"瞬间"，又是永恒性的"瞬间"。基督生成的瞬间是"时间充满"，这是永恒性和时间性的悖论[56]；个体生成的瞬间归属于主体自身，主体的自由并未被取消；个体与基督相遇的瞬间，则是个体将基督事件内化到主体之中的信仰过程。从逻辑关系上讲，个体生成的瞬间取决于基督生成的瞬间。

---

51 *Concluding Unscientific Postscript,* vol.1, by Soren Kierkegaard, Ed. and trans. by Howard V. Hong and Edna H. Hong, Princeton University Press, 1992,p.95.

52 *Philosophical Fragments; Johannes Climacus,* by Soren Kierkegaard, Ed. and trans. Howard V. Hong and Edna H. Hong, Princeton University Press, 1985, p.13.

53 克尔凯郭尔所言的"永恒的现在"的时间观即为巴门尼德的时间观。有关巴门尼德时间观的研究，可参见，莫尔特曼著：《创造中的上帝：生态的创造论》，北京：三联书店，第 152-156 页。

54 奥古斯丁著：《忏悔录》，周士良译，北京：商务印书馆，1963 年，第 11 卷第 13 章。

55 张荣著：《自由、心灵与时间——奥古斯丁心灵转向问题的文本学研究》，南京：江苏人民出版社，2010 年，第 221 页。

56 可参考莫尔特曼对克尔凯郭尔时间观的评论，莫尔特曼著：《盼望神学》，香港：汉语基督教文化研究所，2007 年，第 24 页。

具体而言，克尔凯郭尔认为，本真的同时性表现为两个方面，一个是主体人的方面，一个是主体上帝的方面。就主体人的层面而言，个体在本真的同时性中处于激情充满的瞬间。[57]不同于希腊哲学存在者在"存在"的基础上发生的"尚未存在"（not to be）到"存在"(to be)的转化，个体的"生成"是"非实存"（not to exisit）到"实存"（exist）的转化。[58]克尔凯郭尔将个体的"激情"置于内向性（inwardness）的过程中，具体分为宗教 A 和宗教 B 两个阶段。在宗教 A 的激情中，随着激情的强化，个体在追求无限化的过程中并未直接达至对信仰对象的认识，反而在"总体罪责"中远离了信仰对象，从而取消了上帝与人之间的直接性联系。宗教 B 的激情则扬弃了宗教 A 的激情，耶稣基督作为他者突破了个体内在性的牢笼，成为个体不得不面对的"冒犯的可能性"。因基督的道成肉身是上帝的意志和爱的表现，是不可识别者，当个体面对基督事件时，道成肉身对个体而言就是"冒犯的可能性"。经由此可能性，个体然后做出冒犯或信仰的决断。宗教 A 和宗教 B 的激情一起成为个体"激情充满"的生成过程，个体由此达至与基督本真的同时性。

就同时性的主体上帝而言，个体所信仰的对象以作为"原型"（prototype）的基督呈现出来。原型并非显明了人直接认识上帝的可能性，而是一种不可能性。与绝对悖论一致，原型具有两重性，原型既显明了人与上帝之间的无限的质的相异性，又在基督事件中弥合了因人的自由意志而产生的罪性。在《日记》中，克尔凯郭尔认为，"通过成为与基督（原型）的同时代，你只会发现你根本不像它，即使在你所称为的最佳时刻；因为在这个时刻你并不在现实性的回应关系中，而在冷眼旁观。结果是，你事实上学习逃到恩典中的信仰。原型是于你有要求的原型；哀哉，你可怕地感到不相像（unlikeness）；你接着逃至原型，他怜悯于你。以这种方式，原型同时是最严厉地无限审判你的那一位，也是施怜悯于你的那一位。"[59]第二，针对丹麦的市民基督教，"原型"突显与"信仰"相连的"践行"。在路德宗的创始者路德看来，人唯独信仰称义，以反对中世纪的因善功称义的思想。克尔凯郭尔认为，路德的思

---

57 *Philosophical Fragments; Johannes Climacus*, by Soren Kierkegaard, Ed. and trans. Howard V. Hong and Edna H. Hong, Princeton University Press, 1985,p.21.

58 *Philosophical Fragments; Johannes Climacus*, by Soren Kierkegaard, Ed. and trans. by Howard V. Hong and Edna H. Hong, Princeton University Press, 1985, p.20; p.22.

59 *Journals and Papers*, (vol.1), by Soren Kierkegaard, Ed. and trans. Howard V. Hong and Edna H. Hong, assisted by GregorMalantschuk. Bloomington and Indianapolis: Indiana University Press, 1967-1978, p.324.（第 692 条）。

想是对其时代的基督教的矫正，但是，随着时间的流转，路德宗已经远离了"路德"的时代处境，将"因信称义"视为理所当然。在思想层面，丹麦的黑格尔派只是将信仰作为理所当然的可以超越的概念。[60]故此，克尔凯郭尔的原型激发个体自由意愿层面的尽心竭力（striving）。第三，针对德国的观念论，"原型"不能被约化为道德榜样，也不能被直接等同于"上帝意识"。启蒙运动的思想家康德同样将基督视为"原型"，因为理性是自足的，基督的历史性只是在单纯的理性限度内表达出来，并不需要与超在的上帝相连。[61]现代神学的开创者施莱尔马赫认为，历史的耶稣是"上帝意识"绝对完美的再现，对个体而言，基督构成了第二亚当，是个体在意识层面可以直接效法的对象。[62]不同于康德的"原型"，克尔凯郭尔认为，"原型"不能脱离上帝而单独存在，基督不只是一个模范（model），他是"人性的救赎主和拯救者"。[63]个体不能依靠自足的理性达至本真的同时性。不同于施莱尔马赫的"原型"，克尔凯郭尔认为，作为原型的基督是不可识别者，个体不能以直接以"上帝意识"为中介达至本真的同时性。

四、结语

克尔凯郭尔的同时性直接回应了启蒙运动认识论。克尔凯郭尔为事实真理和理性真理划定了界限，二者的直接的确定性不能达至对绝对悖论的认识，由此，直接的同时性之优势被取消。继而，克尔凯郭尔为历史评断学划定了界限，历史评断学所能达到的是对"事实真理"的最大认识，并不能为信仰奠定根基。由此可以看出，克尔凯郭尔继承了康德对知识的扬弃[64]，以反对黑格尔将哲学体系凌驾于信仰之上的做法。

60 *Fear and Trembling*, by Soren Kierkegaard,Ed. and trans. Howard V. Hong and Edna H. Hong, Princeton University Press, 1983,p.5.

61 *Kierkegaard: Thinking Christianly in an Existential Mode*, by Sylvia Walsh, Oxford University Press,2009, p.139.康德著，《单纯理性限度内的宗教》，李秋零译，汉语基督教文化研究所，1997年，第60页。

62 *Kierkegaard: Thinking Christianly in an Existential Mode*, Sylvia Walsh, Oxford University Press,2009, p.140.黄毅、夏微撰，"先验、经验与历史——施莱尔马赫基督论探析"，《道风：基督教文化评论》，47（2017），第135页。

63 *Kierkegaard: The difficulty of Being Christian*, by Jacques Colette, University of Notre Dame Press, 1968, p.246.

64 康德说："我不得不扬弃知识，以便给为信念腾出地盘"。康德著：《纯粹理性批判》（注释本），"第二版前言"，李秋零译，北京：中国人民大学出版社，2011年，第21页。

就同时性与时间性或历史性的关系而言，克尔凯郭尔拉开了个体与基督事件的时间距离。就作为总体的时间性而言，克尔凯郭尔拒绝了希腊的"永恒的现在"的时间观，突出了永恒性对时间扬弃所形成悖论瞬间。就具体的历史性而言，克尔凯郭尔将基督事件作为人类时间性的一个瞬间来看待，这个瞬间属于时间性的一个瞬间，但因着"时间充满"，这一瞬间具有了无比重要的意义。由此，克尔凯郭尔将具体的历史性转化为生存的历史性，个体只有通过唯一的基督事件的历史性方能形成自身的历史性（或时间性）。就此而言，克尔凯郭尔历史性概念系于本真的同时性，他的同时性思想影响了实存主义哲学的历史性概念，但不能化约为实存主义的历史性。[65]

就同时性与基督事件的关系而言，克尔凯郭尔的同时性思想具有辩证性。一方面，直接的同时性和直接的非同时性并不能达至本真的同时性；另一方面，在信仰的亲见中，直接的同时性成为本真的同时性的机缘，本真的同时性扬弃了直接的同时性。克尔凯郭尔的同时性思想将个体的实存和基督教的基督论紧密地联系在一起，这具体表现为，通过将"瞬间"的位格化诠释，克尔凯郭尔将基督与个体紧密相联在一起[66]，在信仰的激情中，个体与基督处于本真的同时性中。个体的瞬间依据于基督瞬间，本真的同时性则在充满激情的内向性中完成。由此来看，克尔凯郭尔的本真的同时性吸纳了路德的"为我"的基督的观念，不能化约为生存论层面的"激情"。

---

65 洛维特对此评论道："从这个为了吸纳而主观化的历史中，派生出实存本体论的（海德格尔）和实存哲学的（雅斯贝斯）的'历史性'概念。"洛维特著：《从黑格尔到尼采——19世纪思维中的革命性决裂》，李秋零译，北京：三联书店，2006年，第485页。

66 克尔凯郭尔的研究者瓦西利基·查契喜（Vasiliki Tsakiri）认为，"尽管克尔凯郭尔要求他的读者内向地跟随亚伯拉罕和约伯，以与他们同时代，但是，他避免称他们为'个体的教师'（teachers of the single individual）。相反，约伯被名之为'人性的教师'（teacher of humanity），亚伯拉罕被冠以'信仰之父'的称谓，后者被认为是'见证人，绝非教师'。在《哲学片断》中，约翰尼斯·克利马科斯单为上帝保留了教师的特征。" *Kierkegaard: Anxiety, Repetition and Contemporaneity*, by Vasilik Tsakiri, Palgrave Macmillanm, 2006, p.148.

后　记

　　我一直致力于基督教思想的研究，但单纯的学术研究似乎就像撒在土浅石头地的种子，因脱离个体的生命，到了一个阶段就停滞干枯了。我对学术的热情再度恢复，一方面是生活中的一些遭遇，另一方面，是克尔凯郭尔思想的影响。这两个方面彼此影响，很难说，哪个先哪个后。

　　博士论文的选题和写作是一个撒种的过程，心灵上的困扰和忧虑自然是少不了的。2012 年暑期，我对博士论文焦虑达到了极点，为此还生了一场病。身体恢复期间的几个月，我把论文暂时放了放。因为每周要去医院一次，为打发医院里排队看病的时间，我就捧起柏拉图的《斐多》篇来读。病看完了，书也跟着读完了。过了一些时间，这本思考死亡的小书倒让我放下些心灵的缠累。

　　2013 年年初，我决定不再迂回作战，不再将精力放在克尔凯郭尔研究涉及到的观念论、实存主义等领域，而是直面克尔凯郭尔研究中的难题。博士论文要有所本，文本的梳理自是少不了的。论文涉及到克尔凯郭尔的一本大部头的著作《附言》。因尚无中译本，我开始埋头啃读，一边摘录，一边翻译，同时作研读笔记。磨刀不误砍柴工，虽然我在《附言》上耗了不少功夫，但最终这些摘录、翻译和笔记都派上了用场，为我的写作提供了不少便利。除此之外，我对克尔凯郭尔的其他原著和研究文献同样做了大量的摘录和翻译。

　　恩师何光沪曾说，学位是小论文，人生是大论文。我下定决心要努力在2014 年毕业，当是受了人生大论文的驱策。在此，非常谢谢帮助我、引导我、为我忧心的何光沪老师和他的爱人高师宁老师！没有他们的叮咛督促，恐怕我的博士论文依旧遥遥无期，无法完工了。论文初稿完成后，何光沪老师逐字逐句对论文提出了修改意见，并帮助我对论文的整体思路有了更清晰的认识。

我要感谢的另外一位老师是孙毅。孙老师慷慨将其搜集的克尔凯郭尔研究资料与我分享。在我一度想打退堂鼓的时候，孙老师分享了他作克尔凯郭尔研究时的一些经历，在写作的进度和方法等方面上给了我切实可行的建议，对我是很大的鼓励和启发。某次，孙老师在讲座时说，他近日就某书撰文，挤牙膏似地给写出来了。语带诙谐，对台下的我却是很大的鼓励。为此我决心克服眼高手低的毛病，踏踏实实写些东西。

博士论文开题中，李秋零、张雪松、张风雷、魏德东、何建明等老师提出了建设性的意见。硕士导师张贤勇、曹静老师、张国壮老师、侯朝阳博士对我的论文给予了关心和建议。同时，对评阅论文的外审专家和答辩委员，我从内心里感谢你们的付出，并谢谢你们的建议。

论文的完成离不开旧雨新知的砥砺。好友方九皋和陆巍一直对我给予了鼓励和支持。赵辉华博士、葛体标博士与我时时交流思想；我对学术重新恢复信心和热情，很大程度上是受了他们的激励。在写作论文的过程中，师弟项秉光一路与我交流，给了我很大的支持。延期毕业期间，我借住在师弟张生的宿舍，张生和同宿舍的谢群洋、梅迎秋、谭立新一起给予了热情的接待，非常谢谢他们的帮助。其他同门诸友的帮助在此不一一提及，一并感念！读博期间，在北京还认识了一些同学和朋友，陈小彬、李静仪、徐莺莺、陈科技、陆森、董爱道、季丰羽、唐永刚、聂萌等，与他们在一起的时间更新改变提升着我的生命。

非常感谢加拿大维真学院的许志伟和潘玉仪老师，谢谢他们给了我一次赴维真学院访学的机会，并于访学期间，给予了生活和学习上的关心。非常谢谢汉语基督教文化研究所和恩福基金会的资助；我在硕士期间已经受惠于他们的帮助，对他们无偿的、长期的资助，我表示感谢！同时非常感谢周口市基督教协会和周口福音医院提供的博爱奖学金！

非常感谢香港汉语基督教文化研究所提供的访学机会，博士论文的修订工作得益于 2017 年 7 月-8 月在那里的访问交流，感谢杨熙楠总监和诸位同工给予的支持！非常感谢山西大学哲学社会学学院的同事王玉彬、李细成等老师的鼓励和建议，感谢学院领导和老师们创造的良好的学术氛围！非常感谢北京师范大学的张欣博士和花木兰文化出版社的杨嘉乐主任，他们的付出使得本书可以列在这个丛书中出版！

拙著有它的局限和不成熟之处，所有的不足理应由本人承担。路漫漫其修远兮，我会继续深入研究克尔凯郭尔的思想，期待将来可以有更优质的成果问世。

最后，感谢我的爱人刘惠斌的温馨支持！感念一直惦记关心支持我们的爸爸、妈妈、弟弟，感念其他亲人们的关心和陪伴！

原海成

修订于 2019 年 3 月 31 日

《基督教文化研究丛书》

主编：何光沪、高师宁

（1-5 编书目）

初 编 （2015 年 3 月出版）

ISBN：978-986-404-209-8　　　　　　　　定价（台币）$28,000 元

册 次	作 者	书 名	学科别（／表示跨学科）
第 1 册	刘 平	灵殇：基督教与中国现代性危机	社会学／神学
第 2 册	刘 平	道在瓦器：裸露的公共广场上的呼告——书评自选集	综合
第 3 册	吕绍勋	查尔斯　泰勒与世俗化理论	历史／宗教学
第 4 册	陈 果	黑格尔"辩证法"的真正起点和秘密——青年时期黑格尔哲学思想的发展（1785 年至 1800 年）	哲学
第 5 册	冷 欣	启示与历史——潘能伯格系统神学的哲理根基	哲学／神学
第 6 册	徐 凯	信仰下的生活与认知——伊洛地区农村基督教信徒的文化社会心理研究（上）	社会学
第 7 册	徐 凯	信仰下的生活与认知——伊洛地区农村基督教信徒的文化社会心理研究（下）	社会学
第 8 册	孙晨荟	谷中百合——傈僳族与大花苗基督教音乐文化研究（上）	基督教音乐
第 9 册	孙晨荟	谷中百合——傈僳族与大花苗基督教音乐文化研究（下）	基督教音乐
第 10 册	王 媛	附魔、驱魔与皈信——乡村天主教与民间信仰关系研究	社会学
	蔡圣晗	神谕的再造，一个城市天主教群体中的个体信仰和实践	社会学
	孙晓舒 王修晓	基督徒的内群分化：分类主客体的互动	社会学
第 11 册	秦和平	20 世纪 50－90 年代川滇黔民族地区基督教调适与发展研究（上）	历史
第 12 册	秦和平	20 世纪 50－90 年代川滇黔民族地区基督教调适与发展研究（下）	历史
第 13 册	侯朝阳	论陀思妥耶夫斯基小说的罪与救赎思想	基督教文学
第 14 册	余 亮	《传道书》的时间观研究	圣经研究
第 15 册	汪正飞	圣约传统与美国宪政的宗教起源	历史／法学

二　编　（2016 年 3 月出版）

ISBN：978-986-404-521-1　　　　　　　　定价（台币）$20,000 元

册　次	作　者	书　名	学科别（／表示跨学科）
第 1 册	方　耀	灵魂与自然——汤玛斯·阿奎那自然法思想新探	神学／法学
第 2 册	劉光順	趋向至善——汤玛斯·阿奎那的伦理思想初探	神学／伦理学
第 3 册	潘明德	索洛维约夫宗教哲学思想研究	宗教哲学
第 4 册	孙　毅	转向：走在成圣的路上——加尔文《基督教要义》解读	神学
第 5 册	柏斯丁	追随论证：有神信念的知识辩护	宗教哲学
第 6 册	張文舉	基督教文化论略	综合
第 7 册	李向平	宗教交往与公共秩序——中国当代耶佛交往关系的社会学研究	社会学
第 8 册	趙文娟	侯活士品格伦理与赵紫宸人格伦理的批判性比较	神学伦理学
第 9 册	孙晨薈	雪域圣咏——滇藏川交界地区天主教仪式与音乐研究（增订版）（上）	基督教音乐
第 10 册	孙晨薈	雪域圣咏——滇藏川交界地区天主教仪式与音乐研究（增订版）（下）	基督教音乐
第 11 册	張　欣	天地之间一出戏——20 世纪英国天主教小说	基督教文学

三　编 （2017 年 9 月出版）

ISBN：978-986-485-132-4　　　　　　　　　　定价（台币）$11,000 元

册　次	作　者	书　名	学科别（／表示跨学科）
第 1 册	赵　琦	回归本真的交往方式——托马斯·阿奎那论友谊	神学／哲学
第 2 册	周兰兰	论维护人性尊严——教宗若望保禄二世的神学人类学研究	神学人类学
第 3 册	熊径知	黑格尔神学思想研究	神学／哲学
第 4 册	邢　梅	《圣经》官话和合本句法研究	圣经研究
第 5 册	肖　超	早期基督教史学探析（西元 1~4 世纪初期）	史学史
第 6 册	段知壮	宗教自由的界定性研究	宗教学／法学

四　编 （2018 年 9 月出版）

ISBN：978-986-485-490-5　　　　　　　　　　定价（台币）$18,000 元

册　次	作　者	书　名	学科别（／表示跨学科）
第 1 册	陈卫真 高　山	基督、圣灵、人——加尔文神学中的思辨与修辞	神学
第 2 册	林庆华	当代西方天主教相称主义伦理学研究	神学／伦理学
第 3 册	田燕妮	同为异国传教人：近代在华新教传教士与天主教传教士关系研究（1807～1941）	历史
第 4 册	张德明	基督教与华北社会研究（1927～1937）（上）	社会学
第 5 册	张德明	基督教与华北社会研究（1927～1937）（下）	
第 6 册	孙晨荟	天音北韵——华北地区天主教音乐研究（上）	基督教音乐
第 7 册	孙晨荟	天音北韵——华北地区天主教音乐研究（下）	
第 8 册	董丽慧	西洋图像的中式转译：十六十七世纪中国基督教图像研究	基督教艺术
第 9 册	张　欣	耶稣作为明镜——20 世纪欧美耶稣小说	基督教文学

五 编 （2019 年 9 月出版）

ISBN：978-986-485-809-5　　　　　　定价（台币）$20,000 元

册 次	作 者	书 名	学科别（／表示跨学科）
第 1 册	王玉鹏	纽曼的启示理解（上）	神学
第 2 册	王玉鹏	纽曼的启示理解（下）	
第 3 册	原海成	历史、理性与信仰——克尔凯郭尔的绝对悖论思想研究	哲学
第 4 册	郭世聪	儒耶价值教育比较研究——以香港为语境	宗教比较
第 5 册	刘念业	近代在华新教传教士早期的圣经汉译活动研究（1807～1862）	历史
第 6 册	鲁静如 王宜强 编著	溺女、育婴与晚清教案研究资料汇编（上）	资料汇编
第 7 册	鲁静如 王宜强 编著	溺女、育婴与晚清教案研究资料汇编（下）	
第 8 册	翟风俭	中国基督宗教音乐史（1949 年前）（上）	基督教音乐
第 9 册	翟风俭	中国基督宗教音乐史（1949 年前）（下）